广东省教育厅人文社会科学研究重大攻关项目“广东省文化产业发展战略研究”（编号：10ZGXM86001）成果

“南方传媒蓝皮书”编委会

南方传媒蓝皮书

广东文化产业发展战略研究

Development Strategies of the Cultural Industry in Guangdong

陈伟军 著

暨南大學出版社
JINAN UNIVERSITY PRESS

中国·广州

图书在版编目（CIP）数据

广东文化产业发展战略研究/陈伟军著．—广州：暨南大学出版社，2013.8
（南方传媒蓝皮书）
ISBN 978－7－5668－0678－9

Ⅰ.①广… Ⅱ.①陈… Ⅲ.①文化产业－产业发展－发展战略－研究－广东省 Ⅳ.①G127.65

中国版本图书馆CIP数据核字（2013）第177366号

广东文化产业发展战略研究
著　　者　陈伟军

出 版 人　徐义雄
策划编辑　杜小陆　史学英
责任编辑　史学英　黄北光
责任校对　张　婧
出版发行　暨南大学出版社（广州暨南大学　邮编：510630）
网　　址　http：//www.jnupress.com　http：//press.jnu.edu.cn
电　　话　总编室（8620）85221601
　　　　　营销部（8620）85225284　85228291　85228292（邮购）
排　　版　广州市锌建商务服务有限公司
印　　刷　广东省农垦总局印刷厂
开　　本　787mm×960mm　1/16
印　　张　18.75
字　　数　304千
版　　次　2013年8月第1版
印　　次　2013年8月第1次
定　　价　39.80元

作者简介

陈伟军，暨南大学新闻与传播学院教授、博士研究生导师。

目　　录

引论　全球化视阈中的文化产业发展战略

随着社会历史转型过程中文化力量的凸显，新的科学发展战略逐渐浮出水面。广东建设文化强省的大潮涌动，推动文化产业快速发展，成为区域新的经济增长点。广东是经济强省，多年来其经济社会发展一直走在全国前列。但是，广东要在经济转型升级过程中实现转方式、调结构，推动新旧发展模式交替，离不开文化引领的深层动力。建设文化强省，振兴文化产业，这是国际与国内环境交汇、“软实力”与“硬功夫”协调而碰撞出的时代最强音，是经济高速发展之后头脑资本演化、裂变、升华出的全新导向思维和战略决策。只有在纵向的历史维度和横向的全球视阈中把握发展规律与时代精神，浓墨重彩地描绘文化大发展、大繁荣的宏伟蓝图，广东的科学发展、可持续发展才有厚重的底蕴。

在信息社会、知识经济时代，文化已成为国家和地区竞争力的核心要素。广东要增强综合竞争力，就必须大力发展文化产业，提升文化生产和创新能力，促进文化与经济融合，不断为经济注入文化内涵，提高经济的文化品位和附加值。基于全球化的视阈，从战略层面探讨区域文化产业的发展路径及长效机制，有助于广东突破工业时代的发展瓶颈，增创新优势，引领科学发展的新一轮浪潮，在实现“中国梦”的过程中当好排头兵。

一

近年来，文化与经济的关系、文化产业受到人们极大的关注。随着对文化的认识逐渐深化，人们开始意识到文化作为经济发展驱动力的重要性。文化不仅具有精神力量，同时还包蕴着经济力。文化与市场、产业联姻，对促进国家和地区发展、保持创造活力具有不可替代的作用。经济、商品经文化渗透后，其内在品质便能得到提升。在消费社会中，商品的经济价值主要不在于其物质性价值，而在于文化联想、创意设计等方面。

文化与经济双向交融，是当代社会的发展趋势之一。美国学者理查德·弗罗里达（Richard Florda）认为，文化对于经济的重要性在于其能吸引和激发人类创意的能力。既然每个人都有创造潜能，那么文化的关键作用就是创建一个能够吸引、激发和释放人们的才能的社会，这样的社会可以开启一种开阔的、开放的和包容性的文化。[①] 澳大利亚学者戴维·思罗斯比（David Throsby）指出，文化已经不再处于经济发展的边缘，而是处于发展进程的核心，并与发展进程缠绕在一起。文化为经济的进步提供了环境，而且，从个人需要的视角看，它正是发展的目标。如果把可持续发展模型加以扩展，加入文化因素，甚至对整个发展进程进行重新界定，并把经济问题、社会问题、文化问题和生态问题都纳入其中，那么，这就提供了一种新型发展观的基础，即以人为本的发展观，并承认所有人类的物质需要和非物质需要。[②] 经济与文化的无缝对接、跨界融合，使得一种新的经济类型或经济发展模式——“文化经济”诞生了。

经济、商业和产品经由文化可以找到新的机遇和优势，它们都能通过文化产生价值。美国学者约翰·费斯克（John Fiske）在阐述“文化经济”概念时提出，美国由福特主义向后福特主义的过渡，反映了西方社会从工业社会向后工业社会的转变，完成了从传统的生产社会向消费社会的转型。因此，非物质形态的商品在消费中占据了越来越重要的地位，与商品的非物质化相联系，符号体系和视觉形象的生产对于控制和操纵消费趣味和消费时尚有着越来越重要的影响。费斯克认为，在消费社会中，所有商品既有实用价值也有文化价值；在文化经济中，流通过程并非货币的周转，而是意义和快感的传播。[③] 国内学者也指出，文化是经济发展的核心力量，文化创造成为经济增长的发动机和生产力进步的支撑点；文化含量是决定商品价值的关键性因素，文化附加值逐渐成为商品价格的决定性因素；文化资源是国民经济发展的基础性和关键性资源，社会的文化资源和

① ［美］理查德·弗罗里达．创意经济．方海萍，魏清江译．中国人民大学出版社，2006．60～61．

② ［澳大利亚］戴维·思罗斯比．经济学与文化．王志标，张峥嵘译．中国人民大学出版社，2011．177．

③ ［美］约翰·费斯克．理解大众文化．王晓钰等译．中央编译出版社，2001．26．

智力资源的开发利用程度越高，社会越繁荣。简而言之，文化经济的实质就是文化成为提高生产率和实现经济增长的动力。① 从某种意义上说，文化是调节整个经济社会协调、平衡和进步的杠杆，是衡量一个区域乃至国家竞争力最重要的指标。在世界性的历史转型中，文化是其赖以依托和支撑的原动力，是变革和创新的滋生地。

从人类历史来看，属于价值和意义范畴的文化，一直是一种资本。华夏文明上下五千年，从春秋战国百家争鸣，到魏晋风度、汉唐气象，再到宋明理学、清代朴学，民族文化的华章熠熠生辉，熔铸了灿烂辉煌的传统文明与现代根基。中国五千年的繁荣富强，与文化的聚合力是密不可分的，文化成为创造精神财富和物质财富的内在源泉。有关资料显示，一直到清朝乾隆皇帝辞世的18世纪末，中国在世界制造业总产量所占的份额仍超过整个欧洲5个百分点，大约相当于英国的8倍、俄国的6倍、日本的9倍。中国当时的GDP在世界总份额中占到将近1/3。德国人贡德·弗兰克（Andre Gunder Frank）说，直到19世纪之前，“作为中央之国的中国，不仅是东亚朝贡贸易体系的中心，而且在整个世界经济中即使不是中心，也占据支配地位”②。《白银资本》一书描述了200多年以前中国在全球版图上的地位，那时世界上大量黄金和白银是流向中国的。及至19世纪上半叶，中国的人均收入在全世界仍居首位，中国是当时世界上最富裕的国家。到了19世纪40年代鸦片战争爆发，由于西方列强入侵，中国才由曾经的辉煌兴盛走向衰落低谷。鸦片战争后的半个多世纪里，战乱频仍，中国经济总量由占全球1/3急剧下降到1/50。

进入20世纪后期，随着世界范围内经济发展模式的转变，文化的资本价值受到了前所未有的重视。在经济学、社会学和文化研究领域，“文化资本”的概念被广泛运用。经济学家区分了各种不同形式的资本：第一是物质资本，它意味着真实商品的存量，如工厂、机器、楼房等，可以用来进一步生产商品。第二是人力资本，即人身上所体现出来的技术和经验代表一种资本存量，这种资本存量与一个国家经济生产中的物质资本一样重要。第三是自然资本，这指的是由自然提供的可更新与不可更新的资源存

---

① 李江涛等．当代文化发展新趋势研究．中央编译出版社，2009. 175.

② ［德］贡德·弗兰克．白银资本．刘北成译．中央编译出版社，2008. 2.

量，并包括调节它们的存在和使用的生态过程。第四是文化资本。戴维·思罗斯比将文化资本定义为具有文化价值的一种资产。[①] 文化资本对于国家、地区及企业都很重要，在经济上也可成为无形的巨大力量。

经济学家以及其他领域的学者对经济与文化间关系的探讨，对文化资本运作规律的研究，阐释了“文化”成为“产业”的可能空间和发展特点。今天学术界一般把文化产业（文化工业）术语的发明权归于阿多诺（Theodor W. Adorno）和霍克海默（Max Horkheimer）。阿多诺曾说：“‘文化工业’（Culture Industry）这个术语可能是在《启蒙辩证法》这本书中首先使用的。霍克海默和我于1947年在荷兰的阿姆斯特丹出版了该书。”[②] 当时，霍克海默和阿多诺是在批判意义上论述文化工业的发展趋向的。在他们看来，资本主义文化工业的技术，只用于标准化和系列生产，所有的文化生产都呈现出趋同性。“文化工业只承认效益，它破坏了文艺作品的反叛性。”[③] 霍克海默和阿多诺认为，从前具有批判性和差异性的文化被资本主义的同一性逻辑所侵蚀。艺术品被简化为相同的效应单位，丧失了原有的本质属性——异质性，物品的内在价值被削减为相同个体所具有的相同交换价值和价格，量取代了质。按照霍克海默和阿多诺的说法，产业化的文化就是同质文化。在同质文化中，每个个体都与其他个体相似，个体作为商品和工具的本质与其他个体的本质无任何差别。随着文化产业的兴起，个体主义也侵入了文化领域，并创造了马尔库塞（Herbert Marcuse）后来所谓的“单向度的人”[④]。马尔库塞继承、发展了霍克海默和阿多诺的批判精神，他断言发达工业社会是一个单向度的社会，文化中心将变成商业中心。“如果大众媒介能把艺术、政治、宗教、哲学同商业和谐地、天衣无缝地混合在一起的话，它们就将使这些文化领域具备一个共同特征——商品形式。”[⑤] 文化工业的商业逻辑，使植根于心灵的文学、艺术等充当了推销术，商品重要的是交换价值，而不是真实的价值。

---

① ［澳大利亚］戴维·思罗斯比．论文化资本．王志标译．经济资料译丛，2006（3）．

② ［德］阿多诺．文化工业再思考．陶东风等主编．文化研究（第1辑），天津社会科学院出版社．2000. 198.

③ ［德］霍克海默，阿多诺．启蒙辩证法．洪佩郁，蔺月峰译．重庆出版社，1990. 117.

④ ［英］斯科特·拉什，西莉亚·卢瑞．全球文化工业：物的媒介化．要新乐译．社会科学文献出版社，2010. 5.

⑤ ［美］赫伯特·马尔库塞．单向度的人．刘继译．上海译文出版社，2006. 53.

到底什么是文化工业？阿多诺作出了这样的界定：文化工业是凭借现代科技手段大规模地复制、传播文化产品的娱乐工业体系，它产生于一些较发达的工业国家，是生产、传播大众文化的手段和载体。“在其全部分支中，各种产品是为迎合大众消费而制作的，在很大程度上决定了大众消费的性质，因此产品或多或少是根据计划制造的。各个分支在结构上相似，或至少相互匹配，将自身有序地组成一个严密的体系。这种情形之所以形成可能全在于当代的技术能力和经济与行政的集中。”① 阿多诺的观点触及了技术、经济发展导致的消费主义意识形态特质。

霍克海默和阿多诺的文化工业理论在人文和社会科学领域产生了持久而广泛的影响，后来的文化研究从中汲取了许多重要的思想。应该看到，霍克海默和阿多诺的学说是在特定的时代文化语境中产生的，他们敏锐地对在资本控制下高度技术化的文化工业生产作出判断，显示出独到的理论眼光，但也难免存在历史局限。显然，对复杂的文化产业现象进行简单裁决未必科学，理论批判也无法阻止现实的演进和实践的发展，资本对于利润的追逐不受国家、民族、地域的限制，随之而生成的文化产业在世界范围内逐渐崛起，具有了跨国家、跨民族、跨地域的特性。

放眼全球，“文化”已成为世界各国竞争的核心要素。根据社会发展的一般规律，人类社会总是从政治中心过渡到经济中心，再过渡到文化中心。自20世纪七八十年代开始，美国、西欧、日本等发达国家已迈入文化中心的时代，突出表现为，“文化”逐渐上升为各国推动产业升级、提高经济综合竞争力和促进社会发展的战略性主题。人们越来越认识到文化产业对经济的重要性：文化产业能够提供潜在的就业机会，对于本地和区域的经济发展具有积极作用，尤其是有利于城市环境的改善，并对大众旅游业产生了影响。② 1982年，联合国教科文组织在墨西哥城召开“世界文化政策大会”，标志着国际社会开始把文化（产业）发展问题提升到经济、政治和社会发展的战略高度。1998年，联合国教科文组织在斯德哥尔摩召开了“文化政策促进发展”的政府间会议，提出了一份《文化政策促进发展行动计划》供大会讨论并获得通过。这份计划指出：“发展可以最终以

---

① T. W. Adorno. *The Culture Industry*. London: Routledge, 1991. p. 85.

② ［澳大利亚］戴维·思罗斯比．经济学与文化．王志标，张峥嵘译．中国人民大学出版社，2011. 157.

文化概念来定义，文化的繁荣是发展的最高目标。”“文化的创造性是人类进步的源泉。文化多样性是人类最宝贵的财富，对发展是至关重要的。”联合国教科文组织将文化产业定义为“结合创造、生产与商品化等方式、运用本质是无形的文化内容。这些内容基本上有著作权的保障，其形式可以是货品或服务”，“一般来说，文化产业形成的条件是，文化产业和服务在产业和商业流水线上被生产、再生产、储存或者分销，也就是说，规模庞大并且同时配合着经济考虑而非任何文化发展考虑的策略”。[①] 文化生产的方式、内容和目的，文化与经济、社会发展的关联，越来越受到国际社会的关注。

20 世纪 90 年代是西方各国制定文化政策和文化产业发展战略的关键时期。至于对“文化产业”的具体提法，各国则有一定的差异。欧盟在名为“Info2000”的计划文件中明确了内容产业（Content Industry）的概念，并将内容产业的主体定义为：“那些制造、开发、包装和销售信息产品及其服务的企业。”根据这一定义，内容产业包括了各种媒介上传播的印刷品（书刊、报纸等）、电子出版物（联机数据库、音像制品、电子游戏等）、音像传播（广播、电视、录像、影院等）、用做消费的各种数字化软件的生产、销售和服务。[②] 1998 年，英国出台《创意产业路径文件》，首次明确提出创意产业的概念，并将其定义为“那些从个人创造力、技能和天分中获取发展动力的企业，以及那些通过对知识产权的开发，可创造财富和就业机会的活动”。该文件进一步把创意产业划分为表演艺术、电影电视、出版、艺术品及古董市场、音乐、建筑、广告、数码娱乐、电脑软件开发、动画制作、时装及产品设计等 13 个行业。[③] 创意产业是文化产业的延伸，其内涵和外延更为广泛，涵盖了商业与科技创造产业。从本质上讲，文化产业是以版权产业为核心的提供精神产品的生产和服务的产业，主要包括文化创意业、平面传媒业、广播影视业、出版版权业、演艺娱乐业、网络文化服务业、文化旅游业、文化会展业等。

日本、韩国于 20 世纪 90 年代相继明确了“文化立国”的文化发展战

---

① 苑洁．当代西方文化产业理论研究概述．林拓等主编：世界文化产业发展前沿报告（2003—2004）．社会科学文献出版社，2004. 323.

② 缪其浩．内容，一个大产业．世界科学，2000（3）．

③ 孙智英．创意经济的形态和业态研究．东南学术，2008（6）．

略。1995 年，日本文化政策推进会议在其重要报告《新文化立国：关于振兴文化的几个重要策略》中，确立了日本 21 世纪文化立国的新战略。1996 年 7 月，日本政府公布实施《21 世纪文化立国方案》，表示要继续扩大国际文化交流，为国际社会作出贡献。日本为应对世界文化产业的急剧扩张和技术变革的加速，在 2007 年的《内容产业全球化战略中间报告书》中详细阐述了日本的全球化战略目标和具体的政策实施措施，规定日本内容产业全球化战略的发展目标为内容产业自身的全球化，人才、技术、资金等资源的积累，旨在将日本的内容市场打造成国际内容市场的中心。日本于 2009 年出台的《日本品牌战略》报告预测，随着软实力产业的发展，到 2015 年，日本仅“内容”产品的产业规模就将达 20 万亿日元（约合 2 561 亿美元），其拉动经济的效果将涉及旅游观光等众多内需行业。同时，日本政府还提出了“酷日本”计划，准备在 2015 年前以中国、印度等 8 个国家为重点，促进日本文化产品在这些国家的销售。“酷日本”计划不仅包括动漫、明星、服饰等时尚文化，还包括饮食、日常杂货等生活用品，以及促进外国青年赴日旅游的措施，意在传达日本特有的审美观和生活哲学。

韩国在 1998 年亚洲金融风暴后，重新调整了国家经济发展战略，走知识经济的新型工业化道路，确立了“文化立国”的国家新战略。韩国于 2007 年制定的振兴文化产业五大目标之一即为拓展“韩流”，支持文化内容出口海外。2008 年，韩国新政府的文化产业政策主要内容之一就是进军全球市场。此后，韩国文化产业逐渐开始向产业文化过渡——使文化产业与其他相关产业融合，形成以文化为吸引力，吃、住、行等周边产业作为附属物的“新韩流”。其目的在于通过影视剧、音乐等形式，将文化转化成生活方式，淡化产业间的边界，带动服装、旅游、生活用品、IT 产品等其他相关产业的共同发展。韩国希望能够利用文化产业推动其他产业的出口，使文化产业与其他产业相融合，提升韩国国家形象，为更多的韩国品牌拓展国际市场。[①] 这是在国家层面推行的强势文化政策，旨在培育新的经济增长点，抢滩国际竞争前沿领域。韩国文化体育观光部的数据显示，2010 年韩国文化产业规模为 72.58 万亿韩元（约合 650 亿美元），约占当

① 宋佳烜．“韩流”出口背后的经济账．中国文化报，2012－07－06.

年 GDP 的 6.2%。资料显示，2006 年至 2010 年，韩国文化产业规模年均增长率为 3.7%。

总体而言，文化产业竞争已成为全球化时代的重大主题，我们必须立足于文化的制高点，加深对文化产业战略地位、发展规律及未来趋势的认识，提高产业竞争力，促进经济、社会进一步发展。

二

文化产业对国家、地区的重要性虽不能无限夸大，但它昭示了世界范围内经济文化一体化的趋势，甚至在很多方面都引领着 21 世纪的发展。随着经济社会发展理念、环境等的变化，文化科技成为产业发展的新引擎，当今全球文化产业格局正处在深刻的裂变与重构之中，呈现出崭新的发展态势。

第一，做大做强文化产业，成为提升国家和地区文化软实力、综合竞争力的战略手段。按照约瑟夫・S. 奈（Joseph S. Nye）的观点，军事实力和经济实力都是典型的“硬”实力，而“软实力”是指“一种常常源于文化和价值观念并在太多情况下被忽略的吸引力”。约瑟夫・S. 奈指出，软实力往往来自文化和意识形态的吸引力、国际机制的规则和制度等资源。国际政治性质的变化常常使无形的权力变得更加重要。国家凝聚力、普世性文化、国际制度正在被赋予新的意义。权力正从“拥有雄厚的资本”转向“拥有丰富的信息”。约瑟夫・S. 奈意识到，美国文化是一种无需投入过多却极其有用的软实力资源。具体体现在产品和交流之中的美国大众文化具有广泛的吸引力。[①] 20 世纪 90 年代以来，美国在国际文化贸易中形成了优势地位，1996 年，文化产品（电影、音乐、电视节目、图书、杂志及计算机软件等）成为美国最大的出口项目，首次超过了其他传统产业，包括汽车、农业、航空和军工等。如今，美国文化产业占世界文化市场 43% 的份额，其年产值约占美国 GDP 的 25%，成为全美第一大贸易出口产品。[②] 400 家最富有的美国公司中，有 72 家是文化企业。美国拥有全

---

① ［美］约瑟夫・S. 奈．硬权力与软权力．门洪华译．北京大学出版社，2005. 97 ~ 108.

② 李海亭．美国文化产业发展的经验启示．环渤海经济瞭望，2012（9）．

球“文化巨无霸企业”的50%以上，控制了全球75%的电视节目生产和制作。[①] 美国凭借其文化产业的强大优势和自由贸易网络，将浸染着美国主流意识形态和价值观念的符号化产品传输到世界各地。而日本文化产业的输出，预计在2020年将达到1兆人民币。面对全球性的文化贸易战争，中国如果不主动迎接挑战、促进文化贸易并开拓文化市场，就会沦为文化产业发达国家的文化产品倾销地。

第二，文化产业日益成为新的经济增长点，并能吸纳大量劳动力。如美国的文化产业刚超越其飞机产业，就成为首屈一指的出口吸金机，并雇用了全国逾10%的人口；有人甚至还说，这个比例高达20%。国际知识产权联盟发布的2011年版《美国经济中的版权产业》中的相关数据显示，版权产业的核心内容产业，包含图书、期刊出版业在内，为美国经济创造了9 310亿美元的产值，约占美国国内生产总值的6.4%，解决了近510万美国人的就业问题，总资产占民营企业领域整体的5%，为雇员提供的薪酬比其他产业领域平均高27%。版权产业提供的产品和服务在国际贸易和出口领域所创产值高达1 340亿美元，同比超过美国其他领域，如航空业、汽车业、农业、药业等。[②] 又如英国，从20世纪80年代初起，音乐输出便已高于工程输出。文化产业包括音乐、出版、影音、多媒体、表演、视觉艺术和工艺等。[③] 到2011年为止，英国文化产业从业人员占全国就业人口的7.8%，在英国各产业中稳居第二位。再如德国的柏林，其人口不足350万却拥有3万家文化创意企业，影视、音乐、艺术、设计、广告、图书与新闻、游戏与IT、建筑、设计艺术等行业的从业人员达22万，超过制造业就业人数，年均创造产值200亿欧元，成为名副其实的“创意火车头”。[④] 文化产业为人们拓宽了就业渠道，尤其使新型创意人才有了更多的就业、创业的机会。

第三，国际市场需求推动文化贸易发展，大型文化传媒集团借助资本运作实现全球化发展。为了分散风险，巩固分销渠道，文化公司通常不得不组成产业集团，往往包括动画制片厂、电视网、有线电视网、图书出版

① 熊澄宇．世界文化产业研究．清华大学出版社，2012. 1.
② 李霄编译．美国发布2011版权产业报告．全国新书目，2011（12）．
③ ［英］查尔斯·兰德利．创意城市．杨幼兰译．清华大学出版社，2009. 205.
④ 李新．文化产业已成柏林创新发动机．中国文化报，2011－12－06.

公司、杂志社、电视台、零售商店、主题公园以及百货公司等。在沃尔特·迪斯尼公司，这一策略实行得颇为成功。[①] 迪斯尼公司最大的贡献在于，在物质限制日益严重的世界中显示出文化产业无限的可塑性。迪斯尼娱乐世界的成功指明了一条完全建立在文化的基础上，也就是“非生产性的”基础上实现经济发展的道路。[②] 不只是迪斯尼，还有索尼、米高梅、派拉蒙、20 世纪福克斯、环球和华纳兄弟等大公司，它们占据了全球影视业市场的巨大份额。

第四，文化产业具有高成长性和抗干扰性，可成为经济复苏的有力支撑。韩国便是一个典型的例子。1997 年，亚洲金融危机中的韩国，外汇储备落到谷底，众多大财团解体、1/3 的银行关门、公园里徘徊着失业人群等。然而不到 5 年时间，韩国再次崛起，1999 年经济增长曾经反弹至 10%左右。在韩国经济恢复过程中，文化产业最活跃、成长最快。现在，韩国是公认的文化出口大国。[③] 2011 年，韩国文化产业的出口产值高达 200 亿元人民币。2012 年 5 月底，韩国进出口银行海外经济研究所发表的“韩流出口影响分析与金融支援方案”表明，韩国文化产业出口每增加 100 美元，就能使韩国商品出口增加 412 美元。伴随韩剧、韩国电影、歌曲等“韩流”席卷全球，各国对韩国产品的好感上升，提高了手机等其他韩国商品的销量。[④] 韩国文化产品的市场化运作，打开了通向世界的大门。

第五，文化产业集聚区在众多中心城市不断涌现，产业集聚化带来了明显的规模经济效益和群聚效果。许多大都市区域（纽约、伦敦、东京、洛杉矶、巴黎等）拥有若干文化产业集群，如图书和杂志出版、各种各样的艺术和设计活动、戏剧和音乐制作、广播电视播放、广告以及服装和珠宝之类的工艺产业，这些产业集群依靠国际大都市的城市氛围而繁荣昌盛。如洛杉矶和巴黎，这两个城市都显现出强烈、突出的文化形象，并具

---

① ［美］米切尔·J. 沃尔夫. 娱乐经济——传媒力量优化生活. 黄光伟，邓盛华译. 光明日报出版社，2001. 36.

② ［美］Sharon Zukin. 城市文化. 张廷佺，杨东霞，谈瀛洲译. 上海教育出版社，2006. 48 ~ 49.

③ 王晓玲主编. 中国广州文化发展报告（2008—2009）. 社会科学文献出版社，2009. 291.

④ 宋佳烜. “韩流”出口背后的经济账. 中国文化报，2012 - 07 - 06.

备了联系全球消费者的能力。[1] 文化活动在空间上集中的趋势，在英国非常明显。据统计，英国70%～90%的传媒产业从业人员都集中在伦敦。而在伦敦，大多数活动都集中在一个很小的、大约1平方英里的区域内，即众所周知的SOHO（索霍区、伦敦一区）。至少从1918年开始，这里就是伦敦重要的创意和文化生活中心。SOHO吸引了数量众多的电影制片人、后期制作人员、设计师、摄影师、广告代理机构和音乐团体，集中了与电影和电视媒介生产相关的整个活动链。[2] 另据都市未来研究中心2005年出版的《创意纽约》报告统计，美国创意部门的劳动力大约有8.3%生活在纽约。其中，全美国约33%的演员、12%的电影编导、10%的装置设计师、27%的时尚设计师、9%的平面设计师、8%的建筑设计师以及7%的美术家聚集在纽约。纽约有超过2 000个艺术及文化非营利机构，超过500个艺术馆，大约2 300个设计服务商业机构，超过1 100个与广告相关的电影公司，近700个书籍、刊物出版机构，以及145个电影制作工作室。[3] 产业区集聚提供了信息和资源共享的空间，可以降低成本，强化广告效应和品牌形象。

第六，科技创新是文化发展的内在动力，文化与科技融合有利于增强文化产业的核心竞争力。以数字技术、网络技术等信息技术为主要支撑，以动漫、网络游戏、手机游戏、多媒体产品为代表的新兴文化业态，已逐渐成为继IT产业后崛起的最具潜力的产业之一。一些信息产业高度发达的国家或地区，已经逐步形成包括网络服务产业、数字游戏产业、电脑动画产业、移动内容产业、数字影音应用产业等在内的数字内容产业群。同时，传统文化业态在与当代科技的融合中不断得到提升。影视制作、出版发行、广告传媒、演艺娱乐、文化会展等传统文化行业，通过与数字技术、网络技术、移动通信技术等高新技术的结合，明显提升了传统业态的发展活力。[4] 如好莱坞电影工业是一个不断成长、开放和自我完善的体系，当美国经历恐怖袭击、经济低潮，全民信心低落的时候，电影业却飞速发

---

① ［美］艾伦·J. 斯科特．城市文化经济学．董树宝，张宁译．中国人民大学出版社，2010. 14.

② 莫健伟，崔德炜主编．文化创意空间：艺术与商业的集聚与融合．社会科学文献出版社，2012. 34～35.

③ 任珺．纽约创意经济发展状况及其经验启示．南方论丛，2010（4）．

④ 赵玉海．以高新技术促进文化发展．中国文化报．2012－01－10.

展，其中，技术的变革是其力量的重要来源之一。纵观好莱坞的发展历史，每每在电影业面临危机的时候，都会转向研发新技术，使美国电影业峰回路转，起死回生。在新的背景下，创新的奇观制作正是美国电影业赢得市场的重要方面。如《阿凡达》对3D技术的运用，创造了银幕视听奇观，标志着新的影像时代的到来。① 高新技术为文化产品的开发、传播和营销，提供了更为广阔的空间。数字化、信息化、网络化建设为文化产业的存在形态和发展趋势带来了革命性变化，在世界范围内逐步形成了多层次、宽视野、跨行业的崭新格局。

第七，随着大众生活方式和消费模式的改变，人们对娱乐产品和娱乐服务的需求持续增长。自20世纪90年代初以来，娱乐业高居美国出口业第二位，仅次于航空航天业。娱乐业——而不是汽车制造、钢铁、金融服务业——正迅速成为新的全球经济增长的驱动轮。在美国这个娱乐和传媒产业最发达的国家，娱乐支出额位列家庭支出中的衣着、保健等类别之前（衣着5.2%，保健5.2%，娱乐5.4%）。② 美国的迪斯尼公司是全球技术和娱乐象征经济的开拓者，它的电影实验室中所蕴藏的电影形象从大萧条时期以来就“激发”了全世界的想象力，米老鼠及其伙伴们成了美国文化的代言人。迪斯尼乐园和迪斯尼世界是20世纪后期最重要的旅游景点。它们所体现的不仅仅是外国人想看见的美国形象，而且是其他人梦寐以求的生活方式。③ 迪斯尼主要侧重于推行混合文化战略。在迪斯尼的创意娱乐部，大众艺术总是和大众文化形影相随，其目的是淡化艺术和娱乐之间的界限。同时，迪斯尼因地制宜，电影的每个场景可能会发生在不同国家，并考虑那里不同的文化氛围。④ 在洛杉矶所有较有活力的文化产品产业中，无疑都是娱乐综合体将组织协同效应、商业成就和创新领域最大限度地向外扩展的结果。⑤ 娱乐元素在全世界畅通无阻、备受欢迎，文化生产、传

---

① 周安华，丁亚平主编．影视文化（4）．中国电影出版社，2011.206、213.

② ［美］米切尔·J. 沃尔夫．娱乐经济——传媒力量优化生活．黄光伟，邓盛华译．光明日报出版社，2001.14、25.

③ ［美］Sharon Zukin. 城市文化．张廷佺，杨东霞，谈瀛洲译．上海教育出版社，2006.46.

④ ［法］弗雷德里克·马特尔．主流：谁将打赢全球文化战争．刘成富等译．商务印书馆，2012.38.

⑤ ［美］艾伦·J. 斯科特．城市文化经济学．董树宝，张宁译．中国人民大学出版社，2010.214～215.

播和消费的方式亦因此而改变。

必须看到，文化产业虽是高投入、高回报的行业，但也充满了很多不确定性因素，蕴藏着巨大风险。《蜘蛛侠3》作为史上耗资最多的电影之一，制作成本为3.8亿美元，其中用于影片本身的开支（所谓负成本）为2.6亿美元，剩下的都是世界市场营销的开支。[①] 美国人拍一部《泰坦尼克号》，投入拍摄费用2亿美元，宣传费用1亿美元，结果票房收入18亿美元，相关收入45亿美元。这一部片子的收入相当于印度最杰出的软件行业一年的总收入。[②] 成功的例子虽然不胜枚举，但失败的案例也不能忽略。迪斯尼公司的大片《珍珠港》的直接制作成本加上后期的市场推广与宣传，总费用超过2.4亿美元，但其票房失利，还引致迪斯尼制片公司高层换班。美国创意产业界人士说："成功从来不是势在必得。真正叫座的好戏实属罕见，而遭遇挫败却是家常便饭。"[③] 文化产业领域有很多投资机会，但其中的市场风险是始终存在的。大众的文化心理、市场的文化需求，都处于变化之中。当一个文化产业项目在策划时，它可能还是有市场的，然而等到项目开发完成并投入运营时，市场需求可能已经变了，这就使得文化产业具有难以预知的巨大市场风险。

在国内文化产业热潮涌现的背景下，文化的作用被提升到前所未有的高度，文化产业迎来了最好的发展机遇，"文化创富"分外激动人心。由于一般加工制造业利润率下滑，社会投资迫切需要寻找新的投资领域和赢利行业。文化产业投资方兴未艾，对文化企业的"追捧"，特别是对于未来文化产业发展战略的定位和判断，需要客观审视与理性思考。

三

相比于美、英等发达国家，文化产业在我国兴起的时间并不长。1978年以前，我国没有文化产业这个概念，文化生产都是在国家"文化事业"

---

① ［法］弗雷德里克·马特尔．主流：谁将打赢全球文化战争．刘成富等译．商务印书馆，2012.70.

② 曹世潮．文化竞争战略．中国人民大学出版社，2006.11.

③ ［法］弗雷德里克·马特尔．主流：谁将打赢全球文化战争．刘成富等译．商务印书馆，2012.50.

的框架统摄下进行的，文化领域的意识形态斗争被突出强调。改革开放之后，文化产品的商品属性慢慢显现出来，文化形态酝酿巨大变动：音乐茶座和营业性舞厅的兴起，使得文化娱乐业在中国受到重视；“走穴”使少数艺人先富起来，推动了院团体制的改革；图书零售业的放开，使得国有新华书店一统天下的局面不复存在；文化搭台、经济唱戏，国家不再包揽文化建设的一切事务。[①] 如20世纪80年代开展的“以文补文”活动，即开展一定范围的经营活动，以增加文化事业的投资。当时，“以文补文”活动被视为发展和繁荣社会主义文化事业的一项重要改革，它将竞争机制引入文化领域，不仅扩大了文化服务和文化活动的内涵和外延，而且很重要的一点是，它能缓解发展文化事业经费不足的矛盾。1987年，文化部、财政部、国家工商行政管理局联合颁发了《关于〈颁发文化事业单位开展有偿服务和经营活动的暂行办法〉的通知》。各地文化事业单位利用各自的优势，广泛开展有偿服务和经营活动，如复印、缩微、装裱、文化咨询、讲座、音乐茶座、美容化妆及商品销售等。这不仅为发展文化事业广开了生财门路，而且安置了富余人员，收效甚好。[②] 从20世纪80年代的情况来看，文化产业在我国开始孕育、萌动，但它还是被包蕴在文化事业的母体之内，理论上、政策上尚缺乏对文化事业和文化产业的清晰定位。

20世纪90年代初期，中共中央、国务院在《关于加快发展第三产业的决定》中提出要以产业化为方向，加快发展包括文化生产和服务在内的第三产业，促进文化单位由单纯的财政消费型部门转为生产型部门，这就为我国发展文化产业作了政策上、思想上的准备。1992年出版的国务院办公厅综合司编著的《重大战略决策——发展第三产业》一书，明确使用了“文化产业”的说法，“这可能是中国政府主管部门第一次使用‘文化产业’概念”[③]。1993年11月，文化部召开了部分省市文化产业座谈会，时任文化部常务副部长的高占祥在座谈会上作了题为“在改革开放中发展文化产业”的讲话，随后《中国文化报》以一个整版的篇幅予以发表，“这

---

① 胡惠林. 文化产业学——现代文化产业理论与政策. 上海文艺出版社，2006.2.

② 程青. 关于文化经济政策走向的探讨. 瞭望，1990（20）.

③ 江蓝生，谢绳武主编. 2001—2002年：中国文化产业发展报告. 社会科学文献出版社，2002.4.

是中国政府文化行政部门领导人首次全面阐述对于文化产业的政策性意见”①。1997 年 10 月 18 日，《人民日报》发表了记者易凯的文章《寻找最佳效益——无锡市文化产业扫描》，这是我国中央党报上第一次使用“文化产业”这一概念。此后，我们对文化产业的地位和作用的认识日趋深化。2000 年 10 月，中共中央《关于制定国民经济和社会发展第十个五年计划的建议》明确提出，“完善文化产业政策，加强文化市场建设和管理，推动有关文化产业发展”。2001 年 3 月，这一建议被正式写进九届全国人大四次会议通过的国民经济和社会发展“十五”规划纲要。由此，“文化产业”的概念第一次正式进入了党和国家政策性、法规性文件。② 2002 年 3 月，朱镕基总理在《政府工作报告》中指出，为了“进一步解决经济发展的结构性矛盾和体制性障碍”，需要“大力发展旅游业和文化产业”。

应该说，推动文化产业的发展是党和政府应对复杂的国内外形势，深化改革，加快我国小康社会建设的一项重大战略决策。2002 年 11 月，党的十六大报告对“文化产业”与“文化事业”这两个概念作了区分，认为文化产业是“繁荣社会主义文化、满足人民群众精神文化需求的重要途径”，明确提出要“积极发展文化事业和文化产业”。这是对文化事业和文化产业在理论认识上的一个重大突破。2003 年 10 月，党的十六届三中全会通过的《中共中央关于完善社会主义市场经济体制若干问题的决定》，为文化体制改革指明了方向，“也使得我国文化发展的宏观体制和政策环境更为清晰”③。2004 年，国家统计局印发《文化及相关产业分类》，以改进和完善文化产业统计工作，规范文化及相关产业的口径、范围，为社会主义文化建设、文化管理和文化统计提供科学、统一的范围与定义。2006 年 1 月，中共中央、国务院发出《关于深化文化体制改革的若干意见》，明确了文化体制改革的指导思想、原则要求和目标任务。2007 年 10 月，党的十七大报告提出将“文化产业占国民经济比重明显提高、国际竞争力显著增强、适应人民需要的文化产品更加丰富”列入全面建设小康社会的

---

① 江蓝生，谢绳武主编．2001—2002 年：中国文化产业发展报告．社会科学文献出版社，2002. 4.

② 江蓝生，谢绳武主编．2001—2002 年：中国文化产业发展报告．社会科学文献出版社，2002. 1.

③ 胡惠林．文化产业学——现代文化产业理论与政策．上海文艺出版社，2006. 42 ~ 43.

奋斗目标，从此确立了文化产业在整个国民经济和社会发展中的地位。

2009年7月，国务院常务会议审议通过了《文化产业振兴规划》。这是继钢铁、汽车、纺织等十大产业振兴规划后出台的又一个重要的产业振兴规划，标志着文化产业已经上升为国家的战略性产业。2010年3月，中宣部、中国人民银行、财政部等九部委出台《关于金融支持文化产业振兴和发展繁荣的指导意见》，为金融与文化产业深度合作提供了政策支撑。2010年10月，《中共中央关于制定国民经济和社会发展第十二个五年规划的建议》提出，要“推动文化产业成为国民经济支柱性产业”。这一建议后来被纳入《中华人民共和国国民经济和社会发展第十二个五年规划纲要》（以下简称《纲要》）。《纲要》明确提出：“推动文化产业成为国民经济支柱性产业，增强文化产业整体实力和竞争力。实施重大文化产业项目带动战略，加强文化产业基地和区域性特色文化产业群建设。推进文化产业结构调整，大力发展文化创意、影视制作、出版发行、印刷复制、演艺娱乐、数字内容和动漫等重点文化产业，培育骨干企业，扶持中小企业，鼓励文化企业跨地域、跨行业、跨所有制经营和重组，提高文化产业规模化、集约化和专业化水平。推进文化产业转型升级，推进文化科技创新，研发制定文化产业技术标准，提高技术装备水平，改造提升传统产业，培育发展新兴文化产业。”2011年10月，十七届六中全会通过了《中共中央关于深化文化体制改革、推动社会主义文化大发展大繁荣若干重大问题的决定》（以下简称《决定》）。《决定》阐明了中国特色社会主义文化发展道路，确立了建设社会主义文化强国的宏伟目标，提出了新形势下推进文化体制改革的指导思想、重要方针、目标任务和政策举措，强调加快发展文化产业，推动文化产业成为国民经济支柱性产业。2012年2月，中共中央办公厅、国务院办公厅印发《国家“十二五”时期文化改革发展规划纲要》（以下简称《规划纲要》），对“十二五”时期我国文化改革发展做出具体部署。根据《规划纲要》，到2015年，我国文化改革发展的主要目标包括“现代文化产业体系和文化市场体系基本建立，文化产业增加值将占国民经济比重显著提升，文化产业推动经济发展方式转变的作用明显增强，逐步成长为国民经济支柱性产业”等。2012年2月，文化部正式向社会发布了《文化部“十二五”时期文化产业倍增计划》（以下简称《倍增计划》）。《倍增计划》紧扣十七届六中全会关于文化产业发展的新精神和文化产业发展的新趋势，明确了“十二五”时期文化产业的指导思想、发展思路、发展目标、主要任务、重点行业和保障措施。

2012年7月，国家统计局颁布了新修订的《文化及相关产业分类（2012）》标准，要求国务院各部门和各地区统计部门认真执行。《文化及相关产业分类（2012）》是以新的《国民经济行业分类》为基础制定的，兼顾部门管理需要和可操作性，并与《2009年联合国教科文组织文化统计框架》相衔接。分类将我国文化及相关产业分为五层：第一层分为“文化产品的生产”和“文化相关产品的生产”两部分；第二层根据管理需要和文化生产活动的自身特点分为10个大类，即“新闻出版发行服务”、“广播电视电影服务”、“文化艺术服务”、“文化信息传输服务”、“文化创意和设计服务”、“文化休闲娱乐服务”、“工艺美术品的生产”、“文化产品生产的辅助生产”、“文化用品的生产”、“文化专用设备的生产”；第三层依照文化生产活动的相近性分为50个中类；第四层是具体的活动类别，共计120个小类；第五层是对于含有部分文化生产活动的小类设置延伸层，共计29个。

2012年11月，党的十八大报告提出，根据我国经济社会的发展实际，要在十六大、十七大确立的全面建设小康社会目标的基础上努力实现新的要求：在增强文化软实力方面，社会主义核心价值体系深入人心，公民文明素质和社会文明程度明显提高。文化产品更加丰富，公共文化服务体系基本建成，文化产业成为国民经济的支柱性产业，中华文化“走出去”迈出了更大步伐，社会主义文化强国建设基础更加坚实。

从上述梳理可以看出，进入21世纪之后，党和政府相继出台了一系列促进文化产业发展的政策、文件，表明我国文化产业的发展已上升为国家战略。国家战略属于重大发展战略、宏观战略，“十二五”期间我国将逐步推动文化产业成为国民经济支柱性产业，占GDP的比重将超过5%。当今世界，以文化为轴心的战略格局重组已把文化产业推到国际竞争的前沿。相比于发达国家，我国文化产业占国民经济的比重还很低，而美国为25%，日本为20%。2011年，我国文化产业总产值超过3.9万亿元，占GDP比重首次超过3%。2012年，我国文化产业总产值突破4万亿元，占GDP比重进一步提升。在已有成就的基础上，我国文化产业将拥有更广阔空间的未来，在社会经济发展目标中的位置越来越高、分量越来越重。把文化产业培育成为推动经济发展方式转变的战略性新兴产业，打造一个文化产业强国，是我国今后一段时期内的重要任务。

四

发展文化产业上升为国家战略，各省市必须进行部署。2010 年 7 月，广东省提出了从文化大省建设向文化强省跨越的目标，《广东省建设文化强省规划纲要（2011—2020 年）》经广东省委十届七次全会审议出台。根据该纲要，到 2015 年，广东文化及相关产业增加值超过 4 500 亿元，占全省生产总值的比重超过 6.5%。到 2020 年，广东文化及相关产业增加值超过 8 000 亿元，占全省生产总值的比重达到 8%。文化产业成为重要支柱产业和战略性新兴产业，广东成为全国乃至全球具有较强竞争力的文化创意产业中心。这是广东在新形势下对文化产业发展目标的战略思考和总体定位。

在贯彻落实国家战略的过程中，各地应探索切实可行的文化产业发展模式和路径，寻求地区发展多样化的统一。中国的改革开放取得了举世瞩目的成就，但也存在区域发展不平衡的问题，像资源禀赋、区位因素等，各地差别较大。因此，不同地区发展文化产业的思路，应立足于当地的实际情况，发挥各自独特的资源优势，依托现有产业基础，坚持差异竞争、错位发展。有一个观点很有道理，即偌大的一个中国，发展经济和文化产业需要多点支撑、多极共兴。所谓“多点”、“多极”，即是处于不同约束条件下的各个区域，要形成各自个性化的发展战略，打造自身的比较发展优势。对于广东而言，要实现文化强省的目标，做大做强文化产业，就必须发掘出新的、更具比较优势的独特竞争要素。

多年来，广东的经济发展有着较为明显的三大特征：一是经济外向度高，对外需的依赖性强。二是传统产业比重大，低端制造环节比重高。三是省内区域经济发展极不平衡。[1] 2012 年 5 月，广东省第十一次党代会报告指出，加快转型升级是“事关广东前途命运的一场硬仗”，其中构建结构优化、附加值高、竞争力强的现代产业体系是战略重点。现代产业体系

① 王忠宏，贾涛．广东以产业转移促进产业转型升级调研报告．广西经济，2012（4）．

是以高科技含量、高附加值、低能耗、低污染、自主创新能力强的有机产业群为核心，以技术、人才、资本、信息等高效运转的产业辅助系统为支撑，以环境优美、基础设施完备、社会保障有力、市场秩序良好的产业发展环境为依托，并具有创新性、开放性、融合性、集聚性和可持续性特征的新型产业体系。早在2008年7月，广东省委、省政府出台的《关于加快建设现代产业体系的决定》强调，建设现代产业体系是广东产业发展升级的必由之路。广东已初步形成了适度重型化、高级化的产业体系，但总体上与现代产业体系的要求仍存在不少差距，面临着国内外产业竞争的严峻挑战。加快建设现代产业体系，有利于广东破解发展难题，增强产业可持续发展能力，促进区域协调发展。构建广东现代产业体系的主体框架，包括以现代服务业和先进制造业为核心的六大产业，其中现代服务业主要包括金融业、物流业、信息服务业、科技服务业、外包服务业、商务会展业、文化创意产业和总部经济八个产业。2010年9月出台的《广东省现代产业体系建设总体规划（2010—2015年）》进一步明确做大做强以创意内容为核心的文化服务业，重点建设一批国家级和省级传媒出版、工业设计、动漫游戏、影视制作、音乐创作、广告设计、数字印刷等产业基地以及文化会展和产权交易平台，形成四个以上国家级文化创意产业示范基地。从广东经济产业转型升级的角度来看，文化产业在其中的角色和功能不容忽视，它能有力推动经济发展向高端方向演进。

加快发展文化产业，对广东抢占新一轮经济增长点和发展主动权十分重要。人们越来越认识到，文化产业展现出传统产业所不具备的特点和无法比拟的优势。文化产业以创意为源头，以内容为核心，基本不消耗物质资源或者只消耗很少的物质资源，是发展绿色、循环、低碳经济的重要着力点。而且，文化产业具有广泛的关联度，能增强文化产品的内涵，提升产品的附加值，延伸经济行业的产业链，广泛吸纳高素质的劳动力，所以，文化产业将成为新的投资方向，广泛地吸纳社会资金的进入。[①] 文化产业带来的社会效益和精神享受，也是其他产业难以比拟的。“文化产业在转型时代承担着创新社会需求、社会供给和经济增长模式的重任。在供

---

① 蔡武．文化产业成为国家战略性产业．向勇主编．全球视野下的产业融合与文化振兴．金城出版社，2011. 10.

给理念方面，文化产业更加强调以科技进步带动供给方式的创新，突破单一的物质产品供给模式，以内容、感受、体验等精神产品的创造，刺激人们更多地消费精神产品；在需求理念方面，文化产业注重摆脱人们以物质需求为核心的需求束缚，倡导以幸福感提升、新鲜感、体验感等各种内心深处真正产生满足感为核心的全新需求模式，引导人们从后工业时代的物质消费转向新体验时代的内容消费升级。”[①] 文化产业是民生工程的一部分，生产更多的精神产品有利于文化惠民。所以，广东省第十一次党代会报告强调：“加快培育发展新兴产业和新型业态，着力建设产业发展载体，建立战略性新兴产业重点领域产业联盟，大力发展健康服务、节能环保、休闲旅游、文化创意等幸福导向型产业，引导转型升级的方向。”有学者对此进行阐释：“发展重工业，虽然对提高 GDP 作用明显，但毕竟和老百姓的生活离得远。而幸福导向型产业就不同了，它是围绕着人的生活和发展提供产品和服务的产业。”幸福导向型产业是共享式发展。以人为本、增进民生福祉被定位为发展的目的和归宿。[②] 新的概念显示出了执政理念和发展思路的转变，区域经济社会的价值取向更加清晰。

发展文化产业，不仅仅是注重其经济效益和社会效益，它还涉及广东发展的战略全局，是从国家层面演绎的区域发展战略的宏伟篇章。广东要继续发挥改革开放排头兵作用，就必须抓住历史性机遇，把握时代发展新趋势，在全国率先走出一条富有特色的文化产业发展之路。确定区域文化产业发展战略，既要与国家的大战略相吻合，也要根据区域发展条件和优势，进行高层次、全局性的宏观谋划。被誉为“竞争战略之父”的美国学者迈克尔·波特（Michael E. Porte）指出，战略形成的本质，是为了应付竞争所需。竞争战略探讨的其实是差异性的问题，它意味着选择一套不同的活动，以提供独特的价值。[③] 而“发展”和“战略”的结合是由美国经济学家阿尔伯特·赫希曼（Albert Otto Hirschman）在 1958 年首次提出的。这一概念的使用，凸显了对社会变化中“发展”这一战略的重视。目前，这一概念已经得到广泛认同，成为进行社会生活决策活动的重要概念。发展战略，特指“对经济、社会长期发展的全局谋划和有效控制”，是“某

---

① 王国华．转型经济时期文化产业发展的路径选择．北京联合大学学报，2011（2）．

② 刘茜．文化产业整合亟需顶层设计．南方日报，2012－05－24．

③ ［美］迈克尔·波特．竞争论．高登第，李明轩译．中信出版社，2003.33.

一社会系统为谋求自己的最大利益、自身的最优发展，而在特定条件和环境中产生出的代表该社会系统意志的方针、目标、政策、任务和基本行动方案等内容”。其基本特点有“五性”：全局性、层次性、阶段性、长期性、稳定性和实践性。[①] 荷兰学者皮尔森（C. A. Van Peursen）指出：“当代文化被设想为是发展过程中的一个战略，它展现了把它的规划集中于未来的各种机会，不过这并不是说它将产生一种对未来的描述性解释。关于未来及其特征的推测并不是它的目的。我们的真正任务应当是确立一种对现状的正确观念，因为只有这种观念才能为一项负责任的政策提供可靠的支持。”[②] 这也就是说，文化发展战略首要的还是解决现实问题，为实践提供参照。在区域文化产业战略方面，有专家指出，必须消除条块分割所造成的文化产业布局权力分布过细、资源配置不公、产业效率低下和政府管理成本过高的弊端，使整个区域文化产业系统无障碍运转起来。实行文化产业区域一体化战略，不仅是不同地区间的文化产业战略合作，而且也是同一地区不同文化产业部门和门类之间的战略合作，以最大限度地消除各种形式的壁垒，最大程度地建构完整、有机的文化产业关联，降低区域文化产业运行成本，提高区域文化产业战略规划效益，这应该成为区域文化产业战略规划选择的一个重要价值取向。[③] 战略问题对区域文化产业发展至关重要，只有科学地进行统筹规划，合理有效地配置资源，才能促使文化产业和整个经济社会系统良性循环、协调运转。

目前，对广东文化产业发展的研究，代表性的论著有《改革体制　发展产业　壮大事业——广东建设文化大省理论探索》[④]、《广东文化产业发展与对策研究》[⑤]、《广东文化产业投资指南》[⑥]、《广东省建设文化强省规划纲要辅导读本》[⑦]、《文化强省：南粤文化软实力报告》[⑧]、《广东文化创意产业发展与布局》[⑨]。此外，还有《广州文化创意产业发展报告》等

---

① 姚志华．文化产业发展战略研究概述．艺术百家，2008（8）．

② ［荷］C. A. 冯·皮尔森．文化战略．刘利圭等译．中国社会科学出版社，1992. 11.

③ 胡惠林．关于区域文化产业战略与空间布局．山东社会科学，2006（2）．

④ 胡中梅，梁桂全主编．广东人民出版社，2003.

⑤ 蒋述卓主编．广东人民出版社，2005.

⑥ 方健宏主编．广东人民出版社，2006.

⑦ 林雄主编．南方日报出版社，2010.

⑧ 顾作义，杨兴锋主编．南方日报出版社，2010.

⑨ 甘巧林，陈汉欣主编．中国大百科全书出版社，2012.

“蓝皮书”。在这些研究成果中，胡中梅、梁桂全主编的《改革体制　发展产业　壮大事业——广东建设文化大省理论探索》，涉及建设文化大省的目标与任务、体制改革与产业发展、人才战略等全局性问题，对建设文化大省所涉及的问题进行了多层次、多方位的研究，为广东建设文化大省提供了理论依据和政策导向。方健宏主编的《广东文化产业投资指南》分为行业篇、地区篇、政策法规篇，是有志于在广东文化产业各行业寻求发展的投资者的重要向导。蒋述卓主编的《广东文化产业发展与对策研究》分为“理论篇”、“实践篇”、“个案篇”，既有对广东文化产业的整体观照，也有扎实、具体的调查分析和个案的深度解剖。甘巧林、陈汉欣主编的《广东文化创意产业发展与布局》，从“行业发展”和“地区布局”两个基本角度出发，探讨了广东文化创意产业的发展历史与现状水平，并结合国内外文化创意产业发展的模式，分析了广东文化创意产业发展经验、模式和前景。

此外，顾作义、颜永树的论文《广东文化创意产业现状及发展思路》①，李江帆的论文《广东文化产业的发展现状、问题与对策》②，刘启宇、刘红红的论文《广东文化产业发展的现状、问题和对策》③，马春辉、陈振旺、张坚胜的论文《广东文化创意产业集群发展现状与策略》④，陈章喜的论文《广东文化大省建设中文化产业发展的总体思考》⑤，花建的论文《“十二五”：广东文化产业的态势分析与战略对策》⑥，彭伟步的论文《广东文化产业现状、问题与对策》⑦，刘建民的论文《广东文化产业统计的实践与思考》⑧ 等集中探讨了以下问题：广东文化产业发展的现状究竟如何？呈现出哪些特点？发展过程中存在怎样的问题，又面临哪些新的机遇？在推动广东文化产业发展的进程中，应采取哪些行之有效的措施？这些论文多为推动实践展开的理论思考，或为政府决策提供参考，虽没有形成系统

---

① 载《学术研究》2009（2）.
② 载《粤海风》2003（3）.
③ 载《学术研究》2007（6）.
④ 载《开放导报》2008（6）.
⑤ 载《暨南学报》2004（3）.
⑥ 载《广东经济》2011（4）.
⑦ 载《暨南学报》2011（4）.
⑧ 载《中国统计》2012（1）.

的理论体系，但其中不乏真知灼见。

上述成果为本课题提供了较好的政策指导、研究基础，以及考察当下文化产业发展战略的理论方法。然而，国内学者对广东文化产业研究的时间不长，广东文化产业发展的具体情况也是处于变化之中，在实践中会不断出现新的问题，既往研究在理论深度方面偏弱，对新的文化生态也来不及关注。本课题通过对广东文化产业发展现状及走势的分析，力图抓住主要矛盾，剖析区域的特有优势和自身局限，探寻文化产业的发展方向、发展空间和发展动力，以减少实践的盲目性和决策的反复性。本课题拟从具体的实践出发，对广东文化产业进行“点”、“线”、“面”的考察，将微观与宏观分析相结合，以此构建完整的文化产业发展战略框架及实施路径，并从多学科视野对媒介融合、信息文明和数字化变革背景下的文化产业发展战略进行全方位的探讨。

第一章　纵向扫描：广东文化产业的发展历程

改革开放以来，广东文化产业经历了从无到有、从萌动到快速发展的历程。区域文化产业的共时态聚合面，是经济社会历时态线性演进的结果，是历史运动、社会力量综合作用的产物。

在历史的视阈内，对广东文化产业追根溯源，探究其演变轨迹是很有必要的。首先，从历时态系统考察文化产业的流变，有助于我们在战略层面把握其延续性与继承性。其次，站在历史的高度，能使我们更好地获取历史滋养和思想资源，更好地理解今天的现实、看清未来的走向。黑格尔在《哲学史讲演录》中曾说，一切事物的存在都是“作为自身具体、自身发展的……一个有机的系统，一个全体，包含很多的阶段和环节在它自身内”。恩格斯在《反杜林论》中对这一观点曾给予充分肯定，认为黑格尔“第一次——这是他的巨大功绩——把整个自然的、历史的和精神的世界描写为一个过程，即把它描写为处在不断的运动、变化、转变和发展中，并企图揭示这种运动和发展的内在联系”。恩格斯还指出，黑格尔提出了“一个伟大的基本思想，即认为世界不是既成事物的集合体，而是过程的集合体”①。广东文化产业的发展，便是在过程中展开的，具有时间上的持续性和空间上的广延性。站在历史与现实的交汇点上，将历时态研究和共时态研究相融合，我们可以在宏观层面和思想深度上对研究对象有更清晰的整体认识，这也就是马克思和恩格斯所极力倡导的逻辑方法和历史方法的统一。

根据广东文化产业发展的时间脉络，追踪其演变形式、形态、结构、功能和关系，我们可以将其划分为三个阶段：萌动期（1978—1991 年）、

① ［德］恩格斯．路德维希·费尔巴哈和德国古典哲学的终结．马克思恩格斯选集（第4卷）．人民出版社，1995. 244.

成长期（1992—2002 年）和快速发展期（2003 年之后）。下面分别就这三个阶段进行探讨。

第一节　萌动期的探索起步（1978—1991 年）

历史上，广东是“海上丝绸之路”的起点，海洋文化与开放意识浓厚。“海上丝绸之路”是古代中国与外国交通贸易和文化交往的海上通道，广州是我国“海上丝绸之路”的最早始发港和海岸城市。据推定，秦始皇之前，番禺应为一外贸口岸。番禺城在汉初成为全国九大都会之一，主要货物亦多为宝货，即可反映南越国的外贸发达。① 由于历史上形成了经商贸易的环境，广东早期就商业意识浓厚。正如余秋雨的形象描述：“广州历来远离京城，面对大海这一方位使它天然地与中国千年封建传统构成了逆反。千里驿马跑到这里已疲倦不堪，而远航南洋的海船正时时准备拔锚出发。”② 可以说，岭南文化具有与生俱来的对外开放、善贾重商、兼收并蓄、务实创新的特点，包含着强烈的进取精神和平民色彩。“纳四海之新风，集中原之精粹”，成为岭南文化生生不息的活力之源。

海纳百川的文化氛围，造就了岭南地区开拓求新的观念意识。处于“化外”之地的岭南，距离中央政权所在地遥远，封建统治者鞭长莫及，思想控制较弱，使海外文化随着海上对外贸易比较容易在南中国海岸登陆。当传统遭遇现代的撞击，岭南文化吐故纳新、继往开来，广东被誉为中国近代史上的“思想摇篮”。林则徐在广东成为“中国睁眼看世界的第一人”，而“真正走向世界的第一人”是广东梅州人黄遵宪。中国最早的留美学生是珠海香洲人容闳。孙中山先生更是一位具有广阔世界眼光的伟人，他以“世界潮流，浩浩荡荡，顺之则昌，逆之则亡”为座右铭，强调要“内审中国之情势，外察世界之潮流”，学习世界上的先进知识和有益的思想成果。正因为观念文化的开放和创新，广东在近代史上曾成为中国民主革命的策源地。诚如易中天所说：“黄遵宪、康有为、梁启超、孙中山，在这个‘天高皇帝远’的地方发出了震惊全国的声音，其影响极为深

---

① 曾昭璇，曾新，曾宪珊．论中国古代以广州为起点的“海上丝绸之路”的发展．中国历史地理论丛，2003（2）．

② 余秋雨．文化苦旅．知识出版社，1992. 169.

远。孙中山、毛泽东、邓小平，这三个对20世纪中国的命运前途和思想文化产生了巨大影响的人物，一个出在广东，一个出在湖南，一个出在四川，而不是出在北京、上海，是耐人寻味的。事实上，广东不但出思想家，而且广东的思想家，不是革命者也是革新者，没有一个是保守派。这其实也正是广东文化或曰岭南文化的特点，即‘生猛鲜活’。”[①] 岭南文化领时代风骚，对推动中国近现代历史进程，无疑作出了深远贡献。

改革开放之后，岭南文化重放异彩。广东作为先行先试的排头兵，成为中国改革开放的试验区，在发展文化产业方面更是率先突破。1978 年之前，我国的文化生产全部由政府来投资和管理，而且在很大程度上受到政治意识形态的桎梏，主要服从于意识形态领域里阶级斗争的需要。“文化战线”、“文化阵地”等提法，便透出浓厚的政治气息。有学者就此阐述道：“无论是轻视还是重视，文化都不可能获得自由发展的空间，更不能成为一种产业。这种以‘工人阶级’为价值核心的文化，其生产方式却与‘工业’无关。在组织体制上，文化生产和传播机构都属于执政党的宣传部，主要发挥其宣传党的方针政策的‘喉舌’功能；在经费投入上，主要由政府从国民收入中提取，是由国家全资投入养起来的事业部门，文化从业人员都是国家体制内的干部；在消费方式上，文化实际上是政府提供的公共物品和服务，是‘为人民服务’的福利事业，消费者基本上不直接出钱。文化作为意识形态生产的一个重要部门，同时也是计划经济体制的一个领域。这种文化体制，配合一定时期的政治体系，基本表达了党/国的政治意志，但它既没有提供文化生产所必需的自由条件，也不可能生产出满足社会需求的文化产品。”[②] “文革”中盛行的文化专制主义，文化、艺术的娱乐功能完全被取消，成为阶级斗争的工具，到处是大批判的战场，充满文化“斗争”的气氛，人民的精神文化生活十分单调枯燥，文化生产与物质生产以及经济效益是相互隔绝的领域。

中国的文化经济、文化产业，是在岭南地区发轫的。改革开放的大幕开启之后，广东逐渐出现了音像制品市场、表演艺术市场、图书报刊市场、电影发行放映市场和电视文化市场，以及流散文物市场、文化旅游市

---

① 易中天．读城记．易中天文集（第 7 卷）．上海文艺出版社，2011. 194 ~ 195.

② 单世联．文化产业与中国现代性．李康化编选．文化产业研究读本（中国卷）．上海人民出版社，2011. 102 ~ 103.

场和工艺美术市场等各种形式的文化市场。20世纪后期，流行音乐、大众文化、娱乐文化与经济大潮在南中国海疆浪涌波翻、呼啸而来，“猛袭神州”，形成强烈的“冲击波”，甚至被内地人称为岭南文化的“入侵”：商品经济使社会生活和个人生活自由开放；便利的城市公共服务和民生系统，高度的社会流动性等，减少了传统生活造成的人身依附和依赖心理，一种更为自主和平等的人格、更为自由开放的风气，也成为“挡不住的诱惑”向内地渗透弥散。[①] 商业和市场孕育了新的文化精神，个性意识、民主观念逐步彰显，对物质财富和世俗幸福生活的追求成为个体理所当然的权利。

文化与商业结合，曾经的文化“战场”开始向文化“市场”转变，文化产品、文化服务更多地浸润到人们的日常生活中，社会主义商品经济条件下的文化市场逐步兴起、拓展，人们的价值观念、文化心理、消费习惯和生活方式都在悄然发生变化。

一、演艺娱乐业

伴随着流行音乐的曲调、歌声，广东最早开始经营“文化”，把娱乐文化发展成商业。广东的流行音乐、演艺界创下了中国的多个第一：

1977年，全国第一支流行乐队——广州紫罗兰轻音乐队成立。

1979年，新中国第一家省级音像公司——太平洋影音公司成立，该公司录制的第一首歌是朱逢博演唱的《蔷薇处处开》，专辑名《朱逢博独唱歌曲选》，这是新中国第一盒立体声录音带。

1980年，广州东方宾馆开办了全国第一个音乐茶座。

1980年，深圳第一家帐篷歌舞厅在西丽湖出现，1981年西丽湖歌舞厅诞生。这可能是改革开放后中国内地最早出现的营业性歌舞厅。

1981年，广东推出“粤语流行金曲”，但主要是翻唱港台的歌曲。不久，徐东蔚、郑南两人创作的《请到天涯海角来》风行全国，成为中国流行音乐的启蒙之作。

1982年，广州在国内第一次采用“明星包装战术”。

1984年，著名粤剧表演艺术家红线女于国庆节期间在广州举办专场

---

① 杨东平．城市季风．新星出版社，2006. 367.

“红线女粤曲独唱会”，这是中国戏曲艺人的首次个人演唱会。

1985 年，广州举办全国第一个原创流行歌曲大赛“红棉杯”新人新歌新风大赛。

1987 年，广东出版中国内地第一张 CD《蒋大为电视主题歌》，并创立了全国第一个原创流行歌曲排行榜——健牌广播新歌榜。

1990 年，广东流行音乐创作学会成立。

1991 年，新时代影音公司麾下的杨钰莹、毛宁成为我国第一对签约歌手，一个全新的概念——包装歌星开始影响全国。

20 世纪 70 年代末，流行音乐的大潮开始在广州酝酿、发酵。广东流行音乐发端于一个香气四溢的名字——紫罗兰乐队。1977 年春天，20 岁的广东省歌舞团小提琴演奏员毕晓世“不务正业”地组建了这支中国新时期最早的轻音乐乐队。同年 5 月 1 日，紫罗兰乐队在广州市中山纪念堂首次登台。毕晓世回忆说：“那天唱的是我重新编曲的《蓝色的爱情》和《送你一枝玫瑰花》，结果全场轰动。我们得到了社会的承认。”① 新颖的音乐元素，给长期受政治文化浸染的人们带来耳目一新的感觉。

成立于 1979 年的太平洋影音公司及后来的新时代影音公司、中国唱片总公司广州分公司、白天鹅音像出版社，并称为广东音像出版界“四大巨子”，构成了广东音像业的产业依托和竞争优势。如太平洋影音公司是新中国第一家拥有整套国际先进水平、全新录音录像设备和音像制品生产线的音像企业。到 1983 年末，该公司已总共赢利 3 000 万元，成了纳税大户。广州又是最早搞全国性流行歌曲大赛的城市，像 1985 年全国第一个流行歌曲比赛——“红棉杯”，选出了羊城十大歌星和十大金曲，陈小奇、李海鹰、解承强等年轻的音乐人和吕念祖、唐彪等歌手从此崛起。这在全国范围内是很少见的，北京到了第二年才推出类似的比赛。广东电台很早就出现了流行音乐排行榜，媒体的支持、唱片业的崛起，加上涌现了一支很优秀的音乐人队伍，很多外地歌手被吸引到广州。这些因素聚集在一起，形成了一个很大的优势。20 世纪 80 年代前期，广东在全国流行音乐

---

① 王俊．广东流行乐坛 30 年光荣与梦想．深圳特区报，2007－06－07.

中是一个最引人注目的地方。[①] 由此，娱乐经济开始在广东这些沿海地区发育起来。

作为改革开放的试验田，广东用足、用活中央的政策，经济模式、文化生态都呈现多样化的态势。不同的消费主体，有不同的文化需求。据《广州市志》记载，20 世纪 80 年代，境外商人和旅游者纷纷进入广州。为丰富他们的夜间文化生活，1980 年 3 月间，东方宾馆首先办起营业性的音乐茶座，邀请擅唱中国香港、台湾流行通俗歌曲的专业歌手演唱，并配备以西洋音乐为主的伴奏乐队。东方宾馆音乐茶座的诞生，在当时的广州城引起了不小的轰动。但那个时候音乐茶座并不是人人都可以随便进去的，一定要凭着"回乡证"买票才能进去。所谓"回乡证"就是当时港澳台同胞在回乡探亲的时候，政府所发的一种特殊证件。继东方宾馆之后，第二个出现音乐茶座的地方就是中国旅行社的华侨大厦，因为当时有很多归国华侨都住在那里。[②] 音乐茶座比较好赚钱，很多餐厅或宾馆的老板看到这一潜在的市场商机，也跟着开起了音乐茶座，如华侨酒店、爱群大厦、广州宾馆等也开始仿效，一时间广州几乎所有的宾馆、酒楼，乃至工人文化宫、青年文化宫都开设了音乐茶座。更让人意想不到的是，这股风后来竟然一直吹到广州歌舞团、民间音乐团等专业团体，甚至连广州杂技团都成立了一个轻音乐队。中央电视台也觉得音乐茶座这种形式很新颖，他们专程到广州采访报道。[③] 与改革开放时代相适应的经济文化形态，逐渐显现出生机与活力。

音乐茶座在广州兴起，不是偶然的，这与广州人的生活方式、文化心理有很大关系。广州人素有品茗听曲的传统习惯。资料显示，早在 20 世纪二三十年代，广州就有了供欣赏曲艺的茶座。新中国成立后，从 1956 年起，随着社会的繁荣安定，又先后有十几家茶座式的音乐曲艺厅兴办起来。十年动乱期间，这些深受群众喜爱的文娱场所被视为"封、资、修"的货色，全部给砍掉了。[④] 改革开放之后，品茗听曲这样的文化生活得以恢复并受到人们的欢迎。东方宾馆、流花宾馆、广州宾馆、人民大厦、新

---

① 广东省档案馆编．广东改革开放先行者口述实录．广东人民出版社，2008. 95.
② 广东省档案馆编．广东改革开放先行者口述实录．广东人民出版社，2008. 106 ~ 107.
③ 广东省档案馆编．广东改革开放先行者口述实录．广东人民出版社，2008. 110 ~ 111.
④ 黎田，高伯煜，邓焕然．广州音乐茶座探讨．广州研究，1984（2）.

亚旅店仅5家音乐茶座，就1983年计，一年的听众达35万人左右。当时一张音乐茶座的门票售价6元，其票价高出其他剧团五六倍，而每天拥有大量的听众，且历数年而不衰。[①] 广州的音乐茶座原来只有两种形式：一种是播放录音卡带，一种是由轻音乐队演出。从1984年8月起，又出现了歌舞厅的新形式。这种歌舞厅既有轻音乐的演出，又设有舞池，宾客可在欣赏演出之余，跳交谊舞自娱。随着音乐茶座的火爆，演出向多渠道、多途径发展，音乐茶座的轻音乐队起初主要是为音乐茶座演出，演出渠道单一，后来演出的渠道渐渐多起来。他们在坚持以茶座演出为主的前提下，灵活地下到四乡，到广州市的一些剧场，到省外各地演出。[②] 音像和演艺市场培育出的"茶座歌手"红极一时，受到广泛的欢迎。

20世纪80年代末、90年代初，音乐茶座逐渐被卡拉OK所代替。1988年3月8日，文化部、国家工商行政管理局联合发布《关于加强文化市场管理工作的通知》，其中指出："随着我国社会主义商品经济的迅速发展，广大人民群众的物质文化生活不断得到改善，精神状态、生活方式有了很大变化，文化消费在逐渐增加，各种社会力量兴办的文化事业日趋活跃。一个以商品形式向人们提供精神产品和文化娱乐服务的文化市场正在兴起和形成。文化市场作为社会主义精神产品的生产和消费的中介，对繁荣我国文化事业、丰富人们的文化生活有积极的作用。""对于文化娱乐业的经营活动，健康有益的要支持，无害的允许存在，低级庸俗的要抵制，反动淫秽的应予取缔。要依法保护经营者的合法权益，鼓励竞争，调节好文化市场的供求关系，创设多层次、多渠道、多形式的丰富多彩的文化市场，不断满足人民群众日益增长的文化需求，把文化市场建设成为社会主义精神文明的阵地。"这是政府文件中首次出现"文化市场"概念，表明国家已经从积极的意义上看待和管理文化市场。[③] 文化市场的拓展，在珠江三角洲地区形成了各类文化消费模式。即便在广大农村，各类演出也相当普遍。单是海康县就有民间雷剧团54个，每年演出200多场。吴川县1988年有132个乡不惜重金从外地聘请剧团演戏，覆盖面达82%。随着人们文化素质的提高，人们对社会上公共文化活动的参与意识也在增强。例

---

① 赵元森．广州旅游宾馆音乐茶座的发展问题．人民音乐，1984（11）．

② 邓焕然．广州音乐茶座的发展趋势．人民音乐，1985（4）．

③ 王为理．从边缘走向中心——深圳文化产业发展研究．人民出版社，2007.24.

如，1987 年广州市就有 1/4 的家庭参加“美的家庭文化”活动。[①] 人们在参与各种公共文化活动的同时，也享受到了应有的文化权利，并对文化单位有了进一步改进文化服务内容和服务方式、提高服务水平的诉求。

越来越多的新兴信息渠道和文化载体相继出现，为大众提供了更多样的文化选择，音像业、文艺演出、娱乐业顺势发展，文化消费的观念逐渐形成。各种类型的文化娱乐场所纷纷出现，高、中、低档一应俱全。以深圳为例，20 世纪 80 年代，深圳开辟社会办文化的途径，通过外引内联，鼓励企业界兴建文化娱乐场所。其中有东南亚最大的迪斯尼游乐场——香蜜湖中国娱乐城，华南最大的综合性电影娱乐中心——南国影联。

在文化消费模式的转换中，广东还善于寻找演艺娱乐与文化旅游的结合点。广州东方乐园是 1985 年 7 月 1 日开业的中国第一家大型游乐园，是国际旅游协会的第一个中国会员，它开动了国内第一趟过山车。当年，国家对游乐设施的检测标准也是比照东方乐园而定的。从 1987 年起，由广东省、广州市文化和旅游部门组织的“广东欢乐节”在东方乐园举办。1990 年，国家旅游局等单位也参与组织了在东方乐园举办的第四届“广东欢乐节”，并正式将该节定名为“中国旅游艺术节暨广东欢乐节”，使之成为一项全国性旅游活动。从 1990 年开始，以“广东欢乐节”为基础，汇聚全国各地的民族民间艺术精华，把欢乐节推向国际旅游市场。尽管 20 世纪 90 年代中后期东方乐园由于经营不善，于 2004 年 9 月 7 日正式关门歇业，但东方乐园也曾有过辉煌的历史，被誉为我国主题公园之“长兄”，它挖掘到了行业的“第一桶金”，给人们留下了美好的形象，成为我国游乐业一面鲜明的旗帜。[②] 在东方乐园之后，各地掀起了一股主题公园建设热潮。

演艺、娱乐、旅游和文化糅合在一起，带动了主题公园的发展。深圳华侨城集团公司在 1989 年建成了主题公园“锦绣中华”，1991 年又投资建成了第二个主题公园“中国民俗文化村”。1992 年初，全国面积最大、景点最多的微缩景区“世界之窗”在深圳华侨城破土动工，1994 年 6 月正式开放营业。“锦绣中华”开业当年就收回近 1 亿元的全部投资，第二年即开始赢利；“中国民俗文化村”开业仅 9 个月就也收回了 1 亿元左右的全

---

① 蔡茂生，林海华．大众文化与精神文明建设．华南师范大学学报，1989（4）．

② 蓝力民，赵克禹，胡丽芳．困境主题公园改造转型探微——对广州东方乐园倒闭的反思．科学·经济·社会，2009（1）．

部投资，两个主题公园仅 1992 年就赢利 1.5 亿元，成为深圳市的纳税大户，并初步获得开发文化资源进行产业化运作的成功经验，为后来华侨城集团扩大文化产业规模打下了基础。此前深圳也有较早发展起来的歌舞娱乐、演出、游戏等行业，但从其规模效益和社会影响来看，都属于起步阶段。传统的政府办文化产业，如报业、广播电视业等大多还在享受政府投入，尚未完全实行产业化运作。以华侨城企业集团为代表的深圳文化产业群体，尽管规模水平参差不齐，但大多在 20 世纪 90 年代成长壮大，并初步完成其资本的“原始积累”及对企业主攻方向的战略选择。[①] 由此，一种新的文化生产方式和产业趋势逐渐成型，规模化的文化产业群呼之欲出。

随着国家政策的逐步转变，广东的文化事业体制改革稳步进行，文艺院团的经营自主权渐渐扩大，艺术表演团体由政府单一投资的体制开始改变。至 1987 年年底，已有广州话剧团、木偶剧团、电影公司、雕塑室等 9 个公司级文化艺术单位和 15 个专业电影院、8 个影剧院、13 个区级书店实行了团长或经理负责制。对艺术表演团体的布局继续进行调整，广东音乐团合并到广东音乐曲艺团。在部分文艺单位开展经济承包试点，一贯领取国家经费的广州雕塑工作室、广东民间工艺馆和广州歌舞团、广东音乐曲艺团等单位实行自收自支，取得良好的效益。[②] 当然，文艺院团的改革虽已开始，但 20 世纪 80 年代尚未完全摆脱旧有体制的束缚，文化生产力还没有得到充分解放。

只有建立面向市场、服务群众的体制机制，不断丰富演艺娱乐产品的种类和数量，才能在更大程度上满足人民群众的精神文化需求。从文化市场的形成到文化旅游、演艺娱乐业的兴旺，“娱乐经济”显示了强大的生命力，大众的生活方式、价值观念也在发生着深刻的变化。

二、新闻出版业

“文革”结束后，经历了“书荒”的人们，表现出对知识、信息如饥似渴的需求。20 世纪 80 年代初，图书出版业成为快速增长的行业。出版

---

① 江蓝生，谢绳武主编. 2003 年：中国文化产业发展报告. 社会科学文献出版社，2003. 249.

② 《广州年鉴》1988 年，中国广州网，http://www.guangzhou.gov.cn/node_450/.

领域逐步打破枷锁、恢复调整，图书市场的品种渐渐丰富起来，甚至一度出现了读者排队购书的动人景观，“读书热”、“出版热”盛极一时。

改革开放初期，广东出版界有不少惊人的手笔。人们尚在谈人道、人性色变之时，广东人民出版社于1980年11月推出戴厚英的《人啊，人!》引起了广泛关注。在短短5年内，该书一再重印，发行量近40万册，在香港还有翻版书，在国外也有几个语种的译本。创办于1981年的花城出版社，打破意识形态坚冰，首推《沈从文文集》、《郁达夫文集》，为推动当代中国文学观念变革提供了助力。

花城出版社还在办刊方面先行一步，把刊物作为培养作者队伍的园地，创造了成功的经验。创刊于1979年的《花城》、《随笔》，被列入全国大型文学期刊“四大名旦”之中，“北有《读书》，南有《随笔》”。这两家杂志培养了一大批作家和读者，推动了当代文学的生产和消费。

除了《花城》、《随笔》等纯文学期刊之外，《家庭》、《南风窗》等全新内容、全新风格的杂志也陆续在广州创刊，后来发展为全国性的品牌期刊。1982年4月，广东省妇联创办《广东妇女》，1983年1月更名为《家庭》，是国内第一家以恋爱、婚姻、家庭为报道和研究对象的综合月刊，月发行量在期刊界一直名列前茅。1985年4月，《南风窗》创刊。《南风窗》以广州这个改革开放前沿地的环境优势、观念更新优势、信息资源优势“开启思想之窗，搭沟通之桥，吹清新之风”，被读者称之为“华不失实，活而不邪”，“带来一股新闻改革的清新之风”。《南风窗》也迅速成为期刊界的一面旗帜，被誉为“刊林奇葩”。[①] 勇于改革创新，使得广东的期刊充满锐气。

涌动的经济变革潮流，激发了精神消费的欲望。1982年广东省新华书店系统销售图书36 257万册，销售金额首次突破1亿元，比1978年增长1.1倍。1982年广州出版的杂志、丛刊共计95种，全年总印数14 644万册（份）。在95种杂志中，平均期印数超过10万份以上的有《作品》、《广州文艺》、《黄金时代》、《花城》、《风采》、《希望》、《影视世界》、《武林》等17种。其中，《武林》期印数突破200万份。[②] 1980—1990年，

---

① 南轩.《南风窗》连获殊荣. 南风窗，2010（1）.

② 《广州年鉴》1983年，中国广州网，http://www.guangzhou.gov.cn/node_450/.

广州图书出版的种数、总印数、总印张等，都大大超过前30年之和。1990年4月29日至5月6日，羊城图书博览会在广州图书馆、农讲所广场举行。这次博览会汇集了全国120多家出版社的优秀图书共2.5万多种，融图书展销与文化宣传活动于一体，包括出版发行咨询服务、职工自学成果展览、读书众人谈、名人签名售书、书画家挥毫义卖、读者存书交换以及诗歌朗诵、文学艺术欣赏讲座等一系列文化活动。中心会场共接待读者80万人次，各分会场共100万人次，图书展销售总额250万元，创造了广州市图书销售前所未有的佳绩。[①] 1991年，第四届全国书市在广交会举办，12天之内，入场读者55万人次，总计销售图书1 166万元，平均日销售额近百万元。书市期间订货近4 000万元，并接待4 000余人次外地及港台出版发行人员及图书馆采购人员。[②] 书市等大型文化活动，搭建了销售平台，丰富了大众的文化生活。

广东的图书市场行情不断看好，报业更是积蓄起跨越式发展的能量。1979年，广东公开发行的报纸仅有8种，内部发行（即持地方准印证）的报纸不到70种。1980年2月15日，《羊城晚报》复刊。1982年5月24日，全国第一家特区报《深圳特区报》创刊。不久，珠海经济特区和汕头经济特区也先后办起了《珠海特区报》和《汕头特区报》。当时广东19个市中的17个市和8个县先后创办和复办机关报。[③] 随着经济文化事业的发展，各种专业报和企业报应运而生。1984年2月11日，《南方周末》创刊，这份当时发行量仅7 000份的报纸，后来成为中国新闻界的翘楚。同期，《粤港信息报》、《信息时报》、《亚太经济时报》、《足球报》、《广东公安报》、《广东电视周报》、《周末画报》等一批较有影响的报纸先后创刊。在报业经营过程中，广东的媒体加强和完善采编、印务、发行各个生产环节的现代化配置设施建设，并通过提高科技含量以提高工作效率。如购买新的印刷机器，使印刷更及时；设立新的分印点，增强辐射能力；购置现代化的采编设备，以增强新闻时效性等，以强化硬件优势取得竞争优势。1988年以后，《广州日报》、《湛江日报》、《茂名日报》、《汕头日报》、《韶关日报》、《南方日报》及《深圳特区报》等相继自办发行，大大提高

---

① 王林生主编．广州之最（1949—2009年）．广东经济出版社，2009. 179.

② 本刊记者．羊城满书香．中国图书评论，1991（6）．

③ 李子彪．广东报业的现状与发展．新闻战线，2000（2）．

了发行时效，发行量显著增加。至1993年，广东省公开发行的报纸增加到120多种，内部发行的报纸超过了280种。当时，广东报纸数量位居全国第三名。[①] 量的增长与办报水平的提升几乎是同步进行的，广东报业在时代大潮中搏击，加快前行的步伐，不断奏响高歌猛进的华彩乐章。

广东报人最先感受到市场的脉动，大胆探索报业经营的规律。采编业务与经营管理并重及敢为人先的精神，使广东报业创造了中国报业的许多个“第一”：作为省委机关报的《南方日报》在全国率先创办周末版——《南方周末》；《羊城晚报》在全国省级报纸中率先创办“港澳海外版”；《广州日报》在全国率先扩大为每日出12个版，后来又成为中国第一家报业集团。在这片土地上，产生了中国第一张8版报，第一张彩报，第一张全彩报，第一张广告收入过亿元报，第一张广告收入超5亿元报，第一支“扫楼”发行队伍，第一个自动售报站，第一家连锁店，第一个报业博士后工作站，第一个报业集团等。正是这许多“第一”造就了广东报业的辉煌，奠定了广东报业在全国的领先地位。[②]《广州日报》、《南方日报》等的发展，创造性地树立起了党报在报业市场中占主导地位的竞争格局，开辟了党报走向市场的先河。

随着报业经营的拓展，广告业也开始复苏并逐步壮大。1979年，《南方日报》广告收入只有40多万元，1983年增加到187万元，1987年又增加到700万元，1988年为1 000万元，1989年突破1 500万元，十年之内增长了37倍。[③] 1986年12月26日，《广州日报》在第七版正式开设分类广告栏，从此，《广州日报》一直走在我国报纸分类广告市场化进程的最前列。1991年，广州日报举办全国首家报纸广告评奖活动——“广州日报杯”报纸优秀广告奖评奖活动。本着提高报纸广告的创意和设计制作水平的目标，“广州日报杯”后来发展成为一个覆盖亚太区域、高水平的行业评选活动，是中国广告评选活动中的一个知名品牌。

广告业务的增长，与广东经济的快速发展以及媒体的成长密不可分。1979年，广东省广告公司和广州市广告公司成立，被视为国内广告业兴起的标志。这一年，广州市广告业共有7家经营单位，从业人员40多人，年

---

① 吴文虎．广东报业竞争的态势与未来．新闻大学，1999（春季号）．

② 蔡铭泽主编．新时期广东报业发展研究．福建人民出版社，2006. 27.

③ 蔡铭泽主编．新时期广东报业发展研究．福建人民出版社，2006. 30.

营业额132万元。到1990年，广州市广告经营单位发展到288家、从业人员3 290人、经营额达到2.24亿元，居全国省会城市之首。同年，广告经营额前10名的单位是：广东电视台、羊城晚报、广州日报、广州市广告公司、南方日报、广州经济技术开发区广告公司、广东省广告公司、广东人民广播电台、广州电视台、广东文化广告装饰公司。① 广告界有一句行话“经济越发展，广告越兴旺”，从地区角度来看，此话确有其道理。据报道，1991年我国人均广告费用已突破3元，在经济发展较快的广东、北京、上海等地，这个指标已达30元以上，而在经济发展相对滞后的云南、贵州、西藏等地，该指标还不到0.3元。② 广东企业广告投入的增长，是商品经济不断发展的结果。广告市场的大门敞开，品牌营销、商业大战的序幕随即开启。

人们对于广告的态度，同时经历了从反感、无所谓到需要的转变过程。据调查，珠三角已有60%的人认为广告能提供商品信息，有20%的人表示喜欢电视广告。这种态度的转变，正是商品经济建设逐步深入，商品意识在人们头脑中加强的表现。企业界纷纷与大众传播媒介联姻，电视、电台、报刊的某些栏目愈来愈多地被客户（企业）用钱买下，名为“特约节目”。另一种形式是由电台、电视台、报社、杂志社主办一种由企业提供赞助的活动。如1989年上半年由广东电视台、广州日报社和广东强力集团公司合办的“全国强力公关小姐选拔赛”，有59%的人收看了决赛的现场直播，甚至还兴起了一场“公关热”。由企业赞助出版社出书，赞助文艺演出、体育表演已是很自然的事。③ 市场竞争需要企业强化整体形象传播、重视营销。广告意识的形成，有利于拓展商品经营，提高企业或产品的知名度。

改革开放后，广东新闻出版业的成长态势与区域经济发展水平是总体协调的。思想解放的大环境，GDP高速增长的硬实力，以及行政管理机制与市场机制逐步对接，导向思维与营销策略融会贯通，为新闻出版业扩张奠定了坚实的基础。

---

① 王林生主编．广州之最（1949—2009年）．广东经济出版社，2009.192.

② 张新伟，武巧珍．中国广告业现状与发展趋向分析．山西财经学院学报，1994（5）.

③ 周大鸣．珠江三角洲的大众传播与大众文化．社会学研究，1990（5）.

三、广播影视

广东毗邻港澳，得改革开放风气之先，捕获发展文化产业的先机。而香港很早就开始了全球化、国际化的进程，各种文化在这里交汇，拥有较为成熟的发展文化产业的经验。香港在20世纪中叶塑造的文化产业，为20世纪80年代广东开辟文化市场提供了重要参照。粤、港在文化心理上有着天然的亲近感，广东很容易接受香港的东西。香港的流行文化、影视文化，对广东的广播影视业起了很大的推动作用。

广东最早听到的境外电台是香港电台，最早看到的境外电视是香港电视。港台大众文化的熏陶，使得广东的广播影视较早打破了传统思维模式的禁锢。1980年，中国大陆第一座调频立体声广播电台——广东文艺电台建立。1986年12月15日，中国第一家经济电台——珠江经济广播电台（以下简称“珠江电台”）开播，该台实际是以经济信息和新闻为骨架的综合性电台，是大众化、通俗型的电台。珠江电台采用大板块综合式的节目结构，主持人集采、编、播、控于一体，以“一对一”与听众亲切交谈的形式直播，听众通过热线电话直接参与广播，这被广播界称为“珠江模式”。[①] 珠江电台开播后，在广播界乃至新闻界引起了巨大的反响，形成了一股强烈的冲击波。国内外媒体纷纷报道，国内的许多电台登门考察、取经。[②]“珠江模式”在形式和内容上的创新，体现了审时度势、勇于探索的精神内涵。珠江电台的诞生，使广东电台的收听率奇迹般地急剧回升，并很快就创造了空前的历史记录，南中国刮起了一股强大的广播旋风。后来，广东人民广播电台又陆续建成了9个电台（广东新闻台、珠江经济台、广东音乐台、广东文艺台、广东教育台、广东英语台、羊城交通台、珠江股市台、广东儿童台）。广东电台系列台的建立，不但力图满足不同听众对不同信息的需求，而且还力图满足不同的听众对不同种类的音乐的需求。[③] 珠江电台的成功和后来系列台的建设，是广东广播界紧贴时代大

---

① 余碧君．“珠江模式”实质初探．中国广播电视学刊，1996年“中国广播改革回顾与展望研讨会”增刊．

② 白谦诚．“珠江模式”论．中国广播电视学刊，1996年“中国广播改革回顾与展望研讨会”增刊．

③ 曾广星．迎接挑战　共创繁荣——广东电台与广东乐坛十五年发展的回顾与思考．现代传播，1994（6）．

潮、服务受众而推出的大手笔。瞄准不同的目标受众和服务人群，广东电台在广播的分众化传播方面创造了前所未有的经验。

与广播发展同步，新时期以来，岭南影视界推出了《虾球传》、《心香》、《雅马哈鱼档》、《太阳雨》、《女人街》、《商界》、《外来妹》、《公关小姐》和《情满珠江》等脍炙人口的力作，当年在国内红极一时。

1981年，广东电视台开始摄制8集电视连续剧《虾球传》，这是中国大陆制作的第二部电视连续剧，创当时内地电视剧的收视高峰，红遍大江南北。后来，香港电视购买了该片的播映权，《虾球传》成为第一部打进香港、东南亚地区的大陆电视剧，“粤产电视剧”时代由此到来。1987年年底开始，广东的电视剧制作走上正轨，先后组织摄制了《公关小姐》、《海瑞传奇》、《康梁变法》、《过埠新娘》、《乱世香港》、《外来妹》、《商界》、《泥腿子大亨》、《情满珠江》、《英雄无悔》、《和平年代》、《外来媳妇本地郎》等。1989年广东电视台的广告收入位列全国第二，数额相当于中央电视台同期广告收入的50%多。① 带有鲜明广东地方特色的粤产电视剧风靡全国，让广东电视台实现了社会效益和经济效益的双丰收。

广东的电视媒体还善于吸引公众的注意力，制造“眼球经济”效应。1988年，中国内地第一次电视选美——“美在花城”电视广告模特大奖赛成功举办。随着大赛的投入加大、节目质量的提高，“美在花城”的品牌不断增值。2003年，仅冠名赞助就已达到1 000万元，比第一届足足翻了50倍！广州电视台对选美活动的运作，带动了全国的地方选美热潮，以“美女经济”开启了大众化的娱乐文化时代。经济学家李江帆认为：“选美过程对电视、广告、消遣、信息、通信、旅游及相关产业都具带动效应；对赞助厂商的知名度和产品销售有扩大作用；推动文化产业的发展。”② 广州电视台采用市场化、商业化的操作方式，将美丽与时尚、娱乐和经济挂钩，形成了新的注意力光圈，美女成为娱乐文化和诸多经济活动的代言人、形象使者。“制造美丽、展现美丽”的选美比赛，在传播过程中制造出热点效应。

在电影生产方面，20世纪80年代初至90年代初，珠江电影制片厂

---

① 张中南，杨德建．广东电视广告市场发展特点．市场观察，2005（7）．

② 陆青．从“美在花城”走到“姿本经营”．广告人，2005（9）．

（以下简称“珠影”）迎来了发展的一个高峰。当时珠影每年拍摄 10 到 12 部电影，影片的题材许多都是表现广东改革开放后火辣辣的生活，给观众的感觉很鲜活，加上厂内推行了一系列改革，珠影当时在全国的“江湖地位”非常高。那时与香港的合作也达到了一个高峰，香港人来内地拍摄，几乎都是先找珠影。珠影跟香港的合拍片《英雄本色》，当时就卖了 1 000 多个拷贝。[①] 珠影拍摄的《雅马哈鱼档》是改革开放以后全国第一部反映民营经济、个体户生活的电影，也是改革开放后最早在香港公映的一部内地电影。据《雅马哈鱼档》小说作者和电影编剧章以武回忆，1984 年完成的电影《雅马哈鱼档》公映后，风靡一时。据说电影发行公司后来赚了 9 000 多万元，而拍摄这部电影的成本才 48 万元。珠影的这部影片赚了 400 多万元，后来片子以 100 万元卖给香港。[②] 类似《雅马哈鱼档》的影片还有《他在特区》、《街市流行曲》、《给咖啡加点糖》、《花街皇后》、《太阳雨》等。1990 年全国各电影厂向国家上交的总利润为 1 200 万元，其中仅珠影公司一家就上交了 600 万元。珠影公司故事片厂创作摄制的反映改革开放以来广东的新生活、新人物、新风貌的影片，占其影片生产总量的 80% 以上。

20 世纪 80 年代，广东文化产业迈出了坚实的一步。由于经济高速增长、思想观念深刻改变、传播载体多元变革、文化市场快速发育，广东文化产业蔚然兴起，在很多领域抢占了先机。如在影视广告方面，广东省白马广告公司在 1986 年拍摄了中国第一条电影胶片的电视广告。1989 年，白马公司摄制“健力宝”广告，制作费用创纪录，达到 68 万元，李宁成为中国第一位拍广告的体育明星，其广告一经播出，令“健力宝”的“冠军品质”形象深入人心。[③] 在动漫方面，1985 年，内地第一个港资动漫公司翡翠动画设计公司落户深圳。其后，太平洋动画、彩棱动画等数十家有港资、外资背景的动画公司相继入驻深圳，吸引了众多动画从业者前往，同时这些动画公司也为深圳动画行业培育了大批高素质的管理人员和制作人员。当时加工动画的方式主要是由“外方”出技术和管理，国内企业出

---

① 贺雅佳．广州有珠影，好戏在后头．新快报，2011－06－10.

② 广东省档案馆编．广东改革开放先行者口述实录．广东人民出版社，2008. 87.

③ 李江涛，孙云主编．广州关键词（1949—2009）．商务印书馆，2009. 171.

劳动力和厂房。深圳的动画加工开始兴盛。① 20 世纪 80 年代末、90 年代初，广东即拥有了动画加工的雄厚实力，之后逐步取代香港和台湾地区，成为动画的最大加工输出基地。

改革开放后，广东企业经营文化的意识不断提高，跨界的文化经济方兴未艾。如成立于 1984 年的万科企业股份有限公司，起初是一家以经营专业摄录像器材为主的全民所有制贸易公司，1988 年成为中国大陆最早一批公开上市的股份制企业之一。经过多年拓展，万科已成为一家跨地域经营的综合性企业集团，公司在从事房地产、股权投资、工业制造、进出口贸易的同时，于 1989 年组建了万科影视部，1992 年正式注册成立了万科文化传播有限公司。由此，万科结束了过去单一赞助文化事业的历史，积极探索文化产业化的路径，形成社会效益与经济效益并重的新型文化产业。相比于中国内地的其他省份，广东较早地完成了文化市场观念的洗礼和对文化载体的革命。

第二节　成长期的多彩嬗变（1992—2002 年）

1992 年初，邓小平视察武昌、深圳、珠海、上海等地，发表著名的南方谈话，掀起新一轮影响中国前途命运的思想解放和改革开放大潮。同年 6 月，中共中央、国务院发布《关于加快发展第三产业的决定》，正式把文化产业列入第三产业。同年 10 月，党的十四大确立我国由计划经济向市场经济转变，明确我国经济体制改革的目标是建立社会主义市场经济体制。由此，文化产业发展在政策上、体制上获得了更多支持，广东文化改革发展的步伐进一步加快。

20 世纪 80 年代，文化产业刚刚兴起的时候，学术界对此持批判和否定态度。论者们或者根据“法兰克福学派”的批判理路，认为文化产业的本质是反文化；或者以文化民族主义为立场，认为文化产业是西方的文化殖民；甚至从政治上把文化产业视为资本主义、特别是美国的意识形态。但社会在转型，文化产业发展势不可挡。深圳市发布的统计数据表明，该市 1994 年文化产业的国内总产值是 30 亿元，利税 4 亿元，从业人数大约 4

---

① 王为理．从边缘走向中心——深圳文化产业发展研究．人民出版社，2007. 41.

万。从全国来看，各地在相当大的程度上，还把文化列为事业，根本未将其当成一项产业来办。像深圳市把文化列为产业，统计其从业人数及收益，还是很少见的。[①] 20 世纪 90 年代，中国由计划经济体制转向市场经济体制，社会生产力迅速得到解放和提高。“经济领域”的日益扩张，越来越多的超过直接需要的商品，不但源源不绝地填灌着我们的欲望，而且也对人的欲望和需要结构进行持续的开发，独立的“文化领域”土崩瓦解，文化生产日益进入资本运行体系之中，文化产品的大部分已与物质消费、日常实践融为一体，诸如时装、流行音乐、肥皂剧、广告、畅销书、新闻广播、室内装修以及种种休闲方式等都成为“文化”。[②] 实践的发展走在了理论界的前面，文化产业在现实中显示了强大的生命力。据广东省文化厅统计，2002 年广东文化产业增加值为 668.93 亿元，年均增长 14.4%，占 GDP 比重为 5.7%。广东每年的文化消费将近 2 000 亿元，一个包括新闻出版业、演艺娱乐业、影视业、音像业、文化旅游业、文化信息业、艺术培训业、文物艺术品经营业等行业，由本体产业、交叉产业、延伸产业综合构成的文化产业体系已初步形成。

一、新闻出版业

改革开放以来，广东省新闻出版系统的总资产年均递增 25.1%，销售收入年均递增 19.1%，利润总额年均递增 18.8%。广州地区被认为是我国报业发展程度最高、竞争最激烈、最具产业化和市场化特征的地方。20 世纪 90 年代，《南方日报》、《羊城晚报》、《深圳特区报》和《深圳商报》以及各市县报纸也纷纷增张扩版和采用彩色印刷，其他经济、文化、体育、娱乐等专业性报纸也普遍扩版。[③] 1992 年，为了充实报纸内容，扩大宣传效果，《广州日报》由原先每天出 8 版扩充为每天出 12 版，《羊城晚报》逢星期一、三、五增加 4 版，《南方周末》由 4 版扩充为 8 版。1997 年，广东公开发行的报纸有 130 多种，而内部发行的报纸增至 322 种，较 1979 年分别增长了 16 倍和 4.6 倍。广东印行的报纸数量、发行量和总印

① 蒲心文．广东应突出发展文化产业．广东经济，1996（8）．

② 单世联．文化产业与中国现代性．李康化编选．文化产业研究读本（中国卷）．上海人民出版社，2011.103.

③ 李子彪．广东报业的现状与发展．新闻战线，2000（2）．

张都仅次于中央单位级报纸而位居全国各省市的榜首。[①] 到2002年，广东公开发行报纸169种，总印数40.35亿份。

广东率先展开报业集团化的尝试，这在当代中国新闻业发展史上具有里程碑式的意义。1994年，全国宣传工作会议之后，广东省委宣传部就提出组建报业集团，并设想从省里选出几家条件比较成熟的报社进行试点，其中包括《南方日报》、《羊城晚报》、《广州日报》和《深圳特区报》。可以说，正是广东省新闻宣传主管部门的积极工作，对报业集团起到了催生作用。[②] 1996年1月15日，广州日报报业集团获批成立，是全国首家报业集团，也是全国版面最多、经济规模最大、经济效益最好的报业集团。1998年5月18日，南方日报报业集团、羊城晚报报业集团同时在广州成立。至此，广州地区有3家报纸成为我国扩大报业集团的试点单位，广东省成为全国最早组建报业集团和拥有报业集团数量最多的省份。1999年11月1日，深圳特区报业集团正式挂牌。2002年9月30日，深圳特区报业集团与深圳商报社合并成立深圳报业集团。通过整合、优化资源，扩大规模，广东报业的竞争力持续提升。

广东报业的经营业绩不断攀升，在印刷、广告、物流配送和实业拓展等方面探索出了新的路径。1993年，广州日报社广告处开始在国内报纸中率先推行广告公司代理制。1994年，《广州日报》广告收入首次跃居全国报纸广告收入的第一位。1995年，广州日报在全国报纸中首创“洗楼”发行模式——挨家挨户主动上门征订。1995年1月，广州日报在国内第一个设立报业连锁店。1998年11月21日，《广州日报》发行量突破100万份大关。2000年和2001年，广州日报报业集团的广告收入超过12.5亿元，居全国平面媒体之首。2001年，南方日报报业集团的广告收入已达到9亿元，比10年前增长了60倍。而整个广东报业的广告收入相当于全国新闻媒体广告总额的1/5左右。[③] 广东报业以全新的理念和经营管理方式，致力于探索媒介与市场互动的最佳模式，形成高速发展的态势，不断拓展报业的价值链。

不只是报业，广东新闻出版业的整体发展水平也居全国前列。据2002

---

① 吴文虎．广东报业竞争的态势与未来．新闻大学，1999（春季号）．

② 曹鹏．中国报业集团发展研究．新华出版社，1999.113.

③ 何平．广东出版：一张金质的名片．出版广角，2004（7）．

年不完全统计（未含报社、期刊社的经营部分和无法统计的社会发行机构数据），广东新闻出版行业资产总额为635亿元。据2001年的统计数据分析，在各省市的排名中，广东的图书出版品种数居第四位，定价总金额居第六位；期刊品种数居第四位，发行量居第一位，其中发行量在25万册以上的品种有《家庭》等11种，为全国最多的省份；报纸品种数和发行量均居全国第一位；录音制品品种、数量居第二位；录像制品品种、数量居第一位；印刷企业和光盘复制企业及生产能力均居全国首位。从图书销售市场看，广东市场的图书纯销售额居全国第一位，是全国最大的图书市场之一。[①] 广东由此成为我国新闻出版业最活跃的地区之一，也是我国文化产品最大的集散地之一，拥有全国出版物市场"晴雨表"的美誉。

在期刊出版方面，1990年广东公开发行杂志253种，到2002年增至381种。其中《家庭》杂志的经营管理成效尤为引人注目。1996年2月，广东省物价局价格事务所对《家庭》的商标价值做了评估，结果表明，《家庭》商标价值人民币1.39亿元。此举开了国内期刊界的先河，体现了杂志社文化经营的现代商标意识。2000年3月再次评估，《家庭》商标价值攀升到2.68亿元；2001年被新闻出版总署纳入"中国期刊方阵"最高层，同年，国际期刊联盟公布，《家庭》的发行量在全球文化综合类期刊中排名第八。[②] 2002年1月，经中宣部和新闻出版总署批准，家庭杂志社成立全国首家期刊集团——家庭期刊集团。

在图书出版方面，2002年广东20家图书出版社出书4 621种，总印数3.25亿册，总码洋18.91亿元。成立于1999年12月的广东省出版集团，是全国第一家成立集团的出版改革试点单位，是第一家被新闻出版总署确定为全国出版改革试点单位的出版集团。2003年被中央确定为全国第一批文化体制改革试点单位，被广东省委、省政府确定为广东文化产业重点扶持的龙头企业。

在书报刊发行方面，根据新闻出版总署组成课题组2003年2月的调查，广东有各类书报刊发行单位及零售网点17 129个，其中新华书店网点919个（含连锁店）。全省发行销售收入58.2亿元，其中新华书店40.2亿

---

① 新闻出版总署"繁荣新闻出版事业，加快发展出版产业"课题组．关于广东新闻出版业发展状况的调研报告．出版发行研究，2003（7）．

② 王禹．家庭期刊集团改革启示录．中国新闻出版报，2008－12－10.

元。资产总额37亿元，其中新华书店26亿元。[①] 1992年11月，广州市新华书店企业集团成立，为我国第一家图书发行企业集团。1994年，由广东省新华书店牵头组建了广东省新新图书股份有限公司，这是全国新华书店系统组建的第一家股份制企业。1994年建成的广州购书中心，是广州市新华书店企业集团按照现代企业制度组建的一个大型的图书零售企业，被誉为“神州第一书城”。1994年11月至1997年11月，广州购书中心创造接待了3 000万人（次）的奇迹，1997年实现销售额1.38亿元。办书市也能赚大钱，这是广州人的创举。2000年1月10日，广州市新华书店集团有限公司正式挂牌成立。

在印刷、复制业方面，根据新闻出版总署组成的课题组2003年2月的调查，广东印刷、复制业有从业人员49万多人，年工业总产值422亿元，固定资产总额520亿元。[②] 广东印刷与复制技术领先全国，市场份额庞大。相关资料显示，珠三角印刷业以每年15% ~20%的速度增长，并迅速向多色、高速、数码化和个性化印刷发展。2003年，全省共有印刷企业17 000家，书刊印刷两级定点企业62家，光盘生产能力和市场占有率占据全国半壁河山，广东成为全国规模最大、实力最强的印刷基地。[③] 凭借活跃的外向型经济、强劲的市场需求和强大的产业配套能力，广东印刷、复制业的技术和设备处于国内先进水平，其产业规模和生产能力持续扩大，构建起了区域性的印刷、复制产业带。

二、音像业

20世纪80年代末、90年代初，广东的流行音乐与唱片市场互为依托，盛极一时。1992—1993年，广东的音乐人陈珞一手打造出杨钰莹、毛宁这对“金童玉女”，北方的苏越把毛阿敏、李玲玉、田震、那英等一批歌星重新包装。制作人、经纪人的概念问世，歌手从此成为商品。创作出《涛声依旧》的音乐人陈小奇表示，此前唱片公司只管录音和制作，歌手录完歌就走人。而从那时起唱片公司有了企划部，负责为歌手设立定位、量身

---

① 新闻出版总署“繁荣新闻出版事业，加快发展出版产业”课题组．关于广东新闻出版业发展状况的调研报告．出版发行研究，2003（7）．

② 新闻出版总署“繁荣新闻出版事业，加快发展出版产业”课题组．关于广东新闻出版业发展状况的调研报告．出版发行研究，2003（7）．

③ 方健宏主编．广东文化产业调研报告集．南方日报出版社，2006.38.

定做歌曲、宣传推广，甚至连歌手服装造型、接受采访应该如何应对都会操心。[①] 随后不久，流行音乐的中心开始北移，北移的原因之一是中央电视台的强势崛起。原来中央电视台对流行音乐不是非常看重，但是90年代初期才开始重视流行音乐，并且给出了很多条件吸引歌手到北方去。[②] 90年代中期，广东乐坛危机四伏，大批歌手"北漂"，对广东原创乐坛的文化生态和气候造成巨大影响。

唱片公司、光盘复制企业在度过20世纪90年代最辉煌的时期后，进入了相对稳定的阶段。2003年，广东出版的录音制品种数、数量和发行量在全国的排名仅次于上海，排第二位；录像制品种数和发行量在全国排第一位，出版录像制品的数量仅次于福建，排第二位。[③] 21世纪初，全国的音像出版社陷入经营低谷，盗版猖獗、网络下载和大量退货导致其资金周转困难，新产品开发能力下降。但是，音像市场的整体规模在不断高涨的消费需求支撑下，不仅没有缩小，反而在逐年扩大。广东业已成为全国音像业的龙头，它不仅是中国音像业创作中心之一，也是音像生产和流通中心、中国音像业最大的集散地。广东拥有我国大部分音像制品复制厂家，也是中国音像市场的物流配送中心，承担了全国正版音像制品70%的配送量，是全国音像制品的配送中心和流通中心。统计显示，至2003年年底，广东音像制品零售单位达6 500余家，其中音像批发单位160家，音像制品销售额约占全国的70%。[④] 随着国有音像出版社市场竞争力的不断萎缩，音像市场发生了巨大的变化，这主要体现在产业结构的变化上。产业结构的变化主要表现为民营企业的异军突起：音像业制作环节（节目开发和制作）已由以音像出版社为主转为以民营唱片公司（音像制作公司）为主。国内原创音乐的主要生产源自民营唱片公司，20世纪80年代中后期国内当红歌手签约广州几家音像出版社的局面，在90年代中后期已完全改变。据不完全统计，大约70%以上的签约歌手签在民营公司旗下，大约80%～90%的流行歌曲个人专辑出自民营唱片公司。大约30余家民营制作发行公司以广州为基地，为全国音像市场提供80%以上的正版货源。他们主要在

① 谢奕娟．昔日的光荣与梦想　现在的凋零与失落．信息时报，2009-11-16.

② 广东省档案馆编．广东改革开放先行者口述实录．广东人民出版社，2008. 100.

③ 方健宏主编．广东文化产业调研报告集．南方日报出版社，2006. 38.

④ 张燕驰，张珂．中国国际音像博览会永久落户羊城．南方日报，2004-08-27.

电视剧、电影、百科教育和卡拉 OK 四大类节目中占据了主要市场份额。[①] 广东是中国音像民营企业发展的中心，活跃的民营资本推动音像业飞速发展。成立于 1998 年的中凯文化发展有限公司，是一家以发行、制作音像制品为主业的民营企业，该公司创立之后在音像方面的投资近 1 亿元，2002 年销售额 3 亿 ~4 亿元。[②] 广州俏佳人、飞仕等民营企业形成了自己的品牌，逐渐由单一的发行企业向音像制品生产、销售等上下游环节延伸。[③] 广东音像业之所以能在全国同业中取得举足轻重的地位，民营资本在其中起到的作用不容忽视。

20 世纪末、21 世纪初，音像民营企业创造出惊人业绩的另一典型例证是广东音像城。广东音像城是根据国家文化部的部署和广东省政府的要求于 1996 年设立的第一个国家级音像制品批发市场，总经营面积达 6 万平方米，销售音像制品 16 万种，广东音像城内正版音像制品市场销售额占全国正版音像制品交易量的 70% 以上，处于行业领导地位。广东音像城发展成为我国音像制品批发经营单位最多、品种最全、规模最大、管理最严格的音像制品批发中心，是全国正版音像制品的批发主渠道，是国家级唯一获批准出口音像制品的批发市场。[④] 广东音像城销量最好的时候，一年有 30 亿 ~50 亿元左右的产值。受盗版和网络下载的冲击，2004 年是广东音像城发展的分水岭，在经历了多年高速发展后，广东音像城的业绩在这一年之后开始不断下滑。2004 年比 2003 年同期销售量下降了 65%，其后每年均以 50% 以上的幅度急剧下降，至 2006 年销售量不到 2003 年的 20%，营业额较 2005 年下降了 50% 左右。[⑤] 由于媒介生态和市场环境的变化，音像业面临着发行品种、发行数量、发行金额全线下降的产业危机。

三、广播影视及演艺娱乐业

21 世纪初，广东广播电视行业始终处于全国领先地位，综合实力名列前茅。其中总资产、净资产、经营收入和有线电视用户等主要经济指标连

---

① 江蓝生，谢绳武主编. 2003 年：中国文化产业发展报告. 社会科学文献出版社，2003. 158 ~ 159.

② 新闻出版总署“繁荣新闻出版事业，加快发展出版产业”课题组. 关于广东新闻出版业发展状况的调研报告. 出版发行研究，2003（7）.

③ 方健宏主编. 广东文化产业调研报告集. 南方日报出版社，2006. 41.

④ 王林生主编. 广州之最（1949—2009 年）. 广东经济出版社，2009. 275 ~ 276.

⑤ 杜开林. 改革开放以来中国音像产业的兴衰. 红旗文稿，2010（4）.

续多年排全国第一。截至2004年，广东共有电台22座、电视台24座；广播电视节目制作经营单位300多个，从业人员37 161人；全省广播、电视综合人口覆盖率分别为96.1%和96.36%；有线电视传输实现了全省光纤联网，用户超过1 000万户；全省广播电视行业资产总额为183亿元，经营创收收入76亿元，经济总量约占全国广电行业的1/10。其中，省直广电系统广告收入从1998年的3.7亿元增长到2004年的13.7亿元，省级电台、电视台主营收入全国排名第一。[①] 广东广播电视产业经营规模迅速扩张，广告业绩不断飙升。

20世纪90年代，广东广电行业稳步发展。广东人民广播电台系列台之一的羊城交通电台，于1993年7月30日正式开播。1994年10月8日，广东电台利用广播副讯道开办了广东儿童台。1996，广东电台对系列台的布局进行了调整，把原文艺台的频率FAM103.6MHZ改为“城市之声”台，把教育台、英语台、儿童台三台合并组建成“广东电台教育培训中心”，并把原教育台频率AM999KHZ改办为“健康之声”台，使效益有较显著提高。[②] 根据受众的特点，将受众进行专业化细分，完善运行机制，广东电台系列台的发展思路逐渐清晰。

广东的广播影视受港澳的冲击很大，香港的电视节目在广州及珠三角收视市场一度形成了垄断格局。在广东各地有线电视网络陆续开始播出香港无线和亚视两家电视台的四套节目之后，广东电视台的广告收入不断下滑，1995年广东电视台收入1.5亿元，仅同上一年持平，相当于中央电视台同期广告收入的7.5%，在全国排名第5位。[③] 广东电视传媒在巨大的竞争压力中谋求发展。1996年7月8日，广东电视卫星台正式开播。广东卫视上星之后，珠江台以“导向性、大众性、接近性、娱乐性”为宗旨进行了改版，与时政性较强的卫视台定位明显区别开来。广东电视台一系列改革创新的措施，为其良性发展开辟了路径。到2004年，广东电视台广告创收超过5亿元。

1999年，香港电视与内地电视的收视市场占有率分别为72.5%、27.5%。2001年以来，国家广电总局先后批准凤凰、华娱、星空等9个境外电视频

① 方健宏主编．广东文化产业调研报告集．南方日报出版社，2006.38.

② 《广州年鉴》1995年、1997年，中国广州网，http://www.guangzhou.gov.cn/node_450/.

③ 张中南，杨德建．广东电视广告市场发展特点．市场观察，2005（7）.

道在广东落地，广东成为全国唯一有境外电视频道公开落地的省份，南粤的天空成了境外电视信号的乐园。① 在新的竞争形势下，2001 年 12 月 20 日，由原广东有线广播电视台和广东经济电视台整合而成的省级电视台——南方电视台举行启动仪式。该台以“专业化、本土化、对象化、通俗化”为主要特色，设置经济、都市、影视、综艺、科教、少儿 6 个频道。2002 年，南方电视台节目收视市场占有率从上年的 7% 上升到 8.6%。南方电视台在大力提升节目收视率的基础上，采取事件营销模式和分利代理制策略，广告创收成倍增长。2001 年南方电视台的广告总收入仅为 4 700 万元，2002 年完成 1.4 亿元，2003 年完成 2.2 亿元，2004 年完成 3 亿元，平均年增长率为 40%。② 至此，南方电视台进入了高速发展的轨道。

除了省级广播电视台外，广东的市县广播电视业也在稳步发展。2001 年，广东积极推进市县播出机构职能转换，努力增强各级广播电视播出机构的整体赢利能力。从 1996 年至 2004 年，全省广电业经营收入增长了 7.6 倍（较 1983 年增长了 83 倍），资产总量增长 11 倍，市场份额提高了 110%，初步扭转了本土媒体在市场竞争中的弱势局面。③ 市县广播电视的产业价值逐步显现出来，庞大的用户资源成为产业化改革的动力，只有不断更新经营思路，为受众提供更多的服务项目，才能赢得更好的效益。

广东电视剧创作的历史虽然不长，然而在经历了 20 世纪 70 年代末草创期的艰辛，80 年代探索期的奋斗之后，很快就迎来了 90 年代的辉煌。从 1994 年起，广东的文化产品在全国影响最大的，当属长篇电视连续剧，下面这张成绩单颇能说明问题：1994 年，《情满珠江》（36 集）获全国“五个一工程”奖、“飞天奖”一等奖；《农民的儿子》（16 集）获全国“五个一工程”奖、“飞天奖”二等奖；《英雄无悔》（39 集）在中央电视台播出后，名列该台“最受全国喜欢的文艺类作品”，收视率居首位，获中宣部“五个一工程”奖榜首和“飞天奖”一等奖。1997 年，《和平年代》（23 集）被专家誉为“近年来中国电视剧的扛鼎之作”，获全国“五个一工程”奖、“飞天奖”一等奖。④《和平年代》、《情满珠江》、《外来

---

① 王首程．广东电视传媒的贡献不应被低估．南方电视学刊，2011（1）．

② 张中南，杨德建．广东电视广告市场发展特点．市场观察，2005（7）．

③ 方健宏主编．广东文化产业调研报告集，南方日报出版社，2006.87.

④ 温朝霞．论改革开放 30 年广东影视的发展历程及其启示．广州城市职业学院学报，2008（4）.

妹》、《钢铁是怎样炼成的》等电视剧，在央视播出的收视率都进入当年文艺类节目的前五名，有的还名列榜首。

在电影制作方面，珠影推出的一系列主旋律精品影片，取得了相当出色的成绩：1996年的《军嫂》、1997年的《安居》、1998年的《龙飞凤舞》、1999年的《赛龙夺锦》、2000年的《走出硝烟的女神》和2002年的《荔枝红了》6部影片，先后6次获得中国电影政府最高奖“华表奖”优秀故事片奖，如此成绩，在国内电影制片厂中实为凤毛麟角。① 2002年，珠江电影制片公司与浙江横店集团影视娱乐有限公司、广州市演出公司联合组建广东珠江电影院线有限公司，使广东省的电影放映业又迈上了一个新的台阶。

主旋律电影与市场化运作结合，广东电影界在这方面积累了成功的经验。如影片《烈火金钢》、《警魂》和《花季·雨季》，分别为投资方创利227万元、80万元和160万元。广东的国产片市场受海外影视、盗版影碟及多种文化娱乐活动的冲击最为严重，但《警魂》在广东省的票房收入却高达250万元，在1995年全省上映的近200部中外新片中排名第二，战胜了当年在粤上映的多数美国大片。中学生题材影片《花季·雨季》仅在广州一地上映，其票房收入就高达40万元，全是中学生自己掏钱买零售票，开创了校园电影不靠包场也能卖座的市场奇迹。② 从发展趋势来看，民营影视制作单位愈来愈成为影视制作的新生力量，包括巨星影业、华星影视、广东满天星影视娱乐公司、岭南影业、天幕影视公司、皮卡王影业等180多家。据1998年广东省广播电影电视局的统计，广东地区当年持电视剧制作长期许可证的单位制作的电视剧有16部195集，而民营社会影视制作单位制作的电视剧有32部767集。③ 广东民营影视具备了较好的产业发展基础，这离不开广东经济和广播影视业快速发展的大环境。民营资本与影视传媒相结合，可以生产出更多优秀的影视作品，提升广东影视业的市场竞争力。

经过改革开放后文化市场的磨炼和积淀，广东涌现出一批享誉国内外的文化名人和演艺明星，构建了宏大的演出、娱乐空间，文化产业基础设施的投资比例加大，兴建了一批大型的、富有文化特色的、跨世纪的文化

① 温朝霞. 论改革开放30年广东影视的发展历程及其启示. 广州城市职业学院学报，2008（4）.

② 祁海. 影视精品赢得市场的策略. 广东社会科学，2002（2）.

③ 李燕. 面对广东文化产业的思考. 广东艺术，2003（3）.

设施，形成了一批富有竞争力的市场品牌，如深圳华侨城、广州交响乐、广州芭蕾舞、友谊剧院、天河电影城、江南大戏院等，这些构成了广东演艺娱乐业进一步发展的重要基础。尤其是在珠三角地区，娱乐业营业收入占全省娱乐业营业收入的比重高达98%，其中的两大中心城市广州和深圳，更拥有显著的多样化优势。广东居民的文教娱乐消费也呈连年增长的良好态势，2002年全省城镇居民人均娱乐教育文化服务支出1 386.12元，比1995年增加了704.02元，增长102.6%。[①] 而中心城市的文化消费需求更旺盛，如广州2002年城镇居民人均娱乐文教服务的消费支出是1 515.95元，占消费总支出的13.22%，仅图书一项，1998年广州人均购书就达50元，居全国第一，在教育、娱乐方面的支出更是全国平均水平的两倍。[②] 广东居民的收入和物质生活水平的提高，相应地有了更多的精神文化需求，在市场的驱动下，文化消费也就有了更多的投入。

由于受港、澳、台"快餐文化"的巨大影响，广东文化产业的大众化取向十分明显，演艺娱乐注重通俗性、参与性，一些群众喜闻乐见的文化产业形式迅速扩散。如深圳娱乐业1993年收入15亿元，南国电影院1994年收入超过2 000万元。1995年春，该影院依照国际惯例的院线制形式，与世界近2 000个影院同时上映新片《红番区》，20天便创下南国影院开办7年来单片放映140多万元的最高票房记录。[③] 1985年建成开业的广州东方乐园，通过组织以中国民族民间文化艺术为主要内容的较大规模的娱乐表演活动，多方招徕游客，1992年首次扭亏为盈，创利4.4万元，成为全国各大型游乐园中第一家赢利企业。[④] 中华广场电影城，由广州市演出电影公司与中国电影集团公司、上海永乐股份有限公司等5个股东联合出资1 000多万元，按照国际电影院理念设计建设。2002年的电影票房收入1 200多万元，进入全国影院年票房排位前十位。在全国首次进行的影院星级评定中，该影城成为全国六家之一、广州市唯一的一家五星级电影院。广东珠江电影院线有限公司，由浙江横店集团影视娱乐有限公司、珠江电影制片公司和广州市演出公司联合组建，2002年6月1日前通过国家

---

① 方健宏主编．广东文化产业调研报告集．南方日报出版社，2006.39.

② 李燕．面对广东文化产业的思考．广东艺术，2003（3）．

③ 杨宏海．文化深圳．海天出版社，1997.193.

④《广州年鉴》1993年，中国广州网，http://www.guangzhou.gov.cn/node_450/.

广播电影电视总局电影局的审批，成为华南地区第一家跨省院线。该公司属下的影院有29家，经营区域覆盖广东、广西及福建等地。2002年，该公司以3 000万元的电影票房收入位列全国第8名。[①] 丰富多样的电影作品，优质的服务和体验，激发了大众的观影热情，城市影院票房收入稳步上升。

进入20世纪90年代，广东的高雅文化市场发展迅速。在全国舞台艺术最不景气的时候，广州于1993年就出现了芭蕾舞热，各地芭蕾舞团纷纷到广州献艺，随后又建起了广州人自己的芭蕾舞团。广州在全国首次举办了新年音乐会，接着又举办情人节音乐会，成为定期演奏世界著名交响曲的盛会。2002年，广州交响乐团与星海音乐厅联合成立“广东星海演艺发展中心”，率先实现了艺术团体经营与市场的接轨。为振兴地方名剧的“粤剧演出黄金周”，每月一次，一批粤剧佳作如《魂牵珠玑巷》、《伦文叙传奇》、《花蕊夫人》等盛演不衰。

四、文化产品制造业

广东是我国文化产品制造和出口大省，文化产品制造业多年居全国之首。文化制造企业主要集中于家用视听产品制造业、印刷业、工艺美术品制造业、玩具制造业、文化办公用机械制造业、机制纸及纸板制造业等行业。尤其是珠三角地区，已发展成为世界知名的制造业中心，区域内制造的许多文化产品在世界众多国家有很高的市场占有率，文化产品进出口稳步增长。[②] 以佛山为例，作为一个制造业发达的城市，文化用品、设备等文化产品的生产是佛山市文化产业的优势领域，有的产业达到了全国甚至全世界最高水平，在佛山整个文化产业中占有主导地位。2003年，佛山文化产业中总产值超过10亿元的8个门类中，制造业就占了4个，其中照相机及器材制造业、玩具制造业以及工艺美术品制造业居前三位。[③] 文化产品制造业对吸纳人员就业、促进经济增长起到了重要作用。

改革开放以来广东经济发展的速度是惊人的，尤其制造业的成就令人瞩目。统计资料显示，2002年广东文化产品制造业增加值166.69亿元，占GDP的1.4%；文化产品贸易业增加值40.46亿元，占GDP的0.3%。

---

① 《广州年鉴》2003年，中国广州网，http://www.guangzhou.gov.cn/node_450/.

② 方健宏主编．广东文化产业调研报告集．南方日报出版社，2006. 6～7.

③ 方健宏主编．广东文化产业调研报告集．南方日报出版社，2006. 203～204.

2002年，在文化制造业中，比重较大的是玩具制造业、工艺美术品制造业，分别占文化产品制造业增加值的37.6%、35.8%。在文化产品贸易业中，比重较大的是文化用品批发业、图书报刊零售业，分别占全部文化贸易业增加值的33.0%、31.3%。[①] 广东发达的文化产品制造业，不仅体现在生产规模上，也体现在批发零售流通渠道的顺畅上，并具有产品外向度较高的特征。

花样众多的文化产品进入百姓家庭，大大提升了大众的生活品质。人们惊喜地发现，在岭南，西方文化工业出现的消极影响，如导致个体自我异化，人类生活模式单一化、生活平庸化等并不明显，相反，这里的文化工业红红火火，充满向上的活力，它更多的是具备革命性意义。工业化的批量生产和商业化的注重市场效益，讲究适销对路和产品包装，使文化世俗化运动势不可挡，文化空前普及，任何平民百姓都沉浸于文化的汪洋大海里。这正应验了熊彼特（Joseph Alois Schumpeter）的话："所谓经济发展，就是女王穿的丝袜，一般工厂女工也有能力购得。"[②] 这也意味着，文化产业的发展带来了文化的民主化，平民阶层同样能平等地享用各种文化产品和服务，这大大提高了普通百姓的生活质量。文化生产力的解放和发展，文化产品日渐丰富，为大众拓宽了精神享受的空间，文化民主的潮流开始形成，个体获得了更多的文化自信。

五、新兴文化业态

由于科技变革和高新技术的影响，当代文化产业结构面临深层次的调整，新兴文化产业快速崛起，凸显"文化+科技+创意"的特色。具有跨领域、综合性发展、创新型等特征的文化新业态，在文化产业中的比重迅速上升，尤其以网络信息服务业、数字动漫、创意设计等最为突出。

20世纪末、21世纪初，广东新兴文化产业异军突起。广东网络信息服务业拥有以微波、光缆、卫星传输、宽带网络等为主体的通信网络，技术水准居国内领先地位。以动画卡通、网络游戏、手机游戏、多媒体产品等为代表的动漫游戏产业成为文化产业的新兴力量。广东在动漫产业方面

---

① 《广东文化产业发展现状分析》，广东省文化厅公众服务网，http://www.gdwht.gov.cn/shownews.php?BAS_ ID=9635.

② 黄树森．手记·叩问．花城出版社，2001.307.

具有良好的市场基础和人才优势，原创动漫起源于广东，早在1998年，就已经出现一些如“同人志”这样的原创动漫社团，汇聚了一批大学生和高中生进行动漫创作，并且还在广州各博物馆举行民间性质的动漫展。这意味着广东动漫产业有着坚实的群众和市场基础。[①] 在网络游戏方面，广东初步形成以广州为中心的网络游戏产品研发、人才培养、产品运营、产品展示、产品出口、电子竞技的产业链。广州拥有天河软件园这一国内软件产业聚集度最高、发展最成熟、规模最大的国家级网游动漫产业基地。[②] 广州天河软件园于1999年成立，是国家火炬计划软件产业基地、国家重点软件产业基地、国家网络游戏动漫产业发展基地和国家软件出口创新基地。2002年，园区实现软件产业总收入87.40亿元，比上年增长27.40%，其中软件收入42.12亿元，增长25.58%；软件出口合同额860万美元。[③] 再如，广州高新技术产业开发区黄花岗科技园，大力发展以信息技术研发及其应用为主导的高新技术产业并形成了集群优势，形成了以信息服务业、健康医药产业和创意产业为鲜明特色的高科技园区。园区先后被国家、广东省授予“国家动漫网游产业发展基地”、“中国服务外包基地城市广州示范区”、“国家信息服务业示范园”、“国家信息服务产业发展基地”、“国家知识产权试点园区”、“广东版权兴业示范基地”等称号。

由于对文化与科技的融合创新觉悟较早，深圳以超前眼光和全新理念推动新兴文化业态发展，高新技术产业和文化产业形成融合发展的态势。20世纪90年代中后期，深圳制定了一系列政策大力发展高新技术产业，许多动漫游戏企业开始大量采用多媒体技术、计算机虚拟技术和数码技术，出现了一批技术先进的三维动画企业。经过多年的艰苦创业，深圳动漫游戏产业已形成一定的产业规模，2003年全行业营业收入5.27亿元。[④] 深圳的新兴文化业态具有很大的发展潜力，高科技引领文化创意产业升级换代。文化与科技的融合，为深圳新兴文化业态的产生创造了新的条件和机会。创新文化业态，提高文化产品的科技含量，是深圳不断提升文化产

---

① 钟晓毅，雷铎，韩强等．三十年突破：和谐广东的文化品牌建设．暨南大学出版社，2008.67.

② 方健宏主编．广东文化产业调研报告集．南方日报出版社，2006.6.

③ 《广州年鉴》2003年，中国广州网，http://www.guangzhou.gov.cn/node_450/.

④ 方健宏主编．广东文化产业调研报告集．南方日报出版社，2006.162～163.

业竞争力的关键所在。如创建于1993年的雅昌公司，总部设在深圳，以此为核心向全国辐射。该公司致力于成为中国新经济文化产业的开拓者，不断追求先进的科学技术和创新的经营管理模式，为中国艺术市场提供全面、综合的服务。经过多年的探索，雅昌开创了具有个性特色的“传统行业资源+文化艺术+现代IT技术”的崭新模式，将传统行业转变成以艺术印刷为基础、数字资产管理为核心的新兴文化产业。[①] 在深圳，类似雅昌这样的企业有很多，科技已交融渗透到文化产品创作、生产、传播、消费的各个层面和关键环节，形成创作、研发、生产、销售等立体多元的文化科技产业网络。

20世纪90年代以来，以网络技术和数字技术为主的高新技术成为引领文化产业变革的火车头。1994年中国获准加入互联网。1995年瀛海威成为中国第一家互联网服务供应商。1997年6月，以中国第一家门户网站网易（NetEase）注册成立为标志，中国互联网行业进入跑马圈地时代。1998年至2000年1月，不到两年时间，搜狐、腾讯、新浪、阿里巴巴、当当、百度等相继成立，形成中国互联网企业第一军团。1998年11月，马化腾与张志东共同筹资注册成立“深圳市腾讯计算机系统有限公司”，推出无线互联网寻呼解决方案。经过几年的高速发展，腾讯成长为中国最值钱、最赚钱的互联网专业公司之一。腾讯业务横跨即时通信、网络游戏、社交网络、互联网增值服务等领域，收入来源多样，包括移动及通信增值服务、网络增值收费、网络广告等。2001年腾讯实现了1 022万元的纯利润。到2002年，腾讯QQ的用户群已经成为中国最大的互联网注册用户群，腾讯成为中国最大的即时通信服务网络，当年的净利润是1.44亿元。

广东文化产业取得了突出成就，但潜在的问题也是明显的。例如，广东文化产业中部分行业的发展落后于浙江、江苏等地。广东的GDP自1989年以来一直位居全国各省市之首，但文化产业中的一些主要行业无论是规模、水平还是发展速度都落后于江苏、浙江。1995—2001年，江苏教育、文艺、广播电影电视业的增加值年均增长速度达15.6%，比江苏GDP增长速度高4.6个百分点，而广东教育、文艺、广播电影电视业的增加值年均增长速度只有10.2%，仅与本省GDP增长速度持平。到2001年，广

---

① 王丽．从传统行业到新兴文化产业的全面创新．印刷杂志，2006（8）．

东 GDP 达10 647.71 亿元，比江苏多出 1 135.8 亿元，而作为文化产业的主要行业如教育、文艺、广播电影电视业的增加值仅为 198.23 亿元，比江苏少 51.71 亿元；增长速度只有 5.7%，大幅度低于江苏 7.8 个百分点，也低于自身 GDP 增长速度3.9 个百分点。按相似的口径计算，2001 年广东文化产业增加值增长速度比浙江低 8.3 个百分点。[①] 统计数据显示，截至 2001 年初，全省新闻出版、广播影视及文化娱乐业总资产已超过 630 亿元。然而，从全国来看，文化产业机构数量只占全国的 6.18%，这一比例明显低于广东经济规模占全国的比重（11%）。与北京、上海、江苏、浙江等省市相比，在宏观规划、制度创新、支柱产业培育、产业集团组建以及区域平衡发展等方面，广东文化产业的差距也较明显。

第三节　快速发展期的潮流引领（2003 年之后）

在经历了经济持续多年领先全国各省、市之后，广东已经不满足于经济强省的地位，而寄望在全国占领文化制高点，打造具备较强实力与竞争力的文化产业体系和先进的现代文化传播体系，使广东成为在全国具有重要影响力的区域文化中心、发展社会主义先进文化的排头兵、提升我国文化软实力的主力省和中国文化"走出去"的生力军。[②] 广东进一步明确了文化建设的战略定位和目标任务，凸显其在国家战略全局中的角色，考量宏观发展全局与地区文化优势，作为重点地区加快文化发展。

2002 年 11 月，党的十六大报告首次明确提出要积极发展文化产业，把扶持文化事业和完善政策支持文化产业发展明确区分开来。由此，广东进一步深刻认识到文化建设的战略意义，积极寻找文化事业和文化产业的和谐发展之路。2002 年 12 月，广东省委九届二次全会作出"建设文化大省"的战略决策，为经济社会发展提供精神动力和智力支持。随后不久，广东省文化体制改革和文化大省建设领导小组成立。全省 21 个地级以上市和各试点单位，也都成立了相应的组织机构。2003 年 6 月，文化体制改革试点在全国启动，广东被中央确定为全国文化体制改革综合试点省份。

---

① 《广东文化产业发展现状分析》，广东省文化厅公众服务网，http://www.gdwht.gov.cn/shownews.php?BAS_ ID = 9635.

② 广东省委、广东省政府《关于加快提升文化软实力的实施意见》（2009 年 7 月）.

2003年9月，广东文化大省建设工作会议召开。会上下发了《中共广东省委、广东省人民政府关于加快建设文化大省的决定》、《广东省建设文化大省规划纲要（2003—2010年）》和《广东省文化体制改革试点工作方案》。《广东省文化体制改革试点工作方案》提出了改革文化管理体制、加快文化市场建设、优化文化资源配置等六项改革试点任务，确定了广州、深圳、东莞为省文化体制改革试点地区，南方日报报业集团等12个单位为省文化体制改革试点单位。2005年，广东又在第一阶段改革试点的基础上，下发《关于进一步扩大文化体制改革试点范围的意见》，将改革试点范围进一步扩大。2006年，广东总结推广试点经验，出台了《中共广东省委、广东省人民政府关于深化文化体制改革加快文化事业和文化产业发展的决定》，在全省全面推行文化体制改革。2009年7月，广东省委、省政府正式出台《关于加快提升文化软实力的实施意见》，明确提出了建设文化强省新的战略目标。2010年7月，广东省委十届七次全会专题研究部署文化强省建设工作，出台了《广东省建设文化强省规划纲要（2011—2020年）》，提出未来十年广东省文化强省建设的指导思想、发展目标、总体要求和主要任务，并提出相应的政策保障措施。2012年7月30日，《广东省文化产业振兴规划（2011—2015年）》出台。几年间，广东省委、省政府协调相关部门还先后制定出台了《关于进一步加快广东省文化产业发展若干意见》、《广东省文化产业发展“十一五”规划》、《广东省文化产业示范基地认定暂行管理办法》等地方性政策文件与法规。针对文化产业快速扩张、高歌猛进的态势，有学者评论道：“有关文化产业的宣传理论和正面阐述终于成为主导，并具有一种由上而下的‘运动’式规模和气势。有关文化产业的讨论已不是要不要、好不好，而是如何做大做强的问题。由此出现了党委主导、政府引领、文人参与、企业踊跃的‘文化产业热’。”① 文化产业的发展，迎来了新的历史机遇，广东将步步推进，冲到全国前列。

一、加快转型升级，启动文化发展引擎

随着文化大省、文化强省建设工程的启动，广东把文化产业作为转方

① 单世联．文化产业与中国现代性．李康化编选．文化产业研究读本（中国卷）．上海人民出版社，2011. 104～105.

式、调结构的重要抓手大力推动，产业规模不断壮大，效益不断提升，逐步成长为国民经济重要的支柱产业和战略性新兴产业。据统计，2003—2010 年，广东省文化产业增加值年均增长率为 12.6%，高于同期全省 GDP 增长水平。文化产业增加值占全省 GDP 比重保持在 5.5% 以上，约高出全国平均水平一倍。全省文化产品和设备制造业在 2007 年、2008 年、2009 年实现的增加值分别为 945 亿元、1 032 亿元和 1 006 亿元，均位居全国第一。有 19 家企业被评为“国家文化产业示范基地”，约占全国总数的 1/10；有 6 家企业先后被评为全国“文化企业 30 强”；有省级文化产业示范基地 20 家，省级文化创意产业园 18 家。2011 年广东文化产业增加值连续 9 年全国领先，达到 2 529 亿元，同比增长 30%，约占全国的 1/4，占全省 GDP 比重的 4.8%，拉动 GDP 增长超过 1 个百分点，为推动经济增长和转型升级作出了积极贡献。

广东将文化建设纳入经济社会发展全局，经济结构转型加快，市场螺旋上升，文化产业强势崛起，创意经济蓬勃兴起，构建了软硬实力均衡的融合发展之路。广东省委、省政府自上而下为文化产业发展提供总体规划和系统化设计，各市也根据自身实际，制定适合本地区特点的产业政策。各级党委、政府将文化事业、文化产业列入各地经济社会发展规划，明确将文化产业作为广东省战略性新兴产业加以大力扶持，制定文化建设综合评价指标体系，对市县党政班子每年实行单独考核，建立健全建设文化强省的财政保障机制以及财税金融、土地城建、外贸出口、知识产权保护等方面的保障措施，从而建立起一整套文化产业发展的制度支撑体系。[①] 尤其是珠三角，率先走出了一条文化统领经济社会发展的智慧之路，广州、深圳、东莞、佛山、中山等脱颖而出。2009 年，广东文化产业增加值为 2 270 亿元，占全省 GDP 的 6.4%，其中广州与深圳就分别达到了 717 亿元和 531 亿元，分别达到两市 GDP 的 7.87% 和 6.5%，并占据了全省文化产业增加值的大半江山。

广州发展文化产业的基础牢固，有着深厚的文化存量资产。广州拥有庞大的国有文化产业资产，其中的主导产业主要包括广播电视业、新闻出版印刷业、音像业、文化旅游业和艺术培训业等。这些传统领域，既是广

① 甘新主编．广州文化创意产业发展报告（2012）．社会科学文献出版社，2012. 287.

州文化产业的主力军又是其优势。广州以文化体制改革为着力点，在这些存量文化资产上做文章。广州加快文化产业发展步伐，着力提升国家中心城市文化软实力，取得了比较明显的阶段性成效。广州文化产业规模不断壮大，大部分指标优于全省平均水平。广州市基本单位年报数据显示，2010 年，广州市文化产业在单位数量、从业人员、营业收入以及资产总计等各个指标上都实现了稳步增长。全市共有文化产业法人单位 19 743 个，从业人员 48. 68 万人，营业收入 2 277. 17 亿元，资产合计 1 965. 36 亿元。广州文化产业法人单位数占全省（89 584 个）的 22. 04%，文化产业单位年末从业人员占全省（311. 66 万人）的 15. 62%，均居全省之首。2010 年广州市文化产业平均每单位营业收入达 1 153. 41 万元，平均每个从业人员的营业收入为 46. 78 万元。2010 年，广州城市居民人均文化娱乐支出 4 611. 35 元，是全省城市居民人均文化娱乐支出 1 550. 6 元的 2. 97 倍，城市居民人均文化娱乐消费支出占总消费支出的 18. 44%，比全省平均水平的 8. 39% 高 10. 05 个百分点；广州农村居民人均文化娱乐支出 1 106. 68 元，是全省农村居民人均文化娱乐支出 326. 5 元的 3. 39 倍，农村居民人均文化娱乐消费支出占总消费支出的 12. 31%，比全省平均水平的 5. 92% 高 6. 39 个百分点。[①] 预计到 2015 年，广州市文化产业增加值将占 GDP 的 10%，成为经济发展的重要引擎。作为岭南的中枢重镇，广州凭借其丰富的文化资源、传媒资源、人力资源和市场资源，通过“退二进三”进行产业突围，合理利用腾出来的厂房，发展商业、服务业和文化产业。广州将以一种新的面貌强势崛起。

而深圳以科技为依托，走出一条富有特色的文化产业发展之路。作为一座年轻的城市，深圳由于历史包袱比较轻，在文化产业发展上能够“轻装上阵”，其“文化 + 科技”的发展模式令人瞩目。20 世纪 90 年代初开始，深圳便开始发展科技产业，低端制造业逐渐转移，这为文化产业的发展提供了技术支持。顺应文化经济时代到来的新趋势，2003 年深圳在全国率先确立了“文化立市”的城市发展战略。2003 年后，深圳文化创意产业以年均接近 25% 的速度快速发展。2004—2010 年，文化创意产业增加值占全市 GDP 的比重由 4. 6% 提高到 7. 6%。2011 年，深圳文化创意产业增加

---

① 甘新主编. 广州文化创意产业发展报告（2012）. 社会科学文献出版社，2012. 2、19 ~ 21.

值超过900亿元，占GDP的比重达8%。深圳文化产业很多领域在全国领先，其创意设计业优势地位明显，是中国现代平面设计的发源地，工业设计、室内设计占全国较大市场份额，成为国内第一个被联合国教科文组织认定的“设计之都”。如今深圳的文化产业还呈现出一个新的趋势，即与深圳现有的几大支柱产业——科技、金融和物流交叉发展。每年一度的中国（深圳）国际文化产业博览交易会，已经成了深圳文化产业交易的重要平台。为加强对文博会的支持配套，深圳文化产权交易所（以下简称“深圳文交所”）于2009年11月挂牌成立，2010年5月第六届文博会期间正式开业。深圳文交所的成立，实现了“文化+资本”、“文化+金融”对接的突破和创新，“通过社会资本来推动深圳的文化产业，已经是一个越来越明显的趋势”[①]。秉持“融资本力量、促文化辉煌”的运营理念，深圳文交所积极稳妥地推进文化产权交易模式和交易手段的试点工作。着眼于全球文化产业发展的大势，深圳搭建起专业化、市场化的优质高效平台，遵循文化产业发展的内在规律，力促文化创意融入制造业、流通业、旅游业等产业链条，推动传统制造企业转型升级，把速度、效益优势转化为质量优势，为“深圳质量”增加创意内涵。

一直以来，东莞被当作“制造业名城”，电子信息、电气机械、纺织服装、造纸、家具……这些构成了东莞的支柱产业。文化与经济融合的浪潮，推动着东莞切实打造全国现代文化产业名城。《东莞市建设文化名城规划纲要（2011—2020年）》、《东莞市建设全国现代文化产业名城实施意见（2011—2020年）》相继出台，文化产业规模和效益均迈上了新台阶，文化产业崛起之势持续增强。东莞市统计局提供的数据显示，2008—2011年，全市文化及相关产业增加值保持了年均增长14.6%的速度，且占地区生产总值比重逐年递增，由2008年的3.67%提升到2011年的4.32%。2011年，东莞文化及相关产业共实现增加值204.79亿元，首次突破200亿元大关。根据《东莞市建设全国现代文化产业名城实施意见（2011—2020年）》，2011—2015年，东莞将设立16亿元的现代文化产业名城建设专项资金，建设一批聚集效应明显、辐射力强的文化创意产业园区（基地），形成科技含量高、创新能力强的现代文化产业品牌群。到2015年，

---

① 叶石界．广州VS深圳　上演文化产业“双城记”．21世纪经济报道，2010-07-23.

东莞文化产业增加值将超过400亿元，文化产业增加值占地区生产总值的比重超过6.5%；到2020年，全市文化产业增加值超过850亿元，文化产业增加值占地区生产总值的比重超过8%。东莞瞄准高端化的产业发展方向，“世界工厂”的文化意识逐渐觉醒。东莞要着力打造新兴城市的文化特色，融合现代与传统、时尚与古典、多元与主流等元素，形成创意型引领、技术性升级、链条式集聚的文化产业发展新格局，重塑“制造业名城”的文化形象。

二、新闻出版业

“十一五”期间，广东新闻出版产业规模迅速扩大，产业结构日趋优化。图书、音像电子出版单位转企改制基本完成，经营性报刊出版单位改革逐步展开，组建了一批出版、发行、报业、期刊集团，培育了一批合格的市场主体。统计数据显示，传统出版平稳发展，印刷复制保持较快增长，印刷复制业规模居全国之首。全省各类印刷企业近2万家，占全国的10%左右，总产值1 650亿元，约占全国的1/4，中国印刷100强中广东约占1/3。广东是全国最大的印刷产品出口基地，1 035家印刷企业承印世界60多个国家和地区的印刷品，年出口额450亿元。光盘生产能力和市场占有率均占全国60%以上。[①] 深圳与北京、上海一起成为中国三大印刷基地。据广东省新闻出版局公布的数据，广东新闻出版产业生产总值由2005年的1 173亿元增到2009年的1 850亿元，提前完成了“十一五”规划的各项目标。2010年数字出版产业规模达200亿元，占全国的1/5。“十一五”期间，广东培育了42个“版权兴业示范基地”，广交会成为首个“全国展会版权示范单位”。建设“版权基层工作站”，评选“最具价值版权产品”，建立广东省版权资源信息库，建设南方国际版权交易中心，全省版权产业创作、经营、管理和保护享有版权作品的意识、水平得到进一步提高。

2010年，广东省共有98种报纸（不含校报、学报），总发行量48亿份，总收入130亿元；有期刊379种，总发行量24亿册，总收入9.2亿元，均位居全国第一。《南方都市报》等4种报纸发行量超百万份，有十种报纸的广告收入超过1亿元。《家庭》等3种刊物发行量超百万册。2009年，全省拥有图书出版社21家，共出版图书5 882册，位列全国第

---

① 邓琼，何嘉嘉．广东文化产业中全国第一知多少．羊城晚报，2011-03-30.

三。有音像电子出版单位30家、音像制品制作单位54家，出版录像制品1 121种，位居全国前列。[①] 2011年世界品牌实验室发布了第八届“中国500最具价值品牌”排行榜，南方报业传媒集团旗下的4家报纸入围，品牌价值合计270.91亿元，而《广州日报》则以99.36亿元高居全国纸质媒体的第一名。2012年6月，世界品牌实验室发布了第九届《中国500最具价值品牌》排行榜，广东的《广州日报》、《羊城晚报》、《南方日报》、《南方都市报》、《深圳特区报》、《南方周末》、《深圳商报》、《21世纪经济报道》等多家报纸跻身其中，占全国45家入选媒体类品牌的18%，分别位列排行榜的第103位、134位、146位、147位、151位、187位、189位、366位，品牌总价值达835.73亿元。

广东报业的品牌地位得到了进一步的巩固与提升。据南方报业网公布的数据，2012年，《南方日报》发行量再创新高，达到98万份，连续27年位居全国省级党报发行量之首。而《南方都市报》则升级为集“报刊、网站、手机、广电、户外LED屏、官方微博群等新旧媒体，广告发行物流活动营销品牌增值业务＋汽车旅游娱乐文化行业运作＋内容售卖等业务”于一体的、无处不在的“南都全媒体集群”，正在稳步实现“现代型信息集成商、全媒体数字信息运营商、媒体和信息的混合运营商”的目标。同属南方报业传媒集团的《南方周末》，广告额连续多年过亿元，成为名副其实的中国第一周报。《南方周末》荣获“2003艾菲广告实效奖”，是第一个获得国际营销大奖的中国报纸。2006年，世界品牌实验室公布的《中国500最具价值品牌》中，《南方周末》以20亿元的品牌价值位居周报第一名。2008年，《南方周末》在由中国商务广告协会和中国传媒大学主办的“2008中国消费者理想品牌大调查”中，位列报纸类“理想品牌”第一位。

21世纪的中国报业格局发生了深刻的变化，在日益激烈的报业竞争中，羊城晚报报业集团坚持巩固、提升、扩张品牌。2011年度《羊城晚报》连续30年的百万发行纪录被再度刷新，广州地区机关团体订阅量同比增长86.5%，创近10年最好水平。[②] 根据世界品牌实验室发布的2011年（第八届）《中国500最具价值品牌排行榜》，《羊城晚报》品牌价值达

---

① 李文龙．广东文化产业规模连续多年全国居首．南方日报，2011－03－30.

② 王颖彦．羊城晚报启动聚合战略．羊城晚报，2011－02－23.

到92.55亿元。自2004年以来，《羊城晚报》品牌价值连续八年共增长近50亿元，多年稳居国内平面传媒第四位、晚报和都市报类媒体第一位。羊城晚报报业集团也是发展文化产业的先行者，该集团与广州合作建设的羊城创意产业园，已经成为广东省、广州市的重点产业园区。同时，羊城晚报报业集团在数字媒体建设方面勇于探索：2010年10月20日，广东首家数字媒体公司——广东羊城晚报数字媒体有限公司正式成立。该公司负责实施羊晚集团的数字化战略，将统一整合集团的所有数字资源，包括金羊网、羊彩网、TOGO自游网等数字资源，着力开发数字家庭，努力建设社区生活服务平台。

广州日报报业集团一直致力于探索传媒发展的最优模式，以锐意创新的姿态勇往直前。2007年11月，由广州日报报业集团控股的广东九州阳光传媒股份有限公司（股票简称“粤传媒”）在深圳证券交易所正式挂牌上市，成为第一家经过国家新闻出版总署批准的在境内主板上市的传媒公司。该集团旗下拥有《广州日报》、《足球》、《信息时报》、《赢周刊》、《第一财经日报》、《南风窗》、《看世界》等报刊，以及广州传媒控股有限公司、广州市报刊发行公司和广州大洋实业有限公司等一系列经济实体。《广州日报》同时也是全国经营最为成功的报纸之一，2011年《中国500强最具价值品牌榜》显示，《广州日报》品牌价值达99.36亿元，首度超越《参考消息》，紧随《人民日报》，一举跃居中国报业品牌价值第二位。2011年《广州日报》广告收入再度稳居全国第一，自1994年来连续第18年位居中国平面媒体第一名。

深圳新闻出版业在记录特区发展历程的同时，也在书写自己的历史，描绘出一幅“从无到有、从小到大、从弱到强”的时代画卷，其发展成为深圳速度最生动的演绎。深圳市文化局的统计数字显示，深圳新闻出版业2009年产值达348亿元，占深圳文化产业的半壁江山。深圳报业集团2010年总资产超过60亿元，旗下两大主报《深圳特区报》和《深圳商报》，分列当年《中国500最具价值品牌排行榜》的第151位和第190位，两报品牌总价值达107.52亿元。为创建国际化的媒体集团，确立集团地区龙头和行业领先地位，深圳报业集团2008年在清湖工业园征地10万平米建立传媒产业园，耗资9亿多元建成新的大型现代化印务中心，是目前亚洲最先进的大型印刷设备。深圳报业集团引入战略投资者成立新媒体发展公司，通过深圳集全国之力举办“大运会”的契机，抓住深圳地铁全线开通的机会，在2011年2月14日隆重推出免费报纸《地铁早8点》，在新一轮报业竞争中抢占市场先机，争夺报业的细分市场。[①] 空前激烈的市场竞争促使报业重新思考战略布点，争夺区域内的主导权。

广东的期刊自20世纪80年代以来风靡全国，成为行业的标兵，像《家庭》、《黄金时代》、《花城》、《少男少女》、《家庭医生》等多种期刊，无论发行量、读者数量还是影响力，在全国均名列前茅。但是进入2000年之后，由于受互联网等新媒体的影响，全国的期刊大多数走下坡路，广东省也不例外。从期刊数量来看，广东位居全国前列，但能够在全国有较大影响力，发行量、广告收入较高的期刊也才10多种。总体而言，广东期刊仍保持了相当的发展规模。2010年，广东有各类期刊381家，年发行量2.3亿册，总收入10.6亿元，期刊总印数和总收入分别比2009年增长10%和3%。如家庭期刊集团逆势前行，实现了由单一经营向多元经营的转变，进一步提高了整体实力和核心竞争力。早在20世纪80年代中期，当《家庭》开始成为期刊界的名优产品时，杂志社就利用《家庭》的品牌优势，探索现代文化企业的发展道路，逐步形成了“一体两翼”的办刊办社方针，即以办刊为主体，一方面在广州、珠海、东莞创办经济实体、开发房地产，另一方面举办一系列的全国性大型文化公益活动。2000年，该集团首期投入2 500万元参与筹建广东省唯一一所女子大学——广东女子职业技术学院。2002年创办了家庭期刊集团网站，积极开展在线订阅、网上购物等多种电子服务项目。2003年年底向影视音像业拓展，成立了广东好家庭影视音像制作有限公司。2004年年底，成功申办了光盘生产线。[②] 2008年6月，经广东省政府批准同意，整体转制为家庭期刊集团有限公司，并于同年11月18日正式挂牌成立，成为广东首家实现整体转制的期刊单位，这在全国期刊界也是先行者。面对新的媒介生态，该集团创新赢利模式，积极尝试包括电子商务、电子书、在线阅读、数据库在线出版、搜索引擎、网络广告、手机出版等的数字出版商业模式。

在出版方面，广东省出版集团倾力打造立足岭南、面向全国、辐射海

---

① 钟侯才．浅议报业经济可持续发展——深圳报业集团可持续发展实践探索．当代传播，2012（2）．

② 王禹．家庭期刊集团改革启示录．中国新闻出版报，2008－12－10．

外的强势出版传媒企业，逐步发展成为中国出版业的南方重要基地。2005年，广东省出版集团所属单位全部由事业编制转制为企业编制。该集团于2008年启动股改，2009年年底成立股份公司——南方出版传媒股份有限公司。南方出版传媒股份有限公司运作良好，2011年净资产收益率超过20%。截至2012年，广东省出版集团有子公司22家、分公司1家，旗下有8家出版社。据统计，2010年广东省出版集团公司总资产达78.3亿元，比转制前的2005年增长104%，销售收入41.1亿元，增长64%。该集团2011年出版图书5 733种、音像制品165种、电子出版物175种，实现营业收入58.57亿元，年末总资产为87.99亿元，净资产为39.89亿元。

在发行方面，2010年广东有各类书报刊发行网点1.6万个，占全国的9.7%。书报刊、电子出版物销售收入超过100亿元，约占全国的8.5%。成立于2008年12月23日的广州新华出版发行集团股份有限公司，是以广州出版社、广州市新华书店为基础组建的，以图书出版、发行和文化产品流通为基础，数字出版、电子商务发展为核心，多元文化产业发展为辅翼，多方位综合发展的现代化大型文化企业集团。截至2012年，广州新华出版发行集团有总资产9.9亿元，业务涵盖图书、音像、电子读物、报刊的编辑出版、发行、物流等；拥有以广州购书中心为图书零售旗舰店的大中小型书城（店）30多个，还拥有覆盖全市主要商圈的报刊亭近2 000个；出版物经营品种超过30万种。而深圳出版发行集团2010年有总资产近11亿元，创造了深圳从仅有两家书店到全国第一家书城，再到建成世界单层经营面积最大书城的奇迹。

始创于1993年的“南国书香节”，已经由单一的图书交易活动，发展成为集出版成果展示、出版物展销、文化活动、信息服务交流于一体的文化盛会。从2007年起，在政府的推动下，“南国书香节”与“羊城书展”进行资源整合，开始二展合一。2009年，“南国书香节”被中宣部和新闻出版总署评为“全国全民阅读活动优秀项目”。每年举办一次“南国书香节”已经被列入《广东省建设文化强省规划纲要（2011—2020年）》，成为广东文化强省建设十项工程的重要组成部分。2011年的“南国书香节”，广州市入场人数突破80万，规模与效益居全国书展之首。2012年，据南国书香节组委会统计，书展期间，广州主会场和四个主分会场总入场140万人次，总计销售额5 500多万元，入场人数和销售额均创下历史新高。

从2008年提出把“南国书香节”办成“全民阅读嘉年华”以来，每年的“南国书香节”都保持人气高涨。2012年的“南国书香节”首次增设了台湾馆，原版的台版书和各种富有民族风情和文化创意的工艺品吸引了许多市民，台湾馆也成为这届书展上最火爆的展馆之一。[①] 以书籍为桥梁和纽带，“南国书香节”的文化辐射力和品牌影响力不断增强。

三、影视、演艺娱乐及广告业

广东建设文化大省的帷幕拉开之后，电视业阔步前行。2004年，广东组建中国首家初步实现全省广播电视资源整合的南方广播影视传媒集团。该集团由广东人民广播电台、广东电视台、南方电视台、广东省广播电视技术中心和全省19个地级市及76个县级广播电视台组成。2005年，广东电视台、南方电视台和广州电视台在广州地区的市场份额合计达到50.7%，占据了本地电视市场的半壁江山。2006年之后，广东省内电视媒体的优势进一步扩大。国际著名收视调查机构AC尼尔森公司的统计显示：2006年，南方广播影视传媒集团所属两家省级电视台在广州等广东重要城市的收视率已经处于绝对优势地位。比如2006上半年在境内外电视媒体竞争最激烈的广州地区，境内电视的收视市场份额从1999年的27.5%上升到64.8%，境外电视的收视份额则从1999年的72.5%下降到35.2%。央视索福瑞公司的调查显示，2006年上半年，南方广播影视传媒集团在广东全省21个市的收视市场份额为35.1%，中央电视台同期的市场份额为16.5%，香港两家电视台同期的市场份额合计为17%，在广东全省城市加农村，南方广播影视传媒集团的收视份额高达49.4%，基本改变了广东电视与境外电视的竞争格局。[②] 集团化改革大大促进了广东广电事业和产业的快速发展。从2002年到2007年，南方广播影视传媒集团本部和直属五大单位，经营性收入以年均23%的幅度增长，实现了五年翻两番的目标。南方广播影视传媒集团已成为全国规模最大、实力最强的省级广电传媒集团。[③] 2010年8月5日，由南方广播影视传媒集团和19个地级市电视台以“联合发起、资产入股”的方式组建的广东省广播电视网络股份有限公司开

---

① 吴敏，钟琳，杨逸，郝思远．2012南国书香节普惠性公益性凸显，入场人次和销售额创历史新高 听讲座逛书展渐成老广习惯．南方日报，2012-08-24.

② 王首程．广东电视传媒的贡献不应被低估．南方电视学刊，2011（1）．

③ 南方广播影视传媒集团网．http://www.smc.gd.cn/smc3/smcje/fzzl/index.shtml.

业运营。该公司是以广播电视节目传输为主业的大型现代化有线广电网络运营商，网络覆盖了全省20个地市、68个县区，家庭用户规模达到1 300多万户，2011年拥有净资产超过52亿元。该公司的用户规模、资产总额均位居“亚洲第一、世界第三”。2011年是该公司运营的第一个财务年度，总收入达30.33亿元，利润达1.76亿元，分别同比增长20%和430%。[①] 同时，广东省广播电视网络股份有限公司还发起设立了50亿元规模的广东广电基金。2011年，广东广电网络继续加大整合力度，分别完成广州广电网络和全省45个县（市、区）广电网络的挂牌工作，创造了我国广电网络改革重组史上惊人的“广东速度”。[②] 经过改革重组，广东省广播电视网络股份有限公司成为全国广电网络龙头企业和“巨无霸”，对整合各地资源、拓展增值业务、满足人们的个性化视听文化生活享受起到了积极的作用。

与广东省的情况一样，深圳的广播电视行业也在积蓄力量。2004年，深圳卫视正式上星播出，深圳进入卫视时代。不久，深圳广播电影电视集团成立，这是一家拥有多种业态的综合性传媒集团。该集团控股、成立了天威视讯股份有限公司、移动视讯有限公司等20多家产业经营企业，形成了广告、网络传输与服务、新技术新业务、内容“四足鼎立”的产业结构。相关数据显示，2011年深圳广电集团实现经营收入近40亿元，总资产达70亿元。

进入21世纪，广东大中城市电影院线发展迅速，票房收入在全国连续多年保持较大份额。2004年年底，广东省电影公司由经营性事业单位转制为企业，总资产1.6亿元，主营电影发行放映。广东省电影公司与中影集团共同组建的中影南方电影新干线公司，是全国榜上有名的院线公司。据统计，中影南方电影新干线在2005年的票房数字达到了突破性的1.3亿元，比2004年增加4 000万元，上升43%；2006年的票房达到2.1亿元，比2005年增长61.5%；2007年更创下总票房3.25亿元的纪录，比2006年增长65%，位于全国院线票房排行榜前三甲之内。截至2011年11月底，中影南方电影新干线总票房达9.6亿多元。

同时，广东国有电影企业改革不断推进，民营影视企业快速发展，电

① 钱玮珏．争当文化强省建设排头兵——全国文化企业30强、省广播电视网络股份有限公司董事长张健访谈录．南方日报，2012-05-28.

② 广东广电网络．http://www.gcable.tv/about.html.

影产品日益丰富、市场更趋活跃，取得了良好的社会效益和经济效益。2006 年 4 月，珠江电影制片有限公司由广东省政府批准依法转制登记为国有独资有限公司，注册资本 8 194 万元，总资产 2.2 亿元。2008 年 6 月 28 日，珠江电影制片有限公司与广东省电影发行公司共同组建珠江电影集团，成为中国六大电影集团之一，也是华南地区最大的集影视生产、服务和发行于一体的影视文化集团。珠江电影集团以内容生产为核心、以终端建设为重点、以平台打造为依托，影视创作、发行放映、电影频道、新媒体、园区基地五大板块齐头并进的产业格局初具雏形。① 珠影集团的文化主导产业十分突出，新兴业态也蓄势待发。

在演艺娱乐方面，广东的演出市场无论是项目种类、数量，还是上座率都在稳步提升。随着广州大剧院等场馆投入使用，大量国内外的知名演出艺术团体涌入南粤。而且广东各种文艺演出资源极其丰富，有很大的拓展空间。如广东粤剧院历史悠久，艺术力量雄厚，是粤剧界规模最大、水平一流的表演艺术团体，是全球粤剧艺术生产的重要基地，被誉为粤剧的最高艺术殿堂。2003 年 12 月，广东粤剧艺术大剧院宣告成立，作为广东粤剧院和广东粤剧学校的联合体，这一“学校 + 舞台”的模式试图探索一条演出、教学优势互补、共同发展、相互促进的新路子。2012 年 3 月 28 日，由星海演艺集团等单位发起的广东省首个演艺院线联盟“星海演出院线”正式启动。“星海演出院线”被列入《广东省建设文化强省规划纲要（2011—2020 年）》重点督办项目。该院线以大珠三角为核心，集聚广东省内知名演出团体、演出经营场所、演出经纪机构以及票务销售机构，是以自愿结合为原则、以项目经营为依托、以票务销售为支持、以资源共享为目的的松散型经营联合体。该院线首批成员包括省内知名演出场所、经纪机构以及演出团体等近 40 个单位，涵盖广州、佛山、深圳、珠海、中山、江门等城市，其中有省内知名演出场所 17 家，规模较大、实力较强的演出经纪 12 家，演出团体 11 家。② 由于广东一带对港澳演出节目的需求很大，“星海演出院线”的合作单位将实现与港澳票务系统的连通对接，建立无缝隙售票体系。

---

① 珠江电影集团 . http://www.zj-movie.com/list-1-1.html.

② 谭志红 . “星海演出院线”在广州成立 . 中国文化报，2012-03-30.

从通俗文化、大众娱乐来看，尽管中国流行音乐的主基地已经转移到北京，但是在当今中国流行音乐上，广东依然占据重要的地位。中国现代流行音乐在内地有一个中心，两个基地。中心是北京，它是辐射的中心；基地一个是宣传的中心上海，另一个是发行、制作、创作的中心广州。全国95%以上的发行公司都在广州，广州有中国最好的流行音乐创作人。① 作为中国流行音乐探索与实践的发祥地，广东曾在全国独领风骚，如今岭南流行音乐的鼎盛时代虽已过去，但其重镇地位仍存。

在广告业方面，广东经济的高速增长，带动了广告业的发展；加上毗邻香港的优势，广东广告业能最快、最新地汲取国际广告业的经验。2003年，广东省广告公司广告营业额突破10亿元，是本土广告公司的历史性突破。2008年，广东省广告股份有限公司创立，同时获文化部颁发“国家文化产业示范基地”，当年营业额达18.2亿元。2010年，广东省广告股份有限公司成功上市，这不只是广东广告业发展的一个里程碑，也是中国广告业发展的里程碑。

四、新兴文化业态

广东发展新兴文化业态，有着深厚的技术依托。广东的电子信息产业规模位居中国内地第一，已成为当今中国乃至世界最重要的IT产品生产基地之一。2007年广东省电子信息产业继续保持第一大支柱产业的地位，是拉动全省经济增长的重要力量。广东的信息产业主要集中于珠三角地区，以深圳、广州、东莞、惠州、佛山和中山为主体，形成了著名的电子信息产业走廊。广州天河软件园是华南地区软件企业最密集的国家软件产业基地，产业规模在全国位居第二。

现代科技在文化领域的广泛运用，不断创新、催生出新的文化业态，并且成为文化产业新的增长点。广东的动漫、网络游戏、游艺、文化休闲等新兴文化业态发展迅速，尤其是互联网文化在全国领先，动漫产业在全国举足轻重。截至2011年，全省已有动漫企业近1 000家，占全国总量的近20%。2010年动漫产业产值约130亿元，占全国的25%；广东的网络游戏年收入约占全国的1/3，其中拥有自主知识产权游戏的收入占全国的1/2。广东已经成为国内电子游艺游戏设备最大的生产基地，自主研发制

① 广东省档案馆编．广东改革开放先行者口述实录．广东人民出版社，2008.128.

造的电子游艺游戏设备占全国总量的60%强。其中，广州（番禺）、中山两地共汇集了近500家电子游戏设备生产厂，产品大量出口，在全球大型游艺机市场所占份额接近20%。[①] 中山游戏游艺产品生产销售在全国处于绝对强势地位，2012年全市电子游戏游艺行业总产值达32.7亿元。

广东文化产业大军中，不少民营企业体现出很强的创意能力和开拓精神。广东文化市场的民营企业已超过2万家，民营资本在文化市场的单位数量、投资额所占比重均在90%以上，民营文化企业不仅在一些准入条件低、市场化程度高的传统产业门类，如印刷、发行、影视、广告、演艺娱乐、文化旅游等行业中继续发挥主导作用，而且在数字出版、动漫、网游、数字音乐等技术含量高的新兴文化市场也占据主体地位，并且催生出了一批民营明星企业。[②] 如腾讯公司的崛起，演绎了一个网络时代的创富神话。2012年腾讯公司全年营收438.94亿元，净利润123.32亿元。在当今社会，文化产业的发展越来越离不开科技的支撑，科技元素的多少足以决定一家文化企业核心竞争力的高低。

全球文化经济已进入新的发展阶段，一个世界性的文化大生产网络正在形成，国际竞争力同时表现为文化传播力的竞争，必须将智慧融入研发和销售环节，用文化谱写企业创新发展之路。广东文化企业积极运用现代科技发展的最新成果，着力发展文化创意、数字出版、动漫游戏等新兴业态，努力实现传统产业与新兴业态双轮驱动、两翼齐飞。

五、文化创意产业园区

大力发展文化创意产业园区，是实现文化产业内涵式增长、集约化发展的有效途径。在建设文化大省、文化强省的征途中，广东大力开展文化产业集群建设，打造特色文化创意产业园区，行业分布广泛、涉及文化产业各个行业，如文化艺术服务业、新闻出版业、音像业、影视业、工艺美术业、文化旅游业、设计业、动漫业、文化产品制造业等，充分体现出广东文化产业发展行业体系完善、产业链条发达的特点。据统计，截至2010年年底，全省各类文化产业园区达120个，入园企业1万多家，其中省级

---

① 李培．文化强省：为建设幸福广东提供动力．南方日报，2012－10－22.

② 郑照魁，陈志．新力量→新名片——文化强省建设之产业观察．南方日报，2011－10－17.

文化产业示范基地有20家，省级文化创意产业园18家。

广州市文化产业集聚效应明显，截至2011年年底，广州市文化产业园区已达62个。一些文化创意产业园区立足区位优势和产业优势，优化软硬环境，大力发展文化产业，聚集大量文化企业。如天河软件园的载体作用进一步凸显，品牌效应进一步放大。天河软件园形成了智慧南方—中国移动南方基地、网易智慧谷、互联网产业园、立信智慧软件社区、云计算产业园、电子商务智慧园、电子政务总部集群等多行业、多形式共同发展的产业集聚态势，已经发展成为华南地区软件企业最密集的国家软件产业基地，也是中国最重要的软件产业园区之一，故有“北有中关村、南有天河软件园”之说。[①] 一批高起点、规模化的文化产业园区，促进了广州各种文化资源的合理配置和产业分工。雄厚的实力基础、良好的政策支持，使得文化产业园区取得了一定的经济溢出效应。

深圳文化产业充分利用资本、技术、信息等要素市场，依托文化创意产业园区和基地建设的不断发展，文化创意产业的集聚效应有了明显的成效，集团化、规模化发展的文化企业数量不断增加。腾讯控股、华视传媒、天威视讯、A8音乐、中青宝网等一批文化企业分别在深圳和境外主板上市。无论是在资产规模、赢利能力方面，还是在经营模式、创新能力等方面，它们都领先于全国同行业的同类企业。截至2012年，深圳共有各类文化产业园区、基地50多个，其中国家级文化产业示范基地8家、国家级文化产业示范园区1家、国家原创音乐基地1家、国家动漫产业基地1家，涵盖了动漫、游戏、设计、数字内容、出版发行、工艺美术等领域。华侨城集团、大芬村、雅昌企业集团、深圳古玩城、腾讯集团等11家企业和园区先后被评为国家级文化产业示范基地。如大芬油画村是深圳文化产业成功的一个范例。从龙岗区布吉街道下辖的一个村民小组，发展到以大芬油画村为中心，辐射闽、粤、湘、赣及港澳地区的油画产业圈，“大芬油画”产生了强大的品牌效应，逐渐形成以原创油画及复制艺术品加工为主，附带国画、书法、工艺、雕刻及画框、颜料等配套产业的经营模式。2004年以来，大芬油画村相继被国家文化部、中国美术家协会、文化部文化产业司等单位命名授牌为国家“文化产业示范基地”、“文化（美术）产业示范基

① 王晓玲主编．中国广州文化创意产业发展报告（2011）．社会科学文献出版社，2011.4.

地”、“2006 中国最佳创意产业园区” 等。深圳文化创意产业园区和基地的繁荣发展，已经成为拉动文化产业发展、提升产业运行质量的重要支撑。

除了广州、深圳，广东的其他地方也纷纷将文化创意产业园区作为发展重点。佛山市南海区作为广东首个文化改革发展综合试验区，于 2011 年启动了一批文化创意产业园区项目：南海 39°空间艺术创意社区——集纳文化创意企业的园区、工作室和艺术展览演出等文化消费类活动，广东中凯文化传播有限公司投资建设的中凯文化商务港——佛山首个以新媒体和影视制作为主营业务的国家文化产业示范基地，广东智慧家庭研究院——全国首家一平台承载三网融合、三屏融合的智慧家庭体验示范专区。此外，投资 12 亿元的西樵梦工场影视城主题公园也在加紧建设。2011 年 8 月，投资超百亿元的广东禅文化创意产业园区在云浮市新兴县揭牌，园区内将规划建设生态旅游、禅文化研发与交流等五大产业。

改革开放以来，广东的崛起，从某种意义上讲，就是文化软实力的崛起。而文化软实力提升的标志，便是文化事业和文化产业的跨越式发展。原文化部部长孙家正曾指出：“广东改革开放走在全国前列，开风气之先，广东人每天都在创造着新的生活，取得了辉煌的成就，这些成就不能仅仅看成是经济上的成果，实质上它也是一种文化的成果。作为一个改革开放的先行地区，它对全国的贡献不止是那些看得见的数字，我认为最核心的还是文化，广东人所创造的文化对全国有巨大的贡献，形成了一些适应时代所需、符合我们国情的新的文化理念。”① 新时期广东的文化产业，在流行音乐、平面传媒、广播影视等方面均取得了突出成就，整体推动了新岭南文化的建构，显示出源于现实生活的蓬勃生命力。在全球性的文化与经济融合、文化与科技融合浪潮中，广东必须进一步抢占文化发展的制高点，以更好地在激烈的国际竞争中掌握主动权。

---

① 梅志清，陈燕云．文化部部长：广东对全国贡献的核心是文化．南方日报，2005－04－13．

第二章 战略参照：横向比较中的国内经验与借鉴

党的十六大报告提出文化体制改革的任务，到十七大提出社会主义文化大发展大繁荣的目标，再到十七届六中全会和十八大进一步提出建设社会主义文化强国的战略，可以看出，我们党对文化属性的认识越来越深入，一个文化立国的命题已然浮出水面。在建设文化强国的过程中，各地必将掀起新一轮文化改革发展浪潮，文化产业的发展将获得新的机遇和动力。

沿着中国特色社会主义文化发展道路阔步前进，广东文化产业发展战略并不单纯停留在文化和经济层面，它是促进经济、社会和文化等协调发展的综合性大战略。从国家全局的角度来看，各省市相互参照、取长补短、错位发展，是区域文化产业实现特色化、差异化发展的必由之路。

第一节 京沪等地发展文化产业的经验

进入21世纪之后，全国绝大多数省区市都将建设“文化大省”或“文化强省”作为奋斗目标，文化产业热潮在各地相继兴起。在我国的不少省区市，文化产业增加值占其GDP的比重已超过了5%，成为事实上的支柱产业和经济增长点。根据国家统计局发布的数据，2010年我国文化产业增加值为11 052亿元，占同期GDP的2.75%，2008年至2010年间文化产业法人单位增加值现价年均增长24.2%，高于同期GDP的现价年均增长速度近1倍。包括广东在内，北京、上海、江苏、湖南、湖北、云南等省市，文化产业增长速度年均超过20%，占国内生产总值的比重均达到5%以上，成为当地新的支柱性产业。2011年我国文化产业法人单位增加值达13 479亿元，占GDP比重达2.85%；文化产业法人单位增加值占GDP比重从2004年的1.94%增至2011年的2.85%，年平均增长23.35%。

2011 年，除了中央财政设立的“扶持文化产业发展专项资金”外，全国有 26 个省、自治区、直辖市设立了文化产业发展专项资金，省级财政投入约 25 亿元，文化产业发展呈现百舸争流、千帆竞发之势。在文化产业竞相发展的大格局中，广东应明确相关参照对象、参照指标，在全国范围内准确定位，以利于释放区域文化产业的蕴藏能量，实现新发展，谋求新跨越。

一、北京发展文化产业的经验

北京作为中国的首都，其文化产业规模、发展速度和质量全国领先。十七届六中全会通过的《中共中央关于深化文化体制改革、推动社会主义文化大发展大繁荣若干重大问题的决定》特别提出，“发挥首都全国文化中心示范作用”，为全国文化产业发展起引领和辐射作用。

北京发展文化产业，具有人才荟萃、文化资源丰富、文化创新能力强等多方面的优势。2008 年举行的北京奥运会更是一次异常难得的机遇，为北京文化产业的发展提供了良好的政策保障和外部环境。“十一五”时期，北京的文化创意产业增加值年均增长 20.3%，高于北京市经济增速 5.1 个百分点。自 2009 年以来，北京文化创意产业增加值已经连年占据北京市 GDP 的 12% 以上，成为了仅次于金融业的第二大产业。2011 年北京市地区生产总值达 1.6 万亿元，比上年增长 8.1%；财政收入增长提速，突破 3 000 亿元；城乡居民收入增长提速，实际增长 7.2% 和 7.6%。与此同时，高新技术企业增长提速，中关村示范区规模以上企业总收入达 1.9 万亿元，增长 20.9%，收入过亿元的企业有 1 500 家。2011 年，北京文化创意产业收入突破 9 000 亿元，实现增加值 1 938.6 亿元，增速为 14.2%，占 GDP 比重为 12.2%。文化创意产业已经成为北京经济的重要支柱产业和新的经济增长点。

北京文化创意企业总量和门类、文化艺术品交易总量、电视剧出品集数、电影产量等多项指标居全国之首。如中央电视台和北京电视台新址的建设，带动几千家上下游企业如电视制作、广告代理、出版、印刷、广告、动漫、网游等相关文化产业公司纷纷迁往 CBD（Central Business District 的简称，即商务中心区）或其周边地带，从而带动节目制作、大型活动策划、广告传媒、教育培训、影视经纪人等各类相关行业的发展，形成以影视、传媒服务为主要特色、庞大的文化创意产业链条。[①] 就文艺演出市场而言，2011 年北京各类营业性演出场次为 21 075 场，观众 1 026 万人次。而全国 70% 以上的影视公司、发行公司和后期制作单位都云集北京，形成完整产业链。2011 年，北京 300 余家动漫网游行业产值达到 130 亿元，同比增长 30%。其中网游企业收入 120 亿元，网络游戏出口额达到 12.77 亿元，居全国第一。[②] 北京拥有各类设计企业 2 万余家，设计从业人员近 25 万人。2012 年 6 月，北京正式作为“设计之都”加入联合国教科文组织创意城市网络。另外，北京文物流通和艺术品交易市场发展势头强劲，2011 年文物艺术品拍卖成交额达 514.8 亿元，占中国文物艺术品交易额八成以上。北京已成为继伦敦、纽约、香港之后的世界文物艺术品交易中心，涌现了中国嘉德、北京保利、北京瀚海等一批中国文物艺术品拍卖的领军企业。文物艺术品交易的兴旺带动相关产业快速发展，并逐渐形成琉璃厂—报国寺、潘家园—古玩城等几大古玩艺术品交易园区。其中，以北京古玩城、潘家园古玩市场、天雅古玩城为主体的潘家园古玩艺术品交易园区，2011 年交易总额超 45 亿元。[③] 北京地区丰厚的历史文化底蕴、多样的文化消费欲求及充足的专业人才储备，使得其文化产业具有领先国内其他地区的优势。

北京在全国各省区市中较早提出发展文化创意产业，早在 1996 年就提出了要“重新认识文化产业的巨大潜力，迅速壮大北京的文化产业，为首都的文化建设与发展奠定坚实的经济基础”。2006 年，北京在政策配置上率先建立了一套文化创意产业扶持政策（北京文化创意产业发展专项资金每年 5 亿元，在全国各省区市中资金规模名列第一）。同年，北京在领导体制上率先成立了一个由市委书记担任组长的文化创意产业领导小组（议事协调机构），全市一盘棋，解决了部门分立、各自为政的问题，它的一个直接成果是把文化创意产业发展放到国民经济社会发展的整体布局中，以“大文化”的面目出现，有力地推动了北京文化经济的融合发展。这个融合包括文化行业内部的融合，文化与体育、旅游等产业的融合，文化与

---

① 王晖．北京市与纽约市文化创意产业集聚区比较研究．北京社会科学，2010（6）．

② 张硕．设计之都　北京灵感．北京晨报，2012－06－27.

③ 尹力．北京文物拍卖成交额 3 年总额超千亿．中新网，http://www.chinanews.com/cul/2012/09－12/4177730.shtml.

制造业的融合（规划建设创意工厂和大力发展设计创意产业），文化与农业的融合（发展创意农业）。[①] 2011年12月，北京市委十届十次全会审议通过了《中共北京市委关于发挥文化中心作用加快建设中国特色社会主义先进文化之都的意见》（以下简称《意见》）。《意见》提出："建立北京文化发展专项资金，在整合资源的基础上，每年统筹100亿元，用于支持首都文化发展。"专项资金的使用不单是为了推动文化事业、文化产业的发展和文化体制改革，还包括统筹管理旅游产业专项资金、体育产业专项资金和文化基础设施专项资金等，推动文化与科技、旅游、体育、金融等融合发展，整合首都大文化资源。自2012年起，北京文化创意产业资金从5亿元增加到9亿元，其中包括增加文化创意产业专项资金1亿元、新设1亿元的中小文化创意产业投资资金、新设1亿元广告产业发展扶持资金、新设1亿元扶持重大文化设施改造改进。专项资金中一部分专门用于建立文化投融资体系，如成立文化创意小额贷款公司、文化创意产业融资担保公司，以及发起并设立100亿元规模的文化创意发展投资资金。

在发展路径上，北京"调结构、转方式"，实施重大文化项目带动战略，初步形成科技创新、文化创新"双轮驱动"的格局。"十二五"开局之年，北京提出在文化领域推动九大工程，整合中央地方资源成立五大文化联盟，启动首都核心演艺区建设，CBD国际传媒产业集聚等重点文化功能区加快建设，努力打造一批引领中国、影响世界的首都"文化航母"，培育3至5家千亿级文化企业集团。[②] 同时，北京确立建设具有世界影响力的科技文化创新之城，并将在实施过程中着力构建文化科技创新体系、文化科技全国应用体系、文化科技融合的承载体系、文化科技融合的市场服务体系和文化科技融合的支持体系。在体制机制上以宽广的胸怀打破门户之间、体制之间、区域之间的阻隔，完善都市合作机制、市级统筹机制、市区联合机制，并引进和培养一批文化、科技复合型的领军人才。[③] 北京云集了全国顶级的高校和科研院所，是中国知识经济的策源地，文化

---

① 孔建华，黄玉蓉．产业培育期政府该怎样支持文化产业发展——清华大学文化产业研究中心特约研究员孔建华访谈录．祈述裕，王列生，傅才武主编．中国文化政策研究报告．社会科学文献出版社，2011.20.

② 朱竞若，王明浩，余荣华．北京转变发展方式激发"首都优势"．人民日报，2012－02－14.

③ 思哲．文化产业就是科技产业．中国文化报，2012－09－25.

产业所需要的能融合科技与文化的智力型人才在这里已形成群体优势，打造世界级的科技文化创新之城显示了北京的新定位。

北京是国家金融决策中心、金融管理中心、金融信息中心和金融服务中心，文化产业可以获得较多的金融支持。北京积极推动文化与金融的有效对接，制定出台了促进金融支持文化创意产业的配套政策，建立了银行贷款、上市融资、政府文化创意产业专项资金等多样化的融资渠道。2001年北京歌华有线电视网络股份有限公司上市融资12.05亿元，成为中国文化企业上市第一股；2004年北青传媒股份有限公司在香港主板上市融资11亿元，成为中国内地传媒企业境外上市第一股。2007年北京创设文化创意产业投融资服务平台，通过这一平台，仅2010年北京文化产业从北京银行、交通银行北京分行、中国工商银行北京市分行、中国农业银行北京市分行等金融机构就融资达41.65亿元。

21世纪以来，创意产业园区在京城迅速发展，成为推动文化产业发展、落实文化产业扶持政策的重要载体。截至2011年年底，北京市市级文化创意产业集聚区总数达到30个，覆盖全市十六个区县。这30个文化创意产业集聚区分别是：中关村创意产业先导基地、北京数字娱乐产业示范基地、国家新媒体产业基地、中关村科技园区雍和园、中国（怀柔）影视基地、北京798艺术区、北京DRC（Design Resource Cooperation，即设计资源协作）工业设计创意产业基地、北京潘家园古玩艺术品交易园区、宋庄原创艺术与卡通产业集聚区、中关村软件园、北京CBD国际传媒产业集聚区、顺义国展产业园、琉璃厂历史文化创意产业园区、清华科技园、惠通时代广场、北京时尚设计广场、前门传统文化产业集聚区、北京出版发行物流中心、北京欢乐谷生态文化园、北京大红门服装服饰创意产业集聚区、北京（房山）历史文化旅游集聚区、首钢二通厂中国动漫游戏城、北京奥林匹克公园文化创意产业集聚区、八达岭长城文化旅游产业集聚区、北京古北口国际旅游休闲谷产业集聚区、斋堂古村落古道文化旅游产业集聚区、中国乐谷——首都音乐文化创意产业集聚区、卢沟桥文化创意产业集聚区、北京音乐创意产业园、十三陵明文化创意产业集聚区。

北京一批较为成熟的文化产业园区集聚效应明显，培植了大批龙头企业，并依托这一优势，成为文化产业高地。据中关村管委会发布的数据，中关村示范区2011年文化创意企业达到6 201家，实现总收入4 339.1亿元，较上年增长30.5%。中关村在北京文化创意产业发展中的龙头地位得到进一步巩固。再如，北京798艺术区汇集了画廊、设计室、艺术展示空间、艺术家工作室、时尚店铺、餐饮酒吧等众多的文化艺术元素。北京已成为中国文化艺术的展览、展示中心，成为国内外具有影响力的文化创意产业集聚区。

二、上海发展文化产业的经验

上海属于我国经济最发达的地区之一，其在2011年实现生产总值19 195.69亿元，全市按常住人口计算的人均生产总值为82 560元，位列全国第一。2012年，上海生产总值首次突破2万亿元，第三产业占全市生产总值的比重首次达到60%，基本进入服务经济发展阶段。上海文化产业的发展速度居于全国领先地位。2004—2010年的7年间，上海市文化产业增加值一直处在持续稳定的增长中，占地区生产总值的比重维持在5.7%左右。2010年2月，上海加入联合国教科文组织"创意城市网络"，获"设计之都"称号。2011年，上海文化创意产业从业人员118.02万人；实现总产出6 429.18亿元，比上年增长16.9%；实现增加值1 923.75亿元，比上年增长13%，高于全市GDP增幅4.8个百分点；占上海全市生产总值的比重为10.02%，比上年提高0.27个百分点；对上海经济增长的贡献率达到15.5%。[①] 根据上海文化创意产业发展"十二五"规划，到2015年，上海的文化创意产业增加值增幅将快于服务业平均值，占全市生产总值的比重达到12%左右，战略性支柱产业的作用更加明显。

作为我国的经济、金融、贸易、航运中心，上海发挥其20世纪上半叶曾为文化产业中心的传统优势，同时抓住新世纪举办世博会的有利时机，依托"世博之城"、"设计之都"的世界级品牌优势，打造"优势特色"，成为我国除北京之外文化产业最为集中的区域。上海在21世纪的头几年就开始大力推进文化产业发展，不断优化发展环境、完善政策体系。2000年，上海率先实行文化市场综合执法体制。2004年，上海率先建立文化领域国有资产监管体制。2005年开始，上海率先建立文化发展新闻发布制度，每年一次，宣传部、行政文化管理部门、统计局联合通过市政府新闻发言人发布文化发展统计数据。2006年，上海新华发行集团成功借壳上

---

① 叶薇．创意产业成为上海经济新引擎．新民晚报，2012－11－03.

市，成为十六大提出文化体制改革以来第一个上市的国有文化企业。2008年，上海建立扶持动漫产业发展联席会议制度，还与新闻出版总署建立部市合作联席会议制度。2009年，上海出台《关于加快推进上海文化产业发展的若干意见》，为文化产业的全面腾飞提供了制度平台。2009年10月，上海率先成功实行广播电视制播分离改革。截至2009年年底，上海已经完成电影、出版、发行、印刷、电视剧制作、广播电视内容制作等全行业国有单位的转企改制。2010年，上海市、区两级分别成立了由主要领导任组长，由宣传、经信、发改、科技、旅游、财政、税务等委办局为成员的文化创意产业推进领导小组。2011年5月，《上海市文化创意产业发展“十二五”规划》正式下发。2001年9月，《上海市文化创意产业分类目录》修订完成，建立起全市统一的文化创意产业统计指标体系和统计数据发布制度。2012年8月，《2012年上海文化创意产业发展报告》发布，文化创意产业年度发展报告的编制与发布将形成制度化，每年在上海文化创意产业统计数据新闻发布会上予以公布。

为突破文化产业的投融资瓶颈，上海先后建立文化产业风险投资、担保资金，上海文化产权交易所（版权交易中心），全国第一家华人文化产业投资私募基金。2010年7月，由上海市金融办牵头，会同11个部门，制定了《上海市金融支持文化产业发展繁荣的实施意见》，充分发挥了金融对文化产业发展的支持保障作用。[①] 2011年8月，上海市创意产业展示与服务平台管理中心联合上海国盛集团投资公司、红杉（中国）投资基金等8家投融资机构共同发起成立了上海市创意产业投资基金联盟，资金管理规模达269亿元。2012年11月，上海文化产业股权投资基金揭牌成立，这是上海市政府批准成立的一家全国性大型文化类股权投资基金，也是国内首家得到中国证监会行政许可、正式成立的证券公司直投基金，目标规模为100亿元人民币，首期募集30亿元人民币（分两期到位）。[②] 上海文化产业股权投资基金的目标是通过对文化及相关产业的股权投资，积极参与文化及相关领域企业的重组、改制、上市及并购。

随着世界经济的迅速发展，工业设计的重要性日益显现。当市值全球

---

① 袁晞．上海全力建设文化大都市．人民日报，2010-08-10.

② 唐玮婕．上海文化产业股权投资基金成立．文汇报，2012-11-06.

第一的苹果公司的产品风靡全球时，人们会说乔布斯（Steven Paul Jobs）是一位艺术家而非一名 IT 界人士，工业设计的魔力愈发彰显。上海善于捕捉时代先机，设计产业发展迅速，建筑设计、工业设计、广告设计、时尚设计等新兴领域成为文化创意产业的核心支撑。2011 年，媒体业和艺术业的增加值分别增长了 14.7% 和 8.8%，比 2010 年分别提高了 11.2 和 3.2 个百分点，成为文化产业新的增长点；工业设计业实现产值 685.71 亿元，增加值 187.45 亿元，增长率达 37.6%；时尚设计、多媒体设计等创意产业增加值占上海 GDP 已超过 5%。上海国际工业设计中心、江南智造创意产业集聚区等一批特色设计园区和基地已颇具规模。上海有各类设计企业与机构近 4 000 家，与设计相关的从业人员逾 17 万人，有 48 所高等院校开设了与设计相关的设计类院系，上海设计业界的整体水平处于国内领先地位。[①] 上海的工业设计不仅规模不断提升，品质上也呈现出向高端化发展的趋势，并初步建立起了以企业为主体、市场为导向、产学研结合的工业设计研发体系。

上海的演艺娱乐业资源丰富、规模较大、人才荟萃、消费较旺，是全国最繁荣、规范的演出市场之一。“十一五”时期，上海剧场年均演出 1 万场左右，其中涉外、涉港澳台地区演出年均 400 场。已经连续举办多届的江浙沪两省一市演出业务洽谈会，从 2008 年起增设“长三角”国际演出项目交易会，参加每届交易会的上海演艺机构均达到 100 家以上，共成功演出项目 3 000 余个。上海城市演艺公司创排的杂技芭蕾《天鹅湖》，用 700 万元投资创下了 5 000 万元营收，创下中国原创剧的票房奇迹。在影视业方面，2012 年 7 月，被称为“上海影视第一股”的上海新文化传媒集团股份有限公司成功上市，这标志着上海第一家影视制作公司成功登陆中国 A 股市场。2011 年年底，被称为“广电新媒体第一股”的百视通横空出世，通过市场化运作，其 IPTV 全国用户已过千万，在全球独树一帜。百视通公司已发展成为 IPTV、手机电视、互联网电视、网络视频、移动互联网等新媒体全业务运营的新媒体企业。[②] 同时，上海依托其国际金融中心建设的区位优势，创新电影投融资机制，鼓励设立各类电影风险投资基

---

① 叶薇．创意产业成为上海经济新引擎．新民晚报，2012－11－03.

② 俞亮鑫．上海人享受着文化饕餮大餐．新民晚报，2012－11－05.

金，使上海成为电影投融资中心。

2010年以来，上海新兴文化业态发展全面提速，先后建立了以市领导为工作组组长的电子书产业发展工作领导小组、文化及创意产业发展领导小组、三网融合推进工作领导小组等。2012年8月，上海发布了《上海推进文化和科技融合发展三年行动计划》，提出要围绕促进上海文化大发展大繁荣、推动国际文化大都市和设计之都建设的重大科技需求，实施科技带动战略，加快推进上海文化和科技相互融合，促进传统文化产业的调整和优化，加快新兴业态的培育和发展，确定要围绕"四屏"、"两台"和"一网"，实施包括数字媒体与文化艺术融合应用、数字化公共文化服务网络建设等在内的七大文化科技融合创新示范工程。① 文化与科技融合带来的是新兴产业迅速崛起，新媒体业态保持良好发展势头。在网络视听服务、网络阅读服务、网络财经服务、网络电子商务、网络游戏服务、网络休闲娱乐服务、网络远程教育服务、有线电视"三网融合"等领域，上海都保持了全国领先地位。2011年，上海动漫产业产值约为63亿元，同比增长23.7%；网络游戏产业产值达到149亿元，同比增长24%，约占全国网络游戏产业的30%；网络视听产业整体规模超过30亿，同比增长超过100%，网络视听企业全国覆盖用户占比已超过60%。② 同时，上海涌现了一批创新能力强的文化科技企业，如世纪出版、新华传媒、盛大文学等企业，积极与电子阅读器科技企业对接，逐步形成"数字出版转档、内容平台搭建、电子阅读器终端设计制造与销售"的新型产业链。以儿童网络游戏、动画影视剧制作为主要业态的淘米网，拥有1.8亿注册用户。截至2012年4月，上海在A股和海外市场上市的文化创意企业已有12家，在全国各省市中名列前茅，其中，文化科技企业占多数席位。③ 上海未来还将重点从关键技术、示范工程、基地建设和支撑要素四个层面推进文化和科技融合发展。

上海文化产业基地建设进展迅速，截至2012年，共有9家国家级文化产业示范基地、15家市级文化产业园区、100多个文化创意产业集聚区。④

---

① 思哲. 文化产业就是科技产业. 中国文化报，2012-09-25.
② 沈则瑾. 上海文创产业发展迅猛. 经济日报，2012-09-06.
③ 李婷. 上海文化创意产业特色路径. 文汇报，2012-04-11.
④ 张裕. 十七大以来上海文化建设十大成就. 文汇报，2012-09-26.

2012 年 5 月，上海张江国家自主创新示范区被中宣部、科技部、文化部、广电总局、新闻出版总署联合认定为国家级文化和科技融合示范基地，国家数字出版基地、中国（上海）网络视听产业基地、国家绿色创意印刷示范园区等一批部市合作的国家级产业基地在文化科技创新中发挥了引领作用。就产值而言，张江文化产业园拥有全国网络游戏产业 20% 的份额，动漫产业占上海的 70%，数字内容产业占全国的 10%。

上海是我国文化贸易的前沿阵地，在支持政策、准入管制、贸易便利化、税制设计、贸易人才培养等方面率先探索，释放上海文化积淀在对外文化中的主题演绎效应、溢出效应。上海在中国文化“走出去”的历程中一直拥有独特地位。进入 21 世纪后，上海更是成为中国文化“走出去”的试验田。依托国际贸易中心的建设，上海大力推动文化“走出去”；依托外高桥国家对外文化贸易基地，上海建立了对外文化贸易长效机制。2007—2010 年，上海对外文化进出口总额达 20.25 亿美元。在全国文化产品和服务国际贸易呈现逆差的境遇下，上海文化产品和服务进出口连年实现顺差。据统计，2011 年上海文化产品和服务贸易持续增长，进出口总额达到 166.2 亿美元，同比增长 10.9%，实现顺差约达 34.5 亿美元，广告和会展服务、文化休闲娱乐服务、出版物和版权服务进出口成为贸易顺差的主要来源。上海已在新闻出版、广播影视、文化艺术、数字娱乐等领域集聚了一批具有较强“走出去”能力的文化创意企业，重点培育上海东方汇文国际文化服务贸易有限公司、上海炫动传播股份有限公司、上海城市演艺有限公司、盛大游戏有限公司等一批国际贸易合作中坚力量。上海在 2007—2008 年度和 2009—2010 年度分别有 16 家、20 家文化出口企业被认定为“国家文化出口重点企业”。① 美国、日本和中国香港、中国台湾成为上海四大文化贸易伙伴。

上海的文化产业发育早、成长快，其海派文化风格的产业特色，在很多方面探索出了先进经验，成为国内的标杆。

三、浙江等地发展文化产业的经验

北京、上海作为中国文化产业的发展重镇，占据着特殊的地位。然而我国中东部省份文化产业的崛起，也不容忽视。从规模看，2010 年，江

① 徐璐明．上海文化创意产业融合发展形成特色路径．文汇报，2012-09-12.

苏、山东、浙江文化产业增加值均突破千亿元，中东部文化产业已成为一个引人注目的板块；从增速看，2010 年，江苏、安徽文化产业增加值连续 5 年保持 30% 的增速，湖南文化产业增加值连续 7 年保持 20% 以上的增速，浙江文化产业增加值连续 5 年年均增长率达 16% 左右。中东部地区文化产业发展增速快、活力足、势头猛，文化产业正成为中东部地区经济转型、绿色发展的新引擎。① 中东部地区文化产业实力不断增强，将使文化市场的竞争进一步加剧。

中国人民大学文化产业研究院发布的“2012 年中国省市文化产业发展指数”显示，浙江文化产业发展综合指数仅次于北京、上海、天津和广东，居全国第五位。在新闻出版、影视服务、数字内容与动漫、文化旅游、文化会展和文化产品制造等领域，浙江已逐步确立在全国的优势。“电视剧第一股”华策、“影视第一股”华谊兄弟、“演艺第一股”宋城集团和“第一家媒体经营性资产整体上市的报业集团”浙报传媒，被外界并称为“四大文化牛股”。2010 年浙江新闻出版业主营业务收入 228.3 亿元，利润总额 21.3 亿元，分别居全国第二位与第一位；电视剧产量仅次于北京，居全国第二位；动画片产量仅次于江苏，居全国第二位，其中杭州市动画片产量居全国城市第一位；电影票房收入居全国第五位。“十一五”时期，浙江文化产业增加值年均增长 19.0%，高出浙江同期 GDP 现价增幅 3.4 个百分点；浙江文化产品和服务年出口总额以高于 20% 的平均增幅增长，2011 年突破 50 亿美元。

浙江着力打造出版强省、报刊强省、印刷强省，新闻出版业整体实力跃升。浙江的书报刊等传统新闻出版业态深化发展，数字出版、网络出版、网上书店、手机出版、数码印刷等现代新型出版业态快速崛起，龙头骨干企业不断壮大。如浙江日报报业集团和《求是》杂志联合重组红旗出版社，实现了新闻出版领域跨地区、跨媒体资源整合。2011 年 9 月，浙报传媒正式上市，成为国内第一家实现经营性资产整体上市的省级报业集团。

浙江动漫产业发展势头良好。中南卡通成长为我国动漫产业的一艘巨舰，年收入过亿元，年利润逾 5 000 万元。“从零起步”的杭州动漫产业，

---

① 王晋，金晶，李哲．中东部崛起文化产业高地．经济日报，2011 - 10 - 16.

现已稳居国内“第一方阵”，成为“中国动漫之都”。杭州国家动画产业基地电视动画片产量连续多年居于全国国家级动画产业基地之首，占全省原创作品总量的80%以上。[①] 2004年，杭州影视动画作品的产量也几乎是零。而截至2011年，杭州动漫企业已发展到270余家，从业人员近3万人，7家原创动漫企业进入“国家文化出口重点企业目录”，数量居全国城市之首。2011年杭州完成的原创动画作品达3.8万分钟，年产量连续多年居全国各城市第一，实现营业总收入30.43亿元、利润19.5亿元。[②] 从运作经验来看，政府推动力、企业主导力、市场配置力“三力合一”构成了杭州动漫产业发展的独特模式。

由于民营经济特别发达，民间资本非常充裕，浙江积极鼓励、支持民间资本和社会力量进入文化产业领域，涌现了横店集团、宋城集团、华策影视、中南卡通等一批在全国或全省有较大影响的民营文化龙头企业。2010年10月，浙江华策影视上市，成为中国“电视剧第一股”；2010年12月，宋城旅游发展股份有限公司上市，成为中国“旅游文化演艺第一股”。而横店影视产业试验区是全国首家国家级影视产业试验区，注重影视制作全产业链的培育，成为浙江省文化体制改革的重要窗口。试验区内的横店影视城自1996年建设以来，相继建成了广州街、香港街、秦王宫、清明上河图、明清宫苑、梦幻谷等拍摄基地，成为亚洲最大的实景拍摄基地，被誉为“中国好莱坞”。横店影视城同时也是一个旅游景区，2011年接待中外游客1 090万人次，实现旅游收入6.64亿元。截至2011年年底，已有华谊兄弟等430多家影视公司在横店注册，包括器材租赁、影视拍摄、后期制作等企业，形成了国内最完整的影视制作产业链。

围绕杭州、宁波、温州等中心城市，浙江形成了多个文化产业区块。作为浙江的省会城市，杭州把文化产业提高到第四产业的高度来认识，努力建设全国文化创意中心。2011年，杭州市文化创意产业实现增加值843.3亿元，占全市GDP比重的12.03%。在同年台湾亚太文化创意产业协会发布的《两岸城市文化创意产业竞争力调查报告》中，杭州在中国内地、台湾36个大中城市中文化创意产业竞争力排名第三。2012年5月，

① 中共杭州市委理论学习中心组．文化点亮科技　科技助力文化——杭州市促进文化和科技融合的经验与启示．浙江日报，2012－10－08.

② 董碧水．浙江文化产业收获真金白银．中国青年报，2012－06－04.

国家科技部、中宣部、文化部、广电总局、新闻出版总署五部委授予杭州市全国第一批“国家级文化和科技融合示范基地”荣誉称号。针对文化创意企业无形资产比重大、回报周期长、担保能力差等特点，杭州为其“度身定制”了“动漫版权质押贷款”、“艺术品贷款”、“服务外包订单质押贷款”、“无形资产抵押贷款”等一系列金融创新。同时，协调金融机构推出“宝石流霞”、“满陇桂雨”等集合信贷产品，为中小型文化创意企业提供信贷支持。[①] 政策扶持与金融支持并举，使杭州文化产业发展有了充足的“底气”。

在湖南，文化产业已成为重要的支柱产业、千亿产业和战略性新兴产业。湖南的广电、出版、报业、动漫、演出、娱乐等已形成行业优势；数字媒体、电视购物、手机报、网络等新兴业态正悄然崛起，华声在线、湖南在线、红网、星辰在线、女性在线、金鹰网等均是颇有影响力的品牌。2008—2010 年，湖南文化产业总产出每年均超过千亿元。“十一五”期间，湖南文化产业保持了年均 20% 左右的增长速度，高于同期全省生产总值平均增长率 15 个百分点；文化产业增加值占 GDP 的比例超过了 5%，文化产业人均产值居全国第二。[②] 2011 年全省文化和创意产业总产出为2 352 亿元，增加值达 1 013 亿元，同比增长 20. 8%，对经济增长贡献率达 7. 8%，占 GDP 比重为 5. 2%。长沙歌厅文化、酒吧文化开辟了中国式百老汇的大剧场模式。以“广电湘军”、“出版湘军”、“动漫湘军”、“演艺湘军”为代表的文化湘军品牌在全国脱颖而出。2006—2012 年，《中国文化品牌报告》共发布 322 个文化品牌，其中“湘字号”文化品牌 36 个，占 11%。湖南出版集团连续 5 年进入中国最大企业集团 500 强。[③] 湖南数字出版产业总产出从 2009 年的 42. 09 亿元增长到 2011 年的 83. 7 亿元，年均增长率达 41%。

山东积极转变文化产业发展方式，改造提升传统文化产业，推进文化与科技、资本、旅游等相关产业融合发展，加快发展动漫、网络电视、数字出版等新兴业态，文化产业结构不断优化。2008 年，山东就提出在建设

---

① 刘泰山，江南，禹伟良．筑梦“第四产业”——探寻杭州深圳文化创意产业发展之路．人民日报，2012 - 08 - 03.

② 周佳．发展文化产业，铸就城市的灵魂．湖南日报，2012 - 08 - 20.

③ 谭旭燕，伍玲．每年 4 300 万人次免费逛文化场馆．潇湘晨报，2012 - 10 - 23.

经济强省的同时加快建设文化强省，力争成为全国文化体制改革先进地区。“十一五”期间，山东文化产业增加值年均增长 18.79%，2011 年全省文化创意产业实现增加值 2 300 亿元，同比增长 16%。[①] 2011 年山东文化产业固定资产投资施工项目累计完成投资 1 434.4 亿元，同比增长 22.8%；2011 年投资 2 亿元以上的重大文化产业项目 103 个，已经列入全国文化产业重大投融资项目库。培育形成了大众报业、山东出版等一大批骨干文化企业，大众报业集团综合实力排名进入全国前六位，山东出版集团连续两届被评为全国“文化企业 30 强”；世纪金榜、世纪天鸿、星火国际等民营书业进入全国民营书业公司十强，占据全国半壁江山；媒体品牌彰显实力，《齐鲁晚报》连续七年上榜世界日报发行量百强，齐鲁频道综合实力多年来一直位居全国省级地面电视频道之首。[②] 该省还通过开展“文化齐鲁　创意山东　品牌 100”推选宣传活动，塑造山东的文化品牌，发挥品牌对文化及相关产业的拉动作用。

而作为西部山区省份的云南，早在 1996 年就提出了建设民族文化大省的目标。云南用“当年抓烟草、抓旅游的干劲”抓文化产业，“十一五”期间，云南文化产业增加值以年均 20% 的速度持续增长，2010 年达 440 亿元，占全省 GDP 比重的 6.1%。2011 年，云南省文化产业增加值达 534 亿元，比上年增长 21.6%，占全省 GDP 的比重达 6.11%。云南文化产业从最初的“云南印象”，到“云南现象”，再到走出一条边疆民族欠发达省份文化发展的“云南模式”，取得了令人瞩目的成效。云南映象文化产业发展有限公司、云南润视荣光影业制作有限公司、昆明新知集团有限公司、昆明福保文化城有限公司、云南柏联和顺旅游文化发展有限公司、西双版纳傣族园有限公司等一大批知名民营骨干文化企业，在民族演艺、旅游文化、休闲娱乐、珠宝玉石、民族民间工艺五大产业中成为主角。

第二节　广东文化产业竞争力评估

多年来，广东文化产业对经济增长的促进作用越来越显著，产业竞争

---

① 姜大明．加快文化强省建设步伐　努力打造全国重要的区域性文化中心．中国文化报，2012-03-07.

② 窦尼．春风化雨　竞发新枝——地方文化发展改革巡礼（二）．中华魂，2012（8）.

能力不断增强，在全国处于排头兵行列。从国内省市文化产业各要素竞争力的整体情况来看，各地在文化产业发展基础、文化资源、政策措施、行业结构、产业能力和发展潜力方面都存在着不小的差异。通过对区域文化产业发展指数的比较，有利于把握广东与其他省市文化产业竞争力的差异，从而加深对文化产业发展规律及未来趋势的认识，激活文化产业发展的内生动力。

一、中国省市区文化产业发展指数

随着文化产业热潮的兴起，如何建构中国省市文化产业发展指数指标体系模型，是学术界、业界和政策制定者都颇为关注的重大命题。国内一些学者、研究机构在这方面作出了努力，力图以科学的量化标准，全面衡量各省市文化产业发展水平。从已有的研究成果来看，较有影响的是中国人民大学文化创意产业研究中心发布的“中国省市文化产业发展指数”报告，以及上海交通大学的“教育部哲学社会科学研究重大课题攻关项目‘我国文化产业发展战略研究’课题组”发布的“中国文化产业发展指数”排名。

中国人民大学文化产业研究院发布的“2012 年中国省市文化产业发展指数”，包括综合、生产力、影响力、驱动力 4 项指数。其中，综合指数排名前十位的省市为北京、上海、天津、广东、浙江、江苏、四川、山东、福建、辽宁；生产力指数排名前十位的是北京、广东、天津、上海、浙江、山东、江苏、辽宁、青海、四川；影响力指数排名前十位的是上海、广东、北京、浙江、天津、江苏、安徽、重庆、福建、河北；驱动力指数排名前十位的是天津、北京、四川、内蒙古、吉林、山西、宁夏、上海、重庆、福建。① 在综合指数排名方面，天津由 2011 年的第 7 位上升到 2012 年的第 3 位，广东则由 2011 年的第 2 位降至 2012 年的第 4 位。

2012 年 7 月，上海交通大学的“教育部哲学社会科学研究重大课题攻关项目‘我国文化产业发展战略研究’课题组”，根据全国各省市区“十一五”统计数据，推出了“2006—2010 年中国文化产业发展指数”报告。课题组针对文化产业外部关联度和产业内部发展要素的复杂性，设置了表

---

① 2012 省市文化产业发展指数文化消费评价指标发布．中央政府门户网站，http://www.gov.cn/gzdt/2012 - 12/25/content_ 2297924. htm.

征和内涵两种评价指数，包括16个一级指标、52个二级指标、91个三级指标和151个四级指标的指标体系，从而形成了中国文化产业发展测评“多级多指标综合指数体系”。此次发布的“中国文化产业发展指数”报告，通过对全国31个省市区“十一五”时期文化产业发展的测评分析，给出了中国文化产业发展综合指数，以及全国31个省市区文化产业发展指数排名，上海以87.27位居榜首，北京以85.69排名第二，广东以51.11排名第三。上海交通大学课题组发布的报告还显示，我国东、中、西部文化产业发展存在严重的梯度级差，“第一梯队”上海、北京遥遥领先；广东、山东、江苏和浙江四省为“第二梯队”；大多数省市区仍未探索出适合当地文化产业发展的道路。① “中国文化产业发展指数”报告的推出，是学术界对我国文化产业发展状况进行量化研究的有益探索。

另外，“IUD领导决策数据分析中心”针对国内各省区市文化体制改革情况，综合各方面数据，创立了文化体制改革评价指标体系，并对各省区市进行了测评。在文化产业发展方面，相关测评显示，2010年北京的产业发展指标得分（0.27）高居第一，广东、上海、江苏、浙江排名前五，分别为0.24、0.18、0.14和0.13；西部地区相关指数得分比较落后。作为首都与文化中心，北京市的文化发展具有特殊优势。文化软实力是此套文化体制改革指标体系的特有一环，“IUD领导决策数据分析中心”着重测评了各地区的文化创新与辐射力。北京、上海、江苏、广东和浙江五省市的文化软实力指数位列前五。② 文化软实力指标体系建构是一项严谨而复杂的工作，从理性、量化、技术的角度进行研究，对各地的文化实践具有一定的参考价值。

文化产业竞争力评估涉及的面十分广泛，包括文化企业、文化产出、文化传播、文化消费、市场收益、创意人才、科技研发、制度创新、历史文化资源和文化基础设施等各方面的综合因素，其中文化软环境尤其难以直接量化。上述针对全国各省市区文化产业发展情况和竞争力的评估报告，无论是发展指数还是发展指标，抑或评价指标体系，都很难做到十分

① 姜泓冰．文化产业发展指数首次发布　文化产业尚未成为拉动经济增长主力．人民日报，2012－07－16.

② IUD领导决策数据分析中心．文化体改指数测评：北京上海广东位居三甲．领导决策信息，2011（36）．

精准。由于大量的相关数据采自统计年鉴，而我国文化产业整体数据不足，且统计口径不一致，难免出现纰漏，影响到测评结果的公正性。但是，这些测评在总体上还是能反映我国尤其是区域文化产业发展的相对水准，有利于我们把握区域文化产业发展的大致状况。

二、广东文化产业的竞争力

经过改革开放以来的快速发展，广东积蓄了巨大的文化能量，文化资源与市场、资本、科技、人才、品牌等元素加以优化整合、熔铸提升，形成了较为强大的文化产业竞争力。广东已经成为中国重要的文化消费市场，文化产业跃升为最具活力的经济形态之一。

（1）广东文化产业的竞争力，体现在行业的领先指标、整体优势和产业结构的优化。广东是中国文化产业最发达的地区之一，广东文化产业的专业化、集聚化程度以及文化产业的结构，都优于全国其他省区。“十一五”期间，广东省文化产业增加值连续5年保持全国第一。广东的平面媒体、广播电视、数字出版、印刷出版等产业规模均位居全国首位；广东报纸的种类、印数、总收入、报刊进口销售总额等主要指标均名列全国第一；广播电视业总资产、净资产、产业增加值、广告收入和网络收入等主要指标，连续多年位居全国各省首位；广东的漫画期刊和图书出版发行占全国30%以上的市场份额，音像制品品种数量和发行量在全国名列第一，光盘生产能力和市场占有率占全国的1/2，音像制品出口在全国领先。[①] 尤其是广东文化新业态的蓬勃兴起，更在全国占据重要地位：数字出版产值占全国的1/5，动漫产值占到了全国动漫产业总值的三成以上，网络音乐产值约占全国的1/2，网络文化及相关数字互动游戏产业年收入占全国的1/3，自主研发制造的电子游艺游戏设备生产占全国的2/3，仅广州、中山两地的电子游戏设备生产在全球市场份额就超过1/5，产品大量出口到美洲、中东以及东南亚地区。“十一五”时期，广东文化产品出口年均增长超过20%，2009年达323亿美元，占全国出口总额的一半以上。[②] 2011年，广东旅游总收入占全国1/5强，文化旅游发展态势良好。

（2）广东文化产业的竞争力，体现在文化与科技融合彰显的实力上。

---

① 艾群，华泳，金华，綦伟．“文化粤军”突起与历史担当．中国文化报，2010-06-21.
② 李文龙．广东文化产业规模连续多年全国居首．南方日报，2011-03-30.

科技创新是文化产业发展和演化的第一推动力，广东涌现出一大批“文化+科技”型企业。深圳华强文化科技集团已形成了文化科技主题公园、特种电影、数字动漫等颇具国际竞争力的拳头产品，环幕4D电影畅销美国、加拿大等40多个国家和地区，在国际市场上建立了强势的中国文化科技品牌。截至2012年8月，华强集团已拥有150项国内外专利、180项商标、200多项著作权和软件产品登记。[①] 而易尚公司以“文化+科技+多媒体”为展示手段，打造了业内领先的品牌创意终端展示一体化服务产业链，服务众多知名企业，推动民族品牌走向世界。广州励丰文化科技股份有限公司践行科技与文化相融合的理念，在文化表演艺术、文化设施建设、文化休闲旅游、展览展示科技、城市景观建设等领域为客户提供创新解决方案。该公司先后成为北京奥运会、上海世博会、广州亚运会、深圳大运会等大型盛会设备供应商与技术服务商。励丰公司员工不足300人，但2011年净利润达4 050万元。广州毅昌科技股份有限公司是一家知名工业设计企业，公司通过创意将艺术与文化融入设计产品中，极大地提升了产品品牌的附加值和核心竞争力。[②] 广东着眼于提高文化与科技融合的集约化水平，打造了一批带动性强的文化科技企业和企业集团，文化与科技融合发展的层次与水平不断提升，以企业为主体、以市场为导向、“产学研用”结合的文化科技创新体系正在初步形成。

（3）广东文化产业的竞争力，体现在一批文化品牌已经形成。以南方报业传媒集团、羊城晚报报业集团、广州日报报业集团等为代表的报业品牌，在海内外声名卓著。2012年4月，粤传媒发布公告称，证监会已核准其向广州传媒控股有限公司发行3.418亿股股份购买相关资产。此举意味着广州日报社将把自己的一些优良资产，包括广告业务、发行业务、新媒体等业务全部注入上市公司，从而基本做到除采编业务之外的整体上市。2012年6月，世界品牌实验室在北京发布2012年第九届《中国500最具价值品牌》排行榜，南方报业传媒集团旗下的《南方日报》、《南方都市报》、《南方周末》、《21世纪经济报道》4份报纸分别以100.18亿元、99.69亿元、83.89亿元、33.85亿元跻身其中，品牌总价值达317.61亿

---

① 杨雪梅．科技让文化插翅腾飞——文化产业中的新兴文化业态扫描．人民日报，2012-08-07.

② 雷辉，岳宗．融合文化科技　助推科学发展——李长春考察广东纪实．南方日报，2012-05-22.

元。而以《喜羊羊与灰太狼》为代表的动漫电影电视品牌深入人心，“喜羊羊”品牌价值超过10亿元，被誉为“中国最挣钱的羊”。此外，以《家庭》为代表的期刊品牌、以《漫友》为代表的漫画品牌、以奥飞为代表的动漫玩具品牌、以雅昌为代表的高端艺术设计印刷品牌、以大芬村为代表的油画复制与创作品牌、以深圳观澜版画村为代表的版画创作品牌、以华侨城为代表的文化旅游品牌、以华强集团为代表的文化科技品牌、以广州塔为代表的景观文化品牌等。这些文化品牌不仅具有显著的社会效益，而且具有显著的经济效益。[①] 走出产业链的低端，一批具有广东特色的文化品牌崛起，并带动产业循环，产生了巨大的辐射作用。

（4）广东文化产业的竞争力，来自于政府的扶持以及文化产业与资本市场的对接。2011年广东省扶持文化产业发展的专项资金达到1.2亿元，预计2015年将达到4亿元的规模。由于文化产品的价值难以量化评估，在起步阶段很难获得市场青睐。政府财政支持实际上起到了“风向标”的作用，给文化产品作权威担保和市场评估，引导社会资金的投入。在政府财政对投融资市场的“撬动”下，“抛砖引玉”的效果开始呈现，各金融机构加快了对文化投融资体制的研究和开发。2010年以来，广东省文资办等文化单位分别与工商银行广东分行等银行签订“广东文化与金融战略合作协议”。[②] 除了传统金融机构争相关注文化，广东还加快探索社会资金对文化产业的进入渠道。2011年3月，广东文化产业投资基金组建正式启动，整体规模为50亿元，重点扶持文化企业兼并重组、股改上市、重点园区和重大项目建设等。随着广东省南方文化产权交易所和深圳文化产权交易所的成立和开放，将吸引更多的创业风险投资基金和私募基金不断关注和支持文化企业。

（5）广东文化产业的竞争力，还在于为全国的文化产品及文化市场搭建平台。长期以来，文化产品走向市场的渠道并不畅通，“产销脱节”在很大程度上制约了文化产业的发展壮大。每年5月在深圳举行的文博会，是中国唯一一个国家级、国际化、综合性的文化产业博览交易会。2010年5月，中国（广州）优秀舞台艺术演出交易会（广州演交会）依托第九届

---

① 汪振军．广东文化产业崛起的启示．新闻界，2012（4）．

② 广东现代文化产业体系已具雏形（新华社电）．南方日报，2011－10－23.

中国艺术节脱胎而出，开创了我国把舞台节目供给方和需求方请到一起面对面选择、洽谈的先河。此届演交会，取得了逾6万人参加、36个项目成交、交易金额15 501.14万元的突出成绩，并成功搭建起我国最重要的演艺节目交易平台之一，推动了中华优秀文化与世界的合作交流。2011年，广州国际演艺交易会共有30多个国家和地区的43个文艺团体和机构参展，签约58个项目，累计交易金额4.17亿元。2012年，广州演交会吸引了来自20多个国家与地区300多家演艺机构参与。在动漫产业方面，每年在东莞举行的“中国国际影视动漫版权保护和贸易博览会”和在广州举办的“中国国际漫画节”，也都成了行业风向标和市场试金石。

（6）广东文化产业的竞争力，体现在建设了一批具有地方特色的文化创意产业基地、文化产业园区，文化产业集群星耀岭南大地。从已认定的五批国家文化产业示范基地的地域分布来看，各地经济和文化的发达程度与拥有示范基地的数量呈正相关，广东拥有22家示范基地，处于全国领先位置：

第一批国家文化产业示范基地由文化部于2004年11月10日命名。该批国家文化产业示范基地共42家。广东有佛山市民间艺术研究社、广州长隆集团有限公司、佛山市孔雀廊影音电器有限公司、深圳华侨城集团公司、深圳大芬油画村。

第二批国家文化产业示范基地由文化部于2006年5月18日命名。该批国家文化产业示范基地共33家。广东有TCL文化发展有限公司、广东潮州关键宇航鼠动漫影视有限公司。

第三批国家文化产业示范基地由文化部于2008年9月17日命名。该批国家文化产业示范基地共59家。广东有广东省广告股份有限公司、深圳市腾讯计算机系统有限公司、中山市小榄镇文化产业发展有限公司、肇庆市端砚文化旅游村开发有限公司、深圳古玩城。

第四批国家文化产业示范基地由文化部于2010年11月23日命名。该批国家文化产业示范基地共70家。广东有广东中凯文化传媒有限公司、广州珠江钢琴集团股份有限公司、羊城创意产业园、深圳华强文化科技集团股份有限公司、深圳市永丰源实业有限公司、深圳市同源南岭文化创意园有限公司。

第五批国家文化产业示范基地由文化部于2012年9月24日命名。该批国家文化产业示范基地共69家。广东有广州漫友文化科技发展有限公司、广东奥飞动漫文化股份有限公司、揭阳市阳美宝玉石有限公司、深圳市灵狮文化产业投资有限公司。

2011年，文化部根据文化内容创新、社会效益和经济效益三个评价方面，按照鼓励文化内容创新、兼顾社会效益和经济效益、行业内领先示范、统筹考虑行业间和地区间平衡的原则，综合各项定量指标评价和专家定性指标评价结果，在演艺娱乐、文化旅游、动漫业、游戏业、民族特色等文化产业门类中遴选出十家最具影响力的国家文化产业示范基地，广东的华侨城集团公司和华强文化科技集团股份有限公司榜上有名，它们在文化产业领域的引领、示范作用明显，也显示了广东在文化产业基地建设方面的成效和实绩。

（7）广东文化产业的竞争力，还体现在“走出去”的实力上。2010年广东整个文化出口占全球文化市场的20%，占全国文化出口的60%，创汇达380亿美元；深圳文化产品进出口分别占全国的18%和20%，成为我国文化产品进出口的重要基地和主要口岸。比如深圳华强集团的主题公园已经向南非、东欧出口，而主题公园内的电影软件、游戏设备都带着浓郁的中国文化特色。广东原创动力文化传播有限公司成功创作出了深受全国观众喜爱的动画片《喜羊羊与灰太狼》，目前其品牌价值已超过了10亿元。以喜羊羊和灰太狼动漫形象制作的第一部动漫电影就获得了近亿元的票房收入，创造了中国原创动漫电影的传奇。原创动力文化传播有限公司深入挖掘品牌，开发衍生品、嘉年华、书籍等动漫项目，并成功开发国外市场，成为广东文化创意产业发展的典型代表。① 广东奥飞动漫文化股份有限公司积极参加法国戛纳电视节、东京国际动漫展、美国国际品牌授权博览会等国际知名展会，在了解行业最新动态、学习先进经验的同时增加自身的海外知名度。奥飞的动画片成功扬帆出海，出口至欧美、东南亚、中东等国家和地区。广州俏佳人文化传播有限公司收购了美国一家国际卫视电视台，并在美国的16个城市落地，首开中国民企成功并购境外广电媒

① 赵仁伟，黄浩苑，赵瑞希．让文化创意产业成为地方经济新亮点，新华社，2011-10-26.

体的先河；该公司同时还联合 10 家音像民营企业在美国创建了“中国音像城”，文化产业的国际竞争力有了显著提升。

另外，民营文化企业对提升广东文化产业竞争力的贡献举足轻重。据初步统计，全省民营资本在文化市场的单位数量、投资额所占比重均在 90% 以上。例如，成功推出“凤凰传奇”组合的顺德孔雀廊娱乐唱片公司，其制作的《荷塘月色》专辑销量超过 55 万套，互联网点击下载量突破 1 亿大关；被誉为“神曲”的《最炫民族风》专辑销量超过 35 万套，点击量超 8 000 万，长期位居国内原创网络歌曲排行榜前 10 名。广东原创动力文化有限公司推出的贺岁电影《喜羊羊与灰太狼之开心闯龙年》创国产动画电影首日票房过 2 000 万元的新纪录。深圳华强数字动漫有限公司推出的《熊出没》再为国产动画创造出一个经典形象“熊兄弟”，该公司 2011 年动漫产量 18 512 分钟，成为全国产量最大的动画企业，创下中国动漫年产量的新纪录。[①] 凭借其雄厚的经济和科技实力，华强动漫“创、研、产、销”的一体化经营模式，创造了国产动漫的奇迹。

总体而言，广东文化产业的竞争力领先于全国各省区，但从世界范围来看，全球文化市场群雄并起，广东必须明确长远的文化发展战略，提升国际竞争力，才能将岭南文化和中国文化的影响力渗透到世界各地。

---

① 郭珊．广东文化产业增长连续 9 年领先．南方日报，2012－11－12.

第三章　战略自审：发展环境与制约瓶颈

发展文化产业，不能脱离客观现实和区域环境。尽管改革开放以来广东文化产业创造了骄人的业绩，但其中也存在着制约瓶颈和深层问题。广东只有立足于区域的实际情况，把握时代的文化主流，不断地自审、反省、总结和调整，才能真正在战略层面实现文化产业竞争力的再度跃升。

第一节　广东文化产业发展的环境

文化产业发展环境是文化生产和服务活动赖以开展的外部世界和发展背景，是政治、经济、社会和文化等多种因素相互作用构成的空间。文化产业的发展，离不开良好的外部环境，其中包括政策支持、社会稳定和文化氛围等。

一、广东文化产业发展的体制环境

党的十六大作出深化文化体制改革的重大战略部署，拉开了深化文化体制改革的序幕。十六大报告提出，立足中国现实，顺应时代潮流，不断开拓促进先进生产力和先进文化发展的新途径。发展必须坚持和深化改革，一切妨碍发展的思想观念都要坚决冲破，一切束缚发展的做法和规定都要坚决改变，一切影响发展的体制弊端都要坚决革除。广东是文化体制改革的前沿地，中央把广东当做试点，赋予其“先行先试”的任务。广东省委、省政府先后作出构建文化大省、文化强省的战略部署，为文化建设创造了良好的体制环境和政策氛围，广东文化产业发展正处于重要的战略机遇期。

优化文化产业发展环境，必须与优化体制环境协调起来。要使文化产业健康发展，良好的制度环境和政策氛围是前提。在市场经济条件下，文化产业发展要求改变传统的管理格局，建立新型的政治生态环境。而广东文化体制改革在许多重点领域和重点环节率先而为，体现了广东人敢为天下先的精神，敢于突破体制性困扰，敢于进行深层次改革。观念的变革和新的文化产业发展理念的形成，在实践中日益转化为文化体制改革的强大动力。

一是行政管理体制改革。在文化的宏观体制改革方面，2005 年，广东在全国率先完成市、县两级组建文化广电新闻出版局和文化市场综合执法机构工作，并于 2009 年在国内率先组建省级文化市场综合执法局，这标志着全省统一、高效的文化市场综合执法体系基本形成，破解了长期以来多头执法、职责不清的局面，执法效能显著提高。[①] 从最早的“办好文化事业”到后来的“管文化”再到“为文化强省服务”，三种不同的语境，形象地演绎出了广东政府职能的转变，政府对自身的角色定位愈加清晰。划清楚政府和市场的边界是深化改革需要突破的一大壁垒，而市场发育程度比较高是广东的一大特点，因此在文化建设上，政府也有意识地多发挥、多利用市场配置资源的能力。[②] 通过理顺政府、市场和企业之间的关系，广东着力构建充满活力、富有效率、更加开放、有利于文化科学发展的管理体制。

二是资产管理体制改革。2009 年在全国率先成立了广东省国有经营性文化资产监督管理办公室（以下简称“文资办”），实现了管人、管事和管资产的有效结合。文资办成立之后，迅速对所监管的文化企业进行了深入调研，制定了一系列监管制度，帮助一些企业纠正了投资失误，有效地控制了国有资产的流失。对于重大项目，文资办实行全过程监管，有效地避免了以往单位领导“说了算”、“定了干”的现象。同时，从财务制度、国有资产收益、经营目标和全年绩效考核等方面进行跟踪监管，从而使国有经营性文化企业在经营中有了科学的约束机制。在发挥各个主体的能动性、创造性的同时，文资办引导企业有序竞争，通过整合资源，统筹发展规划，避免同质化竞争。[③] 广东的探索和实践，基本形成了规范化的国有文化资产管理体制和机制，为文化产业的发展、国有文化资产的保值增值、增强文化企业的整体实力奠定了体制基础。

三是层级运行体制改革。长期以来中国是四级办电视，资源分属于不

---

① 李文龙．广东文化产业规模连续多年全国居首．南方日报，2011－03－30.

② 陈志，郑照魁．新思维＋硬手段——文化强省建设之政府观察．南方日报，2011－10－16.

③ 张建军．广东探索国有经营性文化资产监管新模式．经济日报，2011－12－21.

同级别的部门，造成资源级差，运行效率低下。从2009年年底开始，广东仅用大半年的时间，由南方广播影视传媒集团和19个地级市电视台以联合发起、资产入股的方式，组建了省广播电视网络股份有限公司，创造了独具特色的“广东模式”和“广东速度”，在全国广电行业引起了较大的反响。[①] 广东为适应文化产业发展的内在规律而推进的制度变迁及多项改革，在全国皆具有先导性和示范意义。

良好的制度环境和思想解放的氛围对文化产业发展至关重要。广东贯彻落实中央部署，着力完善区域文化产业政策，深化体制改革，转变政府职能，完善市场体系，规范市场秩序，重塑市场主体，推出文化惠民举措，创造了有利于文化产业发展的宏观环境。

二、广东文化产业发展的经济环境

作为一个处在经济高速发展中的省份，广东文化产业发展具有雄厚的经济基础，广东发展文化产业是“顺势而为”的。经济发展带动了文化消费活动，人民群众对精神文化的需求不断提升，文化消费快速增长，文化消费在城乡居民消费中的比重就会扩大。

改革开放以来，广东形成了电子信息、电器机械及专用设备、汽车、建筑材料、纺织服装、医药、石化、食品饮料和森工造纸9大支柱产业。这些支柱产业，为文化与经济融合提供了产业基础，文化产业只有与国民经济各领域、各行业深度融合，其发展空间才能不断扩大。同时，广东筹谋文化建设，有雄厚的经济实力做支撑。广东从2009年开始设立“广东省文化产业发展专项资金”，每年拨2亿元支持重点文化产业项目。从2011年起每年增加4 000万元，到2015年专项资金规模将增至4亿元。

中国社会科学院发布的《“十一五”期间中国省域经济综合竞争力发展报告》蓝皮书显示，2010年，江苏、广东、上海三省市位列全国31个省级行政区经济综合竞争力前三名，与2006年相比，江苏上升了3位，广东保持不变，上海下降了2位。2010年全国各省、市、区经济综合竞争力处于上游区（第一位至第十位）的依次为：江苏省、广东省、上海市、北京市、浙江省、山东省、天津市、辽宁省、福建省、湖北省。从绝对数值来看，广东经济综合竞争力仍然保持着较快的上升趋势，与港澳台的差距

---

① 李文龙．广东文化产业规模连续多年全国居首．南方日报，2011－03－30.

逐步缩小。从城市竞争力来看，中国社科院发布的《2012 中国城市竞争力蓝皮书》显示，排在前十名的城市依次是：香港、台北、北京、上海、深圳、广州、天津、杭州、青岛、长沙。广东省综合竞争力指数是 0.625，在主要省（直辖市、自治区）中排名第十一位。在人才总体竞争力居全国前十位的省份中，广东次于北京、上海、天津，居第四位。

据广东省统计局提供的经济数据，2012 年广东实现地区生产总值 5.71 万亿元，按可比价计算，同比增长 8.2%，总量继续居全国首位。2012 年，广东人均 GDP 突破 8 500 美元大关，按照世界银行制定的国家与地区收入水平划分标准，广东已迈进中上等收入国家或地区的新门槛。当然，单纯的经济增长数字并不能说明问题。时至今日，广东的发展到了转型期。改革进入“深水区”后，一些深层次的矛盾和问题也暴露了出来：自主创新仍是突出短板，调结构与稳增长平衡协调和国内区域竞争的挑战更加严峻，城乡区域发展和居民收入差距较大等。推动经济转型升级不仅是应对国内外宏观环境深刻变化的战略抉择，也是破解传统经济发展方式瓶颈、实现可持续发展的必然要求。

经济高歌猛进，发展仍存隐忧。2012 年 3 月，胡锦涛同志在参加十一届全国人大五次会议江苏代表团审议时指出：“发达地区处在改革开放前沿，一些在发展中带有趋势性、规律性的现象往往会先在发达地区出现，一些在发展中存在的深层次矛盾和问题往往会先在发达地区显露，国际经济环境和发展态势的最新变化往往先波及发达地区。这些为发达地区深化改革开放提供了难得的机遇和条件、提出了新的要求和挑战。”调整经济结构，建设现代产业体系，发展文化产业，是广东重要且明智的战略抉择。

三、广东文化产业发展的人文环境

人文环境是包括历史和文化传统、文化资源、民俗风情等在内的文化空间或氛围。广东人文荟萃，岭南文化源远流长，具有悠久的商贸历史，是中国历史上最早的通商口岸之一和著名的“海上丝绸之路”的起点。广州在唐代已成为著名对外贸易港口。清代，广东佛山成为全国手工业中心和四大名镇之一。广东也是我国现代工业和民族工业的发源地之一。

广东在中国近代和现代史上具有重要地位。鸦片战争之后，面对前所未有的历史大变局，广东涌现出了一大批最早放眼看世界、站在社会变革前列的杰出人物。从林则徐、魏源等人提出“师夷长技以制夷”，到洋务运动的兴起，到康有为、梁启超推动维新变法，直至孙中山确立“三民主义”学说、领导资产阶级民主革命，他们引领着中国变革图强、改良求新的思想文化运动和社会浪潮，也为岭南文化注入了全新的精神内涵。

20世纪80年代以来，广东成为中国改革开放的前沿和开展国际贸易交流合作的窗口。从落后的农业省份一跃成为全国第一经济大省，广东人以其独有的精神特质创造了一个又一个奇迹。2003年11月，“新时期广东人精神”被概括为：敢为人先、务实进取、开放兼容、敬业奉献。2012年5月，广东省第十一次党代会报告提出，大力弘扬岭南优秀文化，发挥优秀传统文化在民众生活和社会治理中的积极作用，大力宣传和实践“厚于德、诚于信、敏于行”的新时期广东精神。“广东精神”的提出能够更好地凝聚共识、整合价值、形成新的精神力量，树立起开放、务实、兼容、开拓的崭新广东形象，推动加快转型升级，建设幸福广东。

广东发展文化产业有着良好的人文环境和丰富的文化资源。文化资源体现在民族的历史、习俗与昔日的知识中，并通过将构想化为实际可行的方案来发挥价值。这些资源不仅是建筑物等有形的“物体”，还包括符号、活动，以及呈现在手工艺、制造与服务上的种种地方性产物。城市文化资源包括历史、产业及艺术遗产，而代表性资产有建筑物、城市景观或地标等。此外，还有公共生活、节庆、仪式，或是故事、嗜好与热情等地方特色和固有传统。文化资源也涵盖了表演与视觉艺术，还有创意产业技术的范围及质量。文化资源是城市的原料及价值基础，其中的资产取代了煤矿、钢铁或黄金。① 广东文化资源呈现出国内其他省份少有的丰富多彩，并反映在语言、歌曲、地方戏剧、民俗风情、民间艺术品等多个方面。广州、佛山、潮州、梅州、肇庆、雷州等多座历史文化名城文化积淀深厚。广彩、广绣、陶塑等传统手工技艺极具岭南特色，木偶戏、粤剧、潮剧更是广东的文化精髓。其地方剧种也是少见的丰富，汉剧、山歌剧、采茶剧、雷剧，加上新型的轻音乐剧、芭蕾舞剧等现代剧种，令人称羡。② 历史文化的丰富性、厚重性以及现代文化的开放性、创新性水乳交融，成为

---

① ［英］查尔斯·兰德利．创意城市．杨幼兰译．清华大学出版社，2009.11.

② 钟晓毅，雷铎，韩强等．三十年突破：和谐广东的文化品牌建设．暨南大学出版社，2008.250.

广东发展文化产业的优质资源。

广东入选“国家级非物质文化遗产名录”的项目丰富多样，如民间音乐有梅州客家山歌、中山咸水歌、广东音乐、潮州音乐、广东汉乐等，民间舞蹈有龙舞、狮舞（广东醒狮）、英歌等；传统戏剧有潮剧、正字戏、粤剧、西秦戏、白字戏、花朝戏、皮影戏（陆丰皮影戏）、木偶戏等；曲艺有龙舟说唱等；民间美术有佛山木版年画、剪纸（广东剪纸）、粤绣、象牙雕刻、潮州木雕、灯彩（东莞千角灯）等；传统手工技艺有石湾陶塑技艺、端砚制作技艺、凉茶等；民俗有瑶族盘王节、小榄菊花会、瑶族耍歌堂等。

非物质文化遗产项目是文化产业有待开发的内容资源，对于那些适合走市场化经营的“非遗”项目，应该挖掘它们的市场潜力；对于那些不适合商业化经营的“非遗”项目，文化产业的从业人员应从中提取优秀的“非遗”元素，开发出迎合市场需求的文化产品。政府在“非遗”项目的市场化道路中，扮演着举足轻重的角色。市场认可和政府支持，是“非遗”实现市场化的两大关键点。依靠政府的政策及资助，通过市场化运作，变相保护、传承传统民间技艺，就是当前最有力的“非遗”保护方式。在这一点上，深圳走在了全国前列。深圳是全国率先划拨资金支持“非遗”传承的城市，每年会有200多万元非遗保护基金，一方面用于保护无法市场化的“非遗”，如民俗等，为适合展演的“非遗”举办展示活动；另一方面，对于一些可以与市场挂钩的“非遗”，则面对市场进行标准规范地生产和推广，以便可以开发性保护。[①] 非物质文化遗产以其独特的形态存在于传统生活方式之中，如何在现代化的过程中保护好具有地域特色的“非遗”，构建地域人文精神、带动经济发展、促进文化建设，广东还需作更多的探索。

人文环境和文化资源是发展文化产业的外部背景、社会氛围和内容资源，广东要充分激发文化改革创新精神，利用得天独厚的历史文化资源，借助现代高新技术改造、延伸文化产业链条，将资源优势转变为发展优势，使人文环境和文化资源的能量迅速转化为文化产品和文化资本的优势。

---

① 张西陆．“非遗”市场化　政府不可缺位．南方日报，2012－05－21.

四、毗邻港澳的区位优势

20 世纪 70 年代末以来，广东凭借在全国先行一步的政策优势，依托毗邻港澳的区位优势，抓住国际产业转移和要素重组的历史机遇，由落后的农业大省发展变为位列我国第一的经济大省，成为中国外向度最高的经济区域。底蕴深厚的岭南历史文化，敢为人先的人文精神传统，毗邻港澳的区位优势，这些都构成了广东文化产业发展的重要条件。

2003 年 3 月和 10 月，《内地与香港关于建立更紧密经贸关系的安排》和《内地与澳门关于建立更紧密经贸关系的安排》（以下简称“CEPA”）先后签署，粤港澳的经济合作由此也跨入了一个新的阶段。2004 年，“9 + 2”政府行政首长们联合签署了《泛珠三角区域框架协议》，为推进泛珠三角区域合作提供制度保障。基于与珠江流域相连、与大珠三角相邻、经贸关系密切三方面因素，泛珠三角区域的范围包括：福建、江西、湖南、广东、广西、海南、四川、贵州、云南 9 个省（区）以及香港、澳门两个特别行政区，简称“9 + 2”。2008 年 12 月，国务院批复同意实施《珠江三角洲地区改革发展规划纲要（2008—2020 年）》，首次将与港澳紧密合作的相关内容纳入珠三角的发展规划中，提出了“坚持‘一国两制’方针，推进与港澳紧密合作、融合发展，共同打造亚太地区最具活力和国际竞争力的城市群”；珠三角要“建设与港澳地区错位发展的国际航运、物流、贸易、会展、旅游和创新中心”，“重点发展金融业、会展业、物流业、信息服务业、科技服务业、商务服务业、外包服务业、文化创意产业、总部经济和旅游业，全面提升服务业发展水平”。

2010 年和 2011 年，分别签署了《粤港合作框架协议》以及《粤澳合作框架协议》，提出了“在‘一国两制’方针指导下，放眼世界、面向未来，在全球格局深刻变化、周边地区竞争加剧以及国家的发展中，以战略思维谋划粤港合作发展思路，完善创新合作机制，进一步建立互利共赢的区域合作关系，有效整合存量资源，创新发展增量资源，推动区域经济一体化，促进社会、文化、生活等多方面共同发展，携手打造亚太地区最具活力和国际竞争力的城市群，率先形成最具发展空间和增长潜力的世界级新经济区域”的目标。广东与港澳的经济合作，有了更广阔的政策平台。

2011 年，《国民经济和社会发展第十二个五年规划纲要》从“建设中华民族共同家园”的战略高度，将港澳内容单独成章，明确提出深化粤港澳合作，促进区域经济共同发展，打造更具综合竞争力的世界级城市群，加快共建粤港澳优质生活圈步伐。国家“十二五”规划还开辟了“粤港澳合作重大项目”专栏，为粤港澳合作确立了宏观战略和工作重点。

国家和地方的战略部署，以及粤港澳三地已有的合作，为联手推进文化产业发展铺下了路基。早在2002年11月，为了加强大珠三角区域的文化合作，广东省文化厅、香港特区民政事务局及澳门特区文化局建立了粤港澳文化合作机制，并在2003年8月签署了《粤港澳艺文合作协议书》。此后，粤港澳在演艺节目和人才交流、文化资讯、弘扬粤剧艺术及文化产业发展研究等方面取得了丰硕的合作成果。2009年2月，广东省文化厅、香港民政事务局及澳门文化局共同签署了《粤港澳文化交流合作发展规划(2009—2013)》，为未来五年制订发展规划，促进及深化三地的文化合作。2010年6月，《粤港澳文化交流合作示范点工作协议书》的签署，确定了包括文化产业合作在内的32个交流合作示范点。2011年6月召开的粤港澳文化合作第12次会议，正式将珠海市横琴粤港澳文化创意产业园确立为三地开展文化产业合作的重点试验园区。2012年9月，广东与澳门两地的官方广播电视机构——南方广播影视传媒集团与澳门广播电视股份有限公司，在澳门签署《粤澳影视文化合作框架协议》。粤澳两地将在电视广告业务、频道覆盖、节目互换、采访互助、人员培训、影视剧制作、艺术活动等方面进行全面合作，拓展两地影视文化产业。

粤港澳文化同宗同源，在文化园区、影视娱乐、传媒出版、版权营销等方面形成了优势互补，三地文化产业的合作空间非常大。在文化产业与资本市场方面，香港是亚洲的金融中心城市，有完善的金融体系，如果粤港澳金融界达成共识，可以协助推进文化产业与金融的对接工作，为广东文化产业的人才培养、影视制作、市场推广、产业园区建设等提供资本扶持。此外，可以协力拓宽广东民营文化企业直接融资渠道，推动优秀民营文化企业赴香港上市融资，或在港澳设立分支机构，或在港澳扩大业务范围。在文化品牌与文化展示平台方面，香港是一个国际性都市，有完善的展会系统、文化产业运作人才和参与国际竞争的经验，粤港澳可以开发和整合三地文化产业的人才和技术资源，联手打造文化品牌，推广岭南文化，把相关的文化产品和文化服务带到世界各地。在文化创意产业基地和园区建设方面，鼓励港澳企业参与在广州东圃和南沙、深圳前海、珠海横琴新区、东莞松山湖、惠州汝湖等地建设"粤港澳文化创意产业试验园区"，鼓励澳门企业投资珠海南方影视基地、珠海南方文化产业园、广东动漫城等，形成以文化产品和服务出口为主的外向型产业集群。同时，粤港澳三地的企业、高校及科研院所增强合作，共建文化产业研发机构，为三地文化产业的发展提供更多的智力支持。

第二节　广东文化产业面临的挑战与瓶颈

当今时代，文化产业的国际竞争方兴未艾，这也是全球化、信息化、绿色环保时代的必然产物。发展文化产业被很多国家列入战略规划，得到各国政府的大力扶持。文化产业被视为发掘新的经济增长点的"富矿"，是经济增长的重要新动力。随着世界格局和国内经济形势的变化，广东的文化产业发展也面临着严峻的挑战。

"十二五"时期，文化产业在西方发达国家经济社会发展中的地位、作用和所占比重仍将继续提高，发达国家利用自身雄厚的经济实力、人力资源优势、全球化的资源配置网络、跨国的文化营销能力等，逐步推动文化产业向规模化、高投入和高科技含量方面发展。全球范围的并购重组势头仍将继续加强，市场竞争必将进一步加剧，国内文化创意企业将受到国际市场的巨大冲击。西方国家把文化产业作为软实力输出的趋势日益明显，文化产品及文化服务成为其价值观念和生活方式输出的重要载体。从世界文化发展的未来趋势来看，全球化产业竞争是软实力、综合实力的全方位竞争，这要求广东文化产业抢占科技创新和新兴产业的制高点，提升国际文化贸易能力。在全球的视阈中，目前广东文化产业仍处于起步、成长阶段，其产业竞争能力有待进一步增强。

从国内文化市场来看，各省区市文化产业的竞争也在全面展开，推动文化产业向规模化、集群化的方向转化，国内文化产业跨地区重组整合的竞争态势正在形成。要担当文化产业发展的排头兵，肩负起文化体制改革和文化产业发展先行者和探索者的历史使命，发挥示范、带动和辐射作用，探索新路径，成为推动文化大发展大繁荣和建设文化强国的中坚力量，广东任重而道远。

虽然目前广东文化产业的发展在全国处于领先水平，但也存在诸多制约因素和问题，在产业布局和结构、文化品牌、市场体系、产品创新、自主研发、传播力和影响力等方面仍有很大的提升空间。与美国、英国、日本等发达国家相比，广东文化产业的差距尤其明显。

第一，广东的文化发展同经济社会发展和人民群众越来越丰富的精神文化需求还不完全适应，某些束缚和制约文化产业发展的体制、政策性因素尚未得到解决。随着经济社会的不断发展和人民生活水平的不断提高，人民群众的精神文化需求呈现出多样化、多层次、多方面的新特点，因此，必须大力发展文化产业，以提供更丰富的文化产品与服务来满足人们日益多样和迫切的精神需求、文化需求、审美需要。人民群众日益增长的精神文化需求对文化产业发展提出了更高要求，而广东文化产业在引领风尚、服务社会、娱乐大众、推动发展等方面的作用尚未得到充分发挥。

第二，广东的文化产业布局和结构还不尽合理。全省文化产业发展水平高低不一，差别非常显著。其中以广州、深圳为中心的珠江三角洲地区发展水平较高，但东西两翼和粤北山区的文化市场发展水平较低。据统计，珠江三角洲地区集中了全省文化企业总数的73.2%，而粤东仅占14.5%，粤西仅占6%，粤北山区仅占6.3%，难以形成各具特色、功能互补、各展优势、协调发展的区域产业发展格局。广东的社会文化资源整合的程度较低，存在条块、行业、区域分割的现象。[①] 从行业结构上看，文化制造业在整个文化产业的比重占绝对优势，而文化服务业发展则相对滞后。广东文化产业结构还需进一步调整优化，整合文化产业涵盖的各个领域，整合文化产业与相关产业，创新产品形态，深化不同产业的融合。通过制度创新和技术创新，优化资源配置，提高文化产业和高科技产业的结合度，增强文化企业自主创新能力和高科技应用水平，改造提升传统文化产业，开发新兴文化业态，通过推动文化产品和服务的数字化、网络化，以实现文化产业内部结构的优化升级。

第三，广东文化产业的集中度和产品的差别化程度较低，大型骨干文化产业集团和知名文化品牌不多。从规模化、集约化发展上看，广东文化企业基本是以中小企业为主，大型文化企业的数量偏少，经济效益和集约化程度不高，总体上竞争力不强。从所有制结构看，以公有制为主体，多

① 吴喜雁．试析广东文化产业布局战略．广东行政学院学报，2011（4）．

种经济成分文化企业共同发展的局面基本形成。据统计，广东全部文化产业单位中，民营的已占46.6%，国有的仅占12.56%，民营文化企业的数量远比国有多。但民营企业只在文化产品的批发零售业等领域占优势，而且民营文化企业的规模小、竞争力弱、管理模式和管理水平等存在问题，影响了民营企业自身的发展。[①] 因为企业规模小，则必须集中起来求发展，整合各种资源，形成产品本土化、差别化的特色优势，避免同质化竞争。

第四，广东文化产业“走出去”的能力还不够强，核心文化产品和服务的国际竞争力有待提升。“十五”期间，广东文化产品出口所占比重只占总出口量的6%，新闻服务、出版发行与版权服务、广播影视服务、文化艺术服务等更是存在10∶1的贸易逆差，这与广东作为我国出口贸易第一大省的地位极为不称。[②]“十一五”期间，广东文化产品出口年均增长超过20%。虽然广东文化产品出口数量有所增长，但文化贸易逆差状况仍未得到根本改变，文化产品和服务出口渠道比较狭窄，广东输出的文化产品价格远远低于引进的同类产品。在广东出口的文化产品中，以印刷品以及文化设备产品等硬件设备为主，大部分产品科技含量低、附加值低，市场竞争力不强，缺乏具有自主知识产权的品牌产品，广东文化企业在国际上的传播力和影响力还有待进一步的提高。

第五，知识产权保护力度不足，版权保护意识有待提高。文化引领时代风气之先，是最需要创新的领域，而文化创新在很大程度上取决于对知识产权的尊重和保护。拥有大量的自主知识产权，无疑是建设文化强省的必由之路。对文化企业而言，要有创建自主知识产权品牌以及保护品牌的观念；对消费者来说，要树立尊重知识产权的意识。司法统计数据显示，在广东法院审结的各类知识产权民事案件中，70%涉及文化领域。这些纠纷涵盖了出版发行、影视制作等传统文化领域和网络传播、动漫游戏、数据库等新兴文化领域的著作权纠纷。其中关于互联网、动漫产业及娱乐产业等领域的纠纷更是占到涉文化知产纠纷总数的90%以上。广东高院的数据显示，在版权纠纷中有75%涉及网络媒介。网络侵权成本低、易蔓延，且服务器分布隐蔽，甚至架设在境外，导致取证和维权困难。这是导致网

---

① 刘桂芳．广东经济发展方式转变中文化产业勃兴的思考．市场经济与价格，2011（4）．

② 顾作义，颜永树．广东文化创意产业现状及发展思路．学术研究，2009（2）．

络侵权泛滥的原因。[①] 而文化产业的各个领域，几乎都涉及知识产权问题。知识产权对提升文化产业的效益，有着积极的促进作用。如何通过知识产权的开发运用和保护，实现文化产业的科学发展，是一个亟待解决的迫切问题。

挑战与机遇并存，广东文化产业发展必须迎难而上，攻克瓶颈制约，提升文化竞争能力和改革创新能力，赢得发展先机，朝着文化强省的目标扬帆远航。

① 戎明昌，林劲标．七成知识产权纠纷涉文化领域．南方日报，2012－02－08.

第四章　战略宗旨：明确目标重点、推动纵深发展

党的十八大报告对建设文化强国和发展文化产业作出了部署，文化建设的重要地位更加凸显。广东必须加快文化产业发展的步伐，明确战略目标，突出战略重点，打好文化大发展大繁荣攻坚战，在建设文化强国的大背景中推动文化强省建设。

第一节　广东文化产业发展的战略目标

战略目标是一种相对稳定的宏观目标，它是着眼于长远、全局的一种总体设想，预设了未来发展的根本方向。建设文化强省，需要广东在文化产业的发展方面有切实可行的战略目标。而区域文化产业的快速发展，又能促进其经济潜能的持续开发和附加价值的持续提升。

一、以人为本注重“幸福导向”

当今世界，人类对于发展的看法正在改变。经济社会发展，不能把市场作为唯一的风向标。创造财富，追求利润和效率，不应是人生存的终极核心价值。丹麦未来学家沃尔夫·伦森认为，人类在历经狩猎社会、农业社会、工业社会和信息社会之后，将进入一个以关注梦想、历险、精神及情感生活为特征的梦幻社会。人们消费的注意力将从物质需要转移到精神需要，从科学和技术转移到情感和逸闻趣事。《20 世纪 90 年代联合国发展战略》将人类发展作为重点关注对象，联合国开发计划署（United Nations Development Program，UNDP）还推出了年度发行的《人类发展报告》，第一期《人类发展报告》于 1991 年面世。由此，以商品为核心的经济发展（Economic Development）观就被以人为本的人类发展（Human Development）战略所替代。根据联合国的定义，人类发展的目标，就是增强人们按自己希望的方式生活的能力。联合国世界文化与发展委员会指出，从人

类的角度重新定义发展，便将文化从发展思想的边缘地带带到了中央舞台。在这样的情况下，经济发展观、人类发展观和文化发展观可能融合为一种更全面的发展中世界转型理论。[①] 文化的核心价值，对经济活动与人类发展具有深层的导向意义，它促使物质文明和精神文明得到全面发展，提升人的精神境界，避免人沦为纯粹的经济动物。

社会的主流价值体系，真善美的普世理念，应该在文化资源再生产中起到主导作用。文化产业所提供的产品和服务不同于一般的商品，具有自身特殊的属性，它们既产生经济价值，又产生文化价值，以满足人民群众的精神文化需求。文化产业不仅仅是经济领域的市场行为，它同时承担着文化引领和价值建构的任务。早在1993年，时任文化部常务副部长的高占祥就文化产业的特殊性作了三个层面的划分：第一是具有人文导向功能的层面，包括哲学、政治思想、精神文明等方面的精神产品的生产和流通。这个层面具有很强的意识形态属性。第二是具有审美、教育和娱乐功能的层面，包括文学艺术、戏剧影视、音像等产品的生产和流通。这个层面既有一定的意识形态属性，又有普遍的审美、教化和娱乐属性。第三是具有一般文化属性但不具有意识形态属性的，如书画装裱、文物复制、民间工艺制作等。[②] 高占祥提出的“三个层面说”，在今天看来仍然具有很高的理论价值和很强的现实指导性。

文化产业包含着精神文化的创造，在战略目标上必须坚持把社会效益放在首位，着力提升文化产品的人文内涵，以人为本抚慰心灵、陶冶情操，培养审美情趣，凝聚价值共识，提升人的精神境界，推动社会文明进步。正如原文化部部长孙家正所说：“文化最主要的价值还是人文关怀。文化始终要把关怀人民的命运、关怀人类的未来放在一个非常核心的地位，目前来说就是要关怀我们整个民族素质的提高，关心人的全面发展，关心一个和谐社会的构建。它不是单纯的赚钱工具，文化无论产业怎么发展，利润怎么巨大，首先它的使命是为了人的全面发展，也就是社会效益。”[③] 市场经济以利润最大化为基本原则，而文化对经济活动具有纠偏作

---

① ［澳大利亚］戴维·思罗斯比．经济学与文化．王志标，张峥嵘译．中国人民大学出版社，2011．72～73．

② 柏林．部分省市文化产业座谈会提出　迎接文化产业的发展大潮．文化月刊，1994（1）．

③ 梅志清，陈燕云．文化部部长：广东对全国贡献的核心是文化．南方日报，2005－04－13．

用，为商品的生产、交换、消费设置价值底线。

2011 年 1 月，广东省委十届八次全会明确提出，把加快转型升级、建设幸福广东作为落实“十二五”发展主题主线的核心任务，作为“十二五”时期广东科学发展的行动指南。2011 年 10 月，全国首个省级幸福指标体系率先在广东出台。2012 年 11 月，广东正式出台的《培育幸福导向型产业体系行动计划》，立足于“为产业转型升级和幸福广东构建提供重要载体和物质基础支撑”这个前提，在现阶段选择了健康卫生、便捷出行、食品餐饮、体育健身、智慧生活、文化娱乐、休闲旅游、绿色环保共 8 类服务业作为发展重点。总体目标是到 2017 年，广东幸福导向型产业初具规模，增加值达到 1.2 万亿元，占地区生产总值的比重达到 16%，成为人民群众看得见、摸得着、实实在在的福祉。① 幸福导向型产业的核心是“以人为本”，这使它兼具经济学和社会学的意义。从工业化社会迈入知识文明社会是人类发展的必然趋势，要让老百姓过上幸福生活，就必须由物到人，回归到人的精神需求。要让人精神愉悦，就包括物质和精神的多个层面，文化产品的提供就必不可少。② 将时尚创意、休闲旅游、数字娱乐、网络教育以及智慧文化产业等纳入幸福导向型产业，昭示了广东对文化产业发展目标的新定位。

任何社会的发展，都必须受其深层的核心文化理念或核心价值的支撑和引导。文化产业内在地包蕴着价值维度和幸福指向，其最终目的是服务于人的心灵，为人们提供丰富多样的精神体验，使大众在潜移默化中接受社会主流的价值观念。必须看到，文化产业的全球化既是诱惑，也是陷阱。约翰·汤姆林森（John Tomlinson）指出，在全世界的文化商品中出现了明显的“趋同现象”（Convergence）和标准化。从服装到食品、到音乐、到电影电视、到建筑（这里仅局限在人们通常包含在“文化的”范围内的内容），莫不如是。如果我们假定说，这些商品突出的、遍布全球的存在现象，本身就是一种走向资本主义单一经营的趋同现象的标志的话，那么，我们或许就是正在使用文化的一个相当贫瘠的概念：把文化降低到了物质商品的地步。文化（至少）应当被看作是存在的意义的象征化和体

---

① 谢梦，谢思佳．幸福导向型产业让转型“见物又见人”．南方日报，2012－11－13.

② 刘茜．文化产业整合亟需顶层设计．南方日报，2012－05－24.

验。[①] 发掘丰富多彩的文化内涵，激发互动多样的心灵体验，文化产业发展才不会步入同质化、模式化的路径。按照体验经济的学说，消费者的需求正从对产品、对服务的购买向体验转化，其中有一种体验就是创造性需要。人类有一种天生的、根深蒂固的存在需求，即表现自我的能力，与他人发生联系。这种要求创造、要求有所作为的心理，表现在消费上就是不满足于单纯的享用性消费，而是把消费过程同时视为一个创造与生产过程，使人在全方位的消费中体验到更多乐趣。因此，我们周围的物质产品越来越精神化。只有凝结了更多精神含量的产品才能满足消费者创造和体验的更高层次需求。[②] 就文化产业而言，应以创造幸福感为核心，改变大众的需求方式，摆脱过去那种"以实物需求为核心"的增长模式，提升内容生产、心理体验的境界。

文化产业的"价值链"，既联结着物质经济，也维系着精神向度，要防止出现畸形的消费主义文化，因为消费至上、享乐主义的倾向会带来难以料及的负面后果：人们似乎是为商品而生活，买房、购车、装修，追逐明星、时装和名牌，成了人们生活的灵魂。在建设文化强省的进程中，广东文化产业要走出低端、同质化的模式，大幅提升原创生产能力，注重高品质的文化品格，增强其对人的精神浸润作用，以净化人的心灵、提升公民思想道德素质，丰富大众的审美情感。

发展文化产业，是实现文化惠民、提升人民群众生活品质的重要途径，即从根本上是为了增进民生福祉、改善民生质量，让民众有更多的文化选择，更好地享受文化人生。

二、确立文化产业成为重要的支柱产业

推动文化与经济深度融合，全面激发文化生产力的潜能，提升文化产业的核心竞争力，对广东建设文化强省，促进经济社会又好又快发展，具有重大的现实意义和长远的战略意义。经济与文化的融合度越高、创意内涵越丰富，商品生产与服务的的档次和附加值就越高，竞争力就越强，经济效益和社会效益就越好；文化发展获得的经济扶持越多，科技含量越高，文化的浸润力就越强，文化产品的时代感和吸引力就越大。

---

① ［英］约翰·汤姆林森．全球化与文化．郭英剑译．南京大学出版社，2002. 120～121.

② 徐浩然．社会注意力的资源分布与价值评估．南京社会科学，2010（4）.

当社会生产发展到一定程度，文化产品及服务的消费空间便会不断扩大，文化越来越成为经济社会发展的重要支撑。世界银行曾明确表示，文化能够直接对其核心发展目标做出贡献。[①] 把文化资源转化为产业，将文化需求转为市场的机制，对经济发展的意义日益明显。美国著名学者杰里米·里夫金（Jeremy Rifkin）认为，经过了数百年将有形资源转变成财产形式之后，如今创造财富的主要手段是将文化资源转变成需要付钱的个人经历和娱乐。拥有覆盖全球通信网络的跨国传媒公司正在世界的各个角落挖掘当地的文化资源，并把它们作为文化和娱乐产品进行重新包装。世界上收入最高的20%的人在获得文化经历方面所支出的费用，几乎与购买商品和基本服务的费用持平。经济发展的水平越高，社会生产和消费文化的水平便越高。

着眼于文化产业发展的新趋势，《文化部“十二五”时期文化产业倍增计划》提出，“十二五”期间，文化部门管理的文化产业增加值年平均现价增长速度高于20%，2015年比2010年至少翻一番，实现倍增。文化原创能力进一步提高，文化产品和服务更加丰富，文化产业成为满足人民多样化精神文化需求、提高人民生活幸福指数的重要途径。文化产业就业容量大、形式灵活的优点得到充分发挥，成为提高就业效果显著的产业之一。文化消费保持快速增长态势，占城乡居民消费的比重不断提高，成为国家扩大内需的重要组成部分。

文化产业发展热潮强劲涌动，广东需要不断提升文化产业的发展水平，实现从简单开发利用文化资源到完善文化与科技融合、文化与经济融合体系的跨越，从工业制造经济跨入创意服务经济。发挥文化产业的杠杆作用，提升制造业，实现文化的产业化和产业的文化化的互动发展。按照《广东省文化产业振兴规划（2011—2015年）》提出的目标，“十二五”期间，全省文化产业增加值力争实现年均增长12%以上，到2015年占全省GDP的比重达到6.5%以上；文化服务业增加值达到2 200亿元，占文化产业增加值的比重超过45%。文化产业规模总量继续保持全国前列，文化服务业比重大幅提高，新兴文化业态领先全国，传统优势文化产品和设备制

① ［澳大利亚］戴维·思罗斯比．经济学与文化．王志标，张峥嵘译．中国人民大学出版社，2011.77.

造业完成转型升级。拥有一批在国内外具有较强实力和竞争力的龙头文化企业、文化品牌和文化人才队伍，形成一大批优势文化产业集群，文化市场繁荣、文化消费旺盛，文化市场管理进一步规范，文化产业总体实力和核心竞争力显著增强。到2015年，文化产业成为广东省重要的支柱产业，将广东省建设成为全国文化产业示范区和在亚太地区具有较强竞争力的文化创意中心。这也表明在经济全球化浪潮下要把广东文化产业放到全国文化大发展大繁荣的语境中，确立区域文化产业发展战略目标，再创区域地缘发展新优势。

三、发展文化贸易，增强国际竞争力

全球化造成了世界历史上空前规模的文化比较和文化竞争，文化商品流动的快速和文化形态碰撞的激烈程度前所未有。在全球化的语境中，国际竞争、区域竞争不仅在经济方面展开，同时也在文化领域中进行，文化软实力构成了综合竞争力的核心部分。建设文化强国、文化强省，必须在提升文化软实力方面重点突破，大力发展文化贸易，增强“走出去”的能力。

当今世界文化发展的一个显著特征是谁占据了文化发展的制高点，谁就拥有强大的文化软实力，谁就能够在激烈的国际竞争中赢得主动权。法国学者弗雷德里克·马特尔（Frederic Martel）声称：“世界文化大战已经爆发。这是一场各个国家通过传媒进行的旨在谋取信息控制权的战争：在电视领域，为谋取音像、电视连续剧和脱口秀节目‘形式’的支配地位而战；在文化领域，为占领电影、音乐和图书的新市场而战；最终，这还是一场通过互联网而展开的全球内容贸易的战争。有关数据显示，美国向各地出口的内容产品约占世界出口总额的50%。北美之后的潜在竞争对手欧盟27国的实力似乎日渐衰微，仅占出口总额的1/3。另外十几个国家位居其后，仍然存在很大的差距，这些国家分别是日本、中国、韩国、俄罗斯和澳大利亚。”[①] 尽管中国是文化资源大国，但与美国的文化软实力、影响力相比，还存在着巨大的差距。

改革开放以来，我国文化软实力大为增强，文化产业“走出去”取得

---

① ［法］弗雷德里克·马特尔．主流：谁将打赢全球文化战争．刘成富等译．商务印书馆，2012. 366.

了显著成效。广东作为中国对外文化贸易的排头兵，加速“造船出海”、“扬帆远航”。“十一五”期间，广东文化产品出口年均增长超过20%，2011年出口文化产品73.5亿美元，占同期我国文化产品出口的39.3%，成为我国文化产品出口最大省份。文化出口体系逐步完善，文化产品和服务出口覆盖100多个国家和地区，并形成了深圳华强文化科技集团股份有限公司、广东省出版集团有限公司等一批重点文化企业和文化出口品牌。

我国虽已成为世界第二大经济体，但文化软实力、国际影响力与我国深厚的传统文化底蕴和现在的国际地位还不相称。《文化软实力蓝皮书：中国文化软实力研究报告（2010）》中的数据显示，我国文化产品占世界文化市场比重不足4%，这一水平大大低于发达国家已经达到的10%以上的水平。在出口方面，商务部服务贸易司发布《我国文化产品及服务进出口状况年度报告（2009）》显示，美国文化产品出口在国际市场上的份额高达42.6%，而我国只占1.5%。《财富》杂志发布的2009年世界500强企业名单显示，上榜文化企业全部来自国外，仅迪斯尼、时代华纳和新闻集团的总营业收入就达1 178.23亿美元，超过我国所有文化企业的同期收入水平。[①] 面对发达国家的强势文化地位，我们需要打造一批能够巡航世界的“文化航母”，创造具有强大国际竞争力的文化企业集团。在激烈的全球文化贸易竞争形势下，广东要探索文化产业“走出去”的区域发展模式，向世界一流水准看齐，向国际文化市场进发，探索多样化的“走出去”模式。

第一，要建立协调促进机制，以政府为主导，以企业为主体，通过市场化运作方式，合力推动对外文化贸易。工商、税务、文化、广电、新闻出版主管部门应加强协调与配合，积极落实国家发展文化贸易的相关政策，探索适合文化贸易发展的管理与服务模式。财政部、海关总署、国家税务总局印发的《关于支持文化企业发展若干税收政策问题的通知》提出，出口图书、报纸、期刊、音像制品、电子出版物、电影和电视完成片，按规定享受增值税出口退税政策。文化企业在境外演出从境外取得的收入免征营业税。在文化企业外汇管理方面，按照中宣部等九部委出台的《关于金融支持文化产业振兴和发展繁荣的指导意见》，要提高文化产业贸

---

① 孙海鸽．我国文化产品出口状况研究．经济纵横，2011（8）．

易投资的便利程度，便利文化企业的跨境投资，满足文化企业对外贸易、跨境融资和投资等合理用汇需求，提高外汇管理效率，简化、优化外汇管理业务流程，促进文化企业提高外汇资金使用效率，降低财务成本。同时，加强文化企业和商会、协会之间在开拓海外市场方面的沟通与协作。

第二，着力打造文化贸易品牌，建立文化产品和服务“走出去”资源库，每两年发布广东省文化出口重点企业和项目目录，培养一批实力雄厚的国际文化市场竞争主体，使之成为文化出口的主导力量。加强文化领域数字化、网络化等技术的研发和应用，推进文化与科技融合，提升文化企业在境外的核心竞争力。抓好“走出去”重大工程项目的组织实施工作，引导文化企业采用高新技术和现代生产方式，改造传统的文化创作和生产方式，促使外向型文化企业向专业化、国际化发展。建立文化产品出口生产型基地，如广东孔雀廊公司，把历史悠久的粤剧、粤曲和国内原创音乐等开发成大量的音像制品，通过实体性产业基地与虚拟型市场网络的有机结合，扩大了本土文化产品在海外市场的占有率。① 外向型文化企业要结合自身的优势和特点，深入发掘和整理民族文化资源，开发具有自主知识产权的原创性产品，使国外消费者易于接受，以更好地适应境外市场的文化需求。

第三，加强渠道和平台建设，构建多元化、多层次的国际文化营销网络。如果没有平台和网络，文化产品根本传播不出去，更不要说“走出去”。通过各种渠道，重点瞄准国外主流市场、国际汉文化圈和港澳台地区。支持并鼓励文化企业参加国家重点支持的文化展会，通过中国（深圳）国际文化产业博览交易会、中国国际广播影视博览会、中国国际动漫节、中国国际动漫游戏博览会、北京国际图书博览会等推动文化出口。支持文化企业到海外参加国际展会、进行商贸推介，如参加境外演艺交易会、艺术博览会、图书展、影视展、音像展艺术节、双年展、动漫游戏节等国际大型展会和文化活动，进一步扩大文化企业的国际影响力。借助区域文化合作等平台，支持文化企业按规定与国际著名文化制作、经纪、营销机构合作，在境外建立文化产品营销网点。打造广东南方国际版权交易

① 文化部文化产业司编．国家文化产业课题研究报告（2010 年度）．云南大学出版社，2011. 144.

中心等具有重要影响力的国际出版版权交易平台，发挥其在对外推广文化产品和服务方面的积极作用。在我国驻外机构的协助下，积极搭建对外文化的贸易平台，为国内企业进入国际市场铺设道路。中国文化要实现融入世界、影响世界的目标，既要有具有自己文化特色的内容，又要结合当地的需求对其进行适当的改造或包装，才能真正进入当地主流社会、家庭，即走本土化道路。因此，要鼓励各类文化企业到海外建立营销渠道，重点抓好影视音像、动漫玩具、出版物、文艺演出、新闻媒体网络等国际营销网络建设。

第四，支持广东省媒体和各种所有制企业赴境外投资。按照有关规定，鼓励企业通过新设、收购、合作等方式，在境外收购剧场，设立演艺经纪公司、艺术品经营机构、出版社、报刊社、印刷厂、广播电视网、出版物营销机构等。鼓励广东省媒体创办外文报刊、广播和电视频道，或在境外购买媒体播出时段和报刊版面、开办广播电视频率频道、开展对外劳务合作等，支持广东省网站与国外知名网络媒体合作。对符合国家出口指导目录规定的境外投资，在信息咨询、考察市场等方面予以支持。

要提升文化软实力，发展文化贸易，增强“走出去”的能力，归根结底还是要落实到人的因素上。在文化生产、文化创造、文化经营、文化传播、文化管理和文化出口等方面，广东要培养大批具有国际视野的复合型人才，充分发挥人的能动性、创造性，建构文化的本土性价值体系和话语体系，全面振兴文化产业，这样才能真正走出国门、走向世界，同全球文化进行平等的对话和交流，确立文化强省的形象和风度。

第二节　广东文化产业发展的战略重点

确立战略重点，是发展文化产业的首要突破口。“文化产业的重点带动战略，表现在一个国家，主要是指以若干重要城市或区域为依托，实行产业的整体推动战略。当然，有时它也会指国家在一些最有基础和条件的领域实施重点推动，以此带动产业整体竞争力的提升。但是，后者最终还是要以某些城市或某些区域乃至某些企业来体现。以此类推，表现在一个省区层面，就是以若干主要城市或某个重要区域为依托，实行产业的整体推动战略。有时，也会是指在某些最有基础和条件的领域实施重点推动，以此带动产业整体竞争力的提升。而表现在一个更小的区域或一个具体的企业里，就是以某个重要项目或关键环节为主实施突破的战略。”[①] 统筹各个环节和要素，把握发展主线，找准战略重点，在重点方向上重点攻关，塑造新的经济增长点，广东文化产业的优势将得以进一步发挥，固有资源、基础的产业开发活力以及本土市场的文化创造力亦将被充分激活。

一、构建现代文化产业体系，培育市场主体，加快文化产业园区建设

改革开放以来，广东的经济社会发展从一开始就具有明显的外向特征，经济对外依存度高。但广东基本上是被动参与国际产业分工，被挤压在国际产业链和国际价值链的低端。这使广东的生产体系变成高投入、高消耗、高污染但低产出、低收益的生产体系，既不利于科学发展，也隐藏着巨大的发展风险。要提升广东产业的国际地位、提高广东产业体系的经济效率、保障广东国民经济的持续发展、真正转向科学发展轨道，就必须面向世界，服务全国，果断地实施经济国际化战略，实现由被动参与国际产业分工向自主参与国际产业分工的战略性转变。[②] 2008 年 6 月，广东省委、省政府出台《关于争当实践科学发展观排头兵的决定》，强调加快现代服务业和先进制造业“双轮驱动”，提升产业竞争力。切实转变重制造轻服务的观念，把现代服务业培育成主导产业。重点发展金融业、物流业、信息服务业、科技服务业、外包服务业、商务会展业、文化创意产业和总部经济等。像当年打造珠江水、广东粮、粤家电等品牌一样，打造广东先进制造和广东高端服务的新品牌，使金融、物流、信息服务、文化创意和装备制造、汽车、钢铁、石化等成为广东产业新的形象代表。[③] 当前，广东产业结构正处于转型升级的关键时期，现代服务业是集中体现区域文化的重要载体之一，通过服务业系统的带动作用，将集中展现广东的文化力量。

文化产业在现代产业体系中占有重要地位，尤其是高端文化服务业对

---

① 艾群．论文化产业的战略问题（下）．中国文化报，2011 －07 －04.

② 南方报业传媒集团编．科学发展争头筹．南方日报出版社，2008. 67 ~68.

③ 汪洋．高举旗帜　改革创新　努力开创广东科学发展的美好未来——在省委十届三次全会上的讲话．2008 －06 －18.

产业体系有很大的提升作用。“加快发展文化产业，必须构建结构合理、门类齐全、科技含量高、富有创意、竞争力强的现代文化产业体系。”① 大力促进产业融合，建立健全产业融合发展的体制机制，优化产业融合发展的政策环境，促进文化与旅游、体育、信息、培训、物流、工业、建筑、会展、商贸、休闲等行业融合，提高国民经济的文化附加值。打破文化产业门类的边界，促进不同文化行业之间的联姻融合，整合各种资源，拓展文化产业领域，延伸文化产业链。② 2009 年 7 月，广东省委、省政府出台的《关于加快提升文化软实力的实施意见》明确提出实施文化产业提升工程，要求做大做强文化企业，推进文化创意产业园区和文化市场体系建设。2010 年 9 月发布的《广东省现代产业体系建设总体规划（2010—2015 年）》，将“信息服务”、“创意产业”、“文化服务”等列入了《广东省现代产业鼓励发展指导目录》。2012 年 7 月发布的《广东省文化产业振兴规划（2011—2015 年）》进一步在优化文化产业结构方面作出规划，要求做大做强文化服务业。

做大做强文化服务业，推动文化产业朝高端方向发展，必须培育、壮大文化市场主体，以建立现代企业制度为重点，加快推进经营性文化单位改革。着力打造一批资产和销售过百亿的龙头文化企业，推动文化企业跨地区、跨行业兼并重组，提升规模化、集约化经营水平，促进文化领域的资源整合和结构调整，增强广东文化产业的整体实力和核心竞争力。积极实施扶优扶强战略，把广东省广电有线网络公司、南方报业传媒集团、羊城晚报报业集团、南方广播影视传媒集团、广州传媒控股公司、深圳广播电影电视集团、广东新华发行集团、深圳华强文化科技集团公司等一批文化企业打造成为全国一流的“文化航母”。③ 不断完善文化产品和服务出口鼓励政策，重点培育一批外向型文化出口企业和产业基地，推动更多广东文化企业和产品进入国家目录。

发展文化产业不能在封闭的环境中进行，必须打破条块分割、地区封锁、城乡分离的传统市场格局，健全现代文化市场体系，促进文化产品和

---

① 中共中央关于深化文化体制改革、推动社会主义文化大发展大繁荣若干重大问题的决定. 2011 年 10 月 18 日中国共产党第十七届中央委员会第六次全体会议通过.

② 文化部“十二五”时期文化产业倍增计划. 2012 - 02 - 23.

③ 郑照魁. 打造全国一流“文化航母”. 南方日报，2011 - 12 - 02.

生产要素在全国范围内流动，构建开放、多元的文化市场发展模式，保持和增强文化市场的生机和活力。为此，要积极发展现代文化产品的流通组织和流通形式，培育大型现代流通组织，加强以跨地区连锁经营、信息化管理和现代物流为特征的大型现代文化流通企业的建设；建设区域文化产品物流基地，加快文化产品流通产业布局及结构调整；发展电子商务，充分利用通信和计算机技术，构建网络文化产品交易平台。[①] 引导珠三角城市群建设区域文化产品销售中心和文化物流配送中心，加强中小城市文化消费市场的建设，合理布局小城镇和乡村文化服务网点，构建以广州和深圳为中心、中小城市相配套、贯通城乡的文化产品流通网络。同时，积极培育版权、资本、金融、信息、技术等文化要素市场，推动广东南方文化产权交易所、深圳文化产权交易所建设成为国内一流的文化产权交易中心。[②] 规范文化资产和艺术品交易，建立和完善专利权、著作权等无形资产的评估、质押、登记、托管、流转和变现的制度。另外，要加强文化行业组织和中介的机构建设，积极发展文化经纪代理、评估鉴定、技术交易、推介咨询、担保拍卖等各类中介服务机构，制定和完善文化中介机构管理办法，引导其规范运作，向品牌化、专业化方向发展，不断提高服务质量。[③] 为避免文化产业中介组织小、散、乱的弊端，要加快文化中介组织发展平台的建设，通过发挥集聚效应迅速提高整体竞争实力。

作为文化产业的集聚高地，文化产业园区具有良好的带动效应，能够有效提升区域经济的创造力和影响力。在文化产业园区，数量众多的文化企业集中投资，分布在一定的区域内，互相协调，产业分工，以一家企业或数家企业为龙头，形成上、中、下游，从文化创意到生产复制、衍生产品开发、产品包装、销售服务，形成一条完整的产业链，不仅生产规模巨大，市场占有率高，而且能带动一系列的附属文化产业的发展。[④] 在建设文化产业园区的过程中，要根据广东的产业基础和人才条件，科学地进行统筹规划，防止盲目投资、目标不清、定位雷同、重复建设、一哄而上、过多过滥等问题的出现，避免资源配置混乱和同业恶性竞争。更不能以文

---

① 苗圩．健全现代文化市场体系 扩大文化消费．经济日报，2011－11－20.

② 广东省文化产业振兴规划（2011—2015 年）．2012－07－30.

③ 苗圩．健全现代文化市场体系 扩大文化消费．经济日报，2011－11－20.

④ 胡惠林．文化产业学——现代文化产业理论与政策．上海文艺出版社，2006. 298～299.

化产业之名违规占地，搞房地产及其他产业开发。要真正形成特色产业集聚，个性定位很重要。必须坚持集聚区的专业化、特色化，形成产业链形态的企业集聚。政府在文化产业集聚区的发展中，应从集聚区和企业健康发展的角度出发，尽力扮演好服务者的角色，营造产业发展的良好环境，防止不利于产业发展的因素侵入，尤其预防打着文化产业名号的新一轮圈地和房产运动。[①] 发展文化产业集群是文化产业园区成功的关键。要构建起文化产业集群，需以专业化分工和社会化协作为基础，不同类型的创意相关企业与文化研究机构、金融投资机构、政府机构共生为一个产业群体；自发而非政府包办形成的经济、文化资源与企业效益的良性合作，有助于增强这一集群适应竞争发展的能力。文化产业集群除了具备传统产业集群的共同特征，如相关产业的企业集聚、上下游配套完整、中介机构和现代服务业在周边集聚、政府支持等，更加突出产业主体——创意者的重要性和特殊性。[②] 广东文化产业园区要发挥集聚效应、形成产业高地、推动转型升级，必须加强统筹规划、科学引导，结合当地的文化特色和资源优势，创新发展模式，充分发挥文化产业园区的引领带动作用，探索实践多种文化产业发展模式，走特色化、差异化发展之路。

二、推进文化科技创新，发展新兴文化业态

构建现代文化产业体系，要依靠科技的力量，大力发展新的产业形态。技术进步为将创意转化为产品提供了更多的方法和手段，科学技术是人类文化的重要组成部分，作为一种独特的文化构型也被称为“科技文化”。科技文化作为总体文化中一种独特的构型，对总体文化的发展与繁荣具有重要的推动和促进作用。因此人们形象地将科技进步喻为文化发展与繁荣的“引擎”。[③] 英国自 1997 年成立文化媒介体育部（Department of Culture Media Sports，DCMS），2007 年 6 月该部发表研究报告《保持领先：英国创意产业的经济作为》提出：周期性波动、区域战略规划的趋同、知识产权保护是长期困扰文化产业和创意产业的三大因素，而避免弊端的有

---

① 李岱松．文化创意产业集聚区的持续竞争力．北京观察，2011（8）．

② 王辑慈．关于以房地产开发驱动创意产业的冷思考．莫健伟，崔德炜主编．文化创意空间：艺术与商业的集聚与融合．社会科学文献出版社，2012.9～12.

③ 于平．全球化进程中的文化科技自觉．深圳特区报，2009－08－10.

效做法之一是加强新技术的开发，并且在运作模式上不断创新。[①] 全球性的科技创新浪潮推动文化因时而变，文化资源的开发方式、文化品牌的建构策略、文化产品的呈现形态和价值品质等被高科技激活而具有了各种各样的可能，科技创新为文化产业带来了无限活力。有论者指出，文化产业就是科技产业，离开科技，就没有文化产业，或者说就不叫文化产业。传统文化要想跻身于当代文化产业，需要当代科技的改造。如舞台表演艺术，只有通过科技含量高的旋转升降舞台、舞美、灯光、伴奏等才产生文化产业效果。文化与科技融合既是文化产业发展的目标，又是文化产业发展的手段。文化与科技融合，是转变文化产业发展方式的关键所在。[②] 在文化与科技融合的路径方面，应着重从以下几方面进行突破：

第一，加强对传统文化产业的技术改造。现代科技为激活文化创意资源、实现大规模的产业整合准备了条件。要提高演艺、娱乐、艺术品、工艺美术、文化会展、创意设计等传统文化产业的科技含量，加快演艺、娱乐等行业基础设施的改造更新，鼓励研发与生产具有自主知识产权的新型数字娱乐、音响、灯光和舞台技术装备。促进院线经营、文化旅游、票务销售、艺术品经营的信息化、数字化和标准化。支持现代科技成果向传统文化产业的转移与应用，加快推进传统文化产业在内容、形式、方式和手段等方面的创新。抓住三网融合、云计算、物联网等发展机遇，提升文化产业各行业技术水平。[③] 推动广东省具有传统优势的文化产品和设备制造业提高创新能力，培育自主品牌，实现由加工型向精密制造型升级、由产品制造型向内容研发、衍生产品开发升级，将广东打造成为高端文化产品和设备制造基地。大力发展绿色印刷，支持新一代大容量高清光盘的研发应用，鼓励研发新型影院系统、数字多媒体娱乐设备、流动演出系统、多功能集成化音响、游戏游艺设备等。[④] 通过对现代高新科技的运用，促使文化产业从传统的工业化生产向智能化生产、绿色经济和生态经济转变，提高传统文化产品的科技含量和附加值。

---

① 文化部文化产业司编．国家文化产业课题研究报告（2010 年度）．云南大学出版社，2011. 129.

② 思哲．文化产业就是科技产业．中国文化报，2012 - 09 - 25.

③ 文化部“十二五”时期文化产业倍增计划. 2012 - 02 - 23.

④ 广东省文化产业振兴规划（2011—2015 年）. 2012 - 07 - 30.

第二，培育文化领域的新兴产业。大力发展数字出版、流媒体、动漫网游、网络音乐、多媒体广播影视、高清互动电视、数字娱乐等新兴文化业态。推进有线电视数字化双向转换，建设下一代广播电视网；建立数字电影制作、发行和放映体系，加快推进广播电视网、电信网与互联网“三网融合”，促进传统媒体与新兴媒体融合发展，推动出版业向多媒体、网络化发展。[①] 支持发展移动多媒体广播电视、网络广播影视、数字多媒体广播、手机广播电视，开发移动文化信息服务、数字娱乐产品等增值业务，为各种便携显示终端提供内容服务；积极发展纸质有声读物、电子书、手机报和网络出版物等新兴出版发行业态。

第三，加强对数字文化产业中核心技术、关键技术的攻关。在合理分配、利用文化产业发展专项资金的同时，加强对研发具有自主知识产权的关键、核心技术的支持，提升广东文化科技的自主创新能力，提高文化产品的创造力、表现力和传播力。研发一批拥有自主知识产权，具有战略性、引导性和带动性的前沿技术，掌握一批具有支撑作用、保障作用的基础技术。重点加强与新兴文化业态密切相关的数字技术、数字内容、网络技术等高新技术的研发，提升文化产品多媒体、多终端传播的制作能力。扩大网络音乐、网络动漫、网络艺术品、网络演出等在线和移动生产销售。鼓励网络企业、IT 企业和通信企业参与网络文化内容产品的生产和经营。[②] 重点开发数字动漫制作、数字音视频和高清影视制作、下一代广播电视网、网络出版、语义智能搜索、OED 电子纸电泳、MPR 多媒体复合关联编码等关键技术，加强研发文化领域具有自主知识产权的软件、技术标准、关键元器件和装备。[③] 通过政策激励机制，积极培育和认定文化领域的高新技术企业，重点扶持具有自主知识产权、优势品牌和核心竞争力的骨干文化科技企业。培育发展一批创新型文化企业，打造若干国家级创新型龙头文化企业。

第四，推动科技创新和科技成果转化。鼓励和支持企业的技术研发与改造，促进文化企业的技术应用与成果转化。推动企业成为创新主体，健

---

① 广东省文化产业振兴规划（2011—2015 年）. 2012 - 07 - 30.

② 文化部“十二五”时期文化产业倍增计划. 2012 - 02 - 23.

③ 广东省文化产业振兴规划（2011—2015 年）. 2012 - 07 - 30.

全以企业为主体、市场为导向、产学研相结合的文化技术创新体系。[①] 加强文化科技复合型人才的培养，推进重点文化创意产业园区建设技术先进、功能强大的公共技术服务平台，依托高校和科研机构，在广州、深圳等地建设产学研相结合的文化创意研发中心。[②] 同时，要重视知识产权评估体系的建设，加强文化科技融合的知识产权管理、创新、保护和运用，推动文化科技创新成果的项目化、市场化、产业化，强化与文化科技市场平台的实质性对接。文化科技创新要以需求为导向，以应用为驱动，以市场为牵引，结合文化科技发展的特点，注重对文化各重点领域、重大科技需求的分析和凝炼，结合实际应用，开展技术创新，真正解决文化发展遇到的实际技术难点问题，实现科技创新与文化发展的有机融合。[③] 如在文化科技融合的市场服务体系，重点打造电子政务平台、研发平台、信息平台、融资平台、交易平台、中介平台等。

第五，文化与科技深层融合，有赖于“协同创新”。党的十八大报告提出，要坚持走中国特色自主创新道路，以全球视野来谋划和推动创新，提高原始创新、集成创新和引进消化吸收再创新能力，更加注重协同创新。这就要求我们摒弃单打独斗的创新方式，走“政产学研”纵横联合的创新发展之路。作为科技创新的有效组织模式，协同创新是指创新资源和要素的有效汇聚，通过突破创新主体间的壁垒，多主体、多因素共同协作、相互补充、配合协作，充分释放彼此间“人才、资本、信息、技术”等创新要素的活力从而实现深度合作。为了更好地对接技术和市场，促进发展，要主动开展行业、产业协同创新。如建立珠三角创新技术联盟，为广东文化产业发展提供深层动力。借鉴日本技术研发组合的模式，由珠三角各优势产业集群、相关政府部门、大学、研发机构、科技中介组织、行业组织等组成创新技术联盟。围绕珠三角重点发展的工业设计、文化创意等创新领域和战略性产业，选择其中的若干关键性共性技术，建立一大批技术创新联盟，协同攻关，占领标准制高点，提升创新价值链，促进产业

---

① 文化部“十二五”时期文化产业倍增计划．2012－02－23.

② 广东省文化产业振兴规划（2011—2015年）．2012－07－30.

③ 思哲．文化产业就是科技产业．中国文化报，2012－09－25.

集群发育。[1] 广东要大力引导和支持各类主体的协同创新活动，以产业链为基础，打造文化科技融合产业集群的企业标准联盟、技术联盟和产业联盟，构建以企业为主体、以市场为导向、多方联动的区域文化科技创新机制，提升核心技术的自主创新能力，努力推动经济发展从要素驱动向创新驱动转变。

科技创新是文化发展的重要引擎，其每一次进步都会令文化的传播方式、表现形式发生巨大变化，为文化产业注入新的内涵，激发新的活力。在新一轮文化改革发展大潮中，广东必须掌握科技创新的主动权，充分解放文化生产力，形成传统产业、新兴文化业态协调、融合、共促发展的格局。

三、培育新的文化消费热点

在当代社会，文化日益与经济、科技交融互渗，文化消费既是经济活动又是文化行为，包括对符号性商品和信息的消费，如影视、音乐、动漫、网络、图书、报刊、字画、广告等，以及接受劳务形态的文化服务。文化消费对拉动经济增长、提升国民素质和国家文化软实力均有重要作用。以新闻出版业为例，2009 年该行业全行业总产值突破 1 万亿元大关，实现增加值超过 3 000 亿元，接近同期 GDP 比重的 1%，各类出版物的出版、发行、印刷复制及相关活动的行业增加值超过 1 660 亿元，占同期文化产业核心层增加值的 60% 以上。[2] 到 2020 年，新闻出版业的目标是总产值占当年全国 GDP 的 5% 左右，对经济发展、文化传承和价值建构将作出更大的贡献。

发展文化产业的根本目的是为了满足人民群众的精神文化需求，提高生活的质量和品位。文化消费的水平和档次，是衡量社会文明程度和人民生活质量的显著标志。而文化产业提供的商品和服务，只有转化为大众的文化消费需求才能在市场中取得实际成效，真正获得市场活力。依照国际经验，当一个国家的人均国内生产总值达到 3 000 美元时，居民消费将进入物质消费和精神文化消费并重时期；超过 5 000 美元时，居民消费将进

---

① 刘悦伦，沈奎．构建珠江三角洲地区创新圈——“广东创造”的战略性路径选择．南方日报，2009－02－25.

② 郝振省主编．2010—2011 中国出版业发展报告．中国书籍出版社，2011. 70～71.

入精神文化需求的旺盛时期。2012 年广东人均生产总值达 54 000 元，约合 8 550 美元。2011 年广东城镇居民的人均文化消费是 1 718.9 元，占家庭消费支出的 8.5%，比重仅次于食品、交通通信和居住消费支出。同期广东农村居民的人均文化消费是 191.7 元，占生活消费支出的 2.8%。城镇居民的人均文化消费远高于农村居民。2011 年全省居住在城镇的常住人口为 6 986 万人，农村常住人口为 3 519 万人，城镇化率达到 66.5%。因此广东城镇人口是广东居民文化消费的主体。与沿海主要省市比较，广东的文化消费绝对值高于江苏、浙江和福建，但低于北京。在文化消费占消费比重方面，广东达到 8.5%，低于江苏的 10.1% 和北京的 9.7%，但高于浙江的 7.3% 和福建的 7.5%。这说明广东的文化消费虽然绝对值比较高，但比重并不占优。[①] 在一般的居民家庭，"买不起房"、"看不起病" 等现象仍然存在，加上通货膨胀的影响，导致民众抑制消费，加大储蓄，用以自我保障。因此，必须改善民生，提高大众消费能力，激活文化市场，方能找到撬动文化消费的支点，进而扩大文化产品生产、拓展文化消费空间。

改革开放以来，广东居民总体收入水平得到了较大提高，但是城乡文化消费差距悬殊，文化消费市场发展很不均衡，农村文化消费水平较低，巨大的消费潜力还没有激发出来。以广州为例，虽然广州市民参与文化活动的积极性较高，但市民文化消费层次较低，消费形式也比较单一。广州市统计局公布的一项抽样调查结果显示，市民经常参与的文化活动中，排在前三位的是上网、听广播/音乐、看电视。而高雅艺术欣赏人群不断萎缩，演出市场明显缺乏活力。广州的演出数量仅为北京、上海两地的 30% 左右，国内外优秀高雅艺术院团纷纷视广州市场为畏途。[②] 另外，文化产品供求结构性矛盾较为突出，一方面，大量文化产品难以进入市场，另一方面，群众需要的文化产品又严重缺乏。从文化产品供给看，由于许多文化企业不是完全的市场竞争主体，也没有完全针对居民消费需求开发文化产品，低收入阶层尤其是农村大众基本的文化消费遭到轻视，中等收入阶层发展型、智能型文化消费开发不够，盲目生产文化产品造成大量浪费。[③] 如许多出版企业库存高，存在不同程度的出版物滞销现象，网络读物、手

---

① 许鹏. 广东城镇居民文化消费的分析与启示. 广东经济，2012（10）.

② 王晓玲主编. 中国广州文化发展报告（2008—2009）. 社会科学文献出版社，2009.10.

③ 赵卫东. 什么因素制约了中国文化消费增长. 人民日报，2009－07－06.

机读物、电子书等也大量涌现。必须看到，“信息超载”是媒介社会的典型特征，但这并不等于文化市场达到饱和。某些文化产品和生产能力的过剩是一种阶段性、结构性、区域性现象，不少产品的质量和效益还处在水平比较低的阶段，缺乏原创性和市场竞争力，而具有品牌效应、技术含量高和竞争力强的产品还大量缺乏。由于文化传播力等方面的原因，有的产品在一些地方饱和了，在另外一些地方却供应不足。文化产品和服务的供需矛盾、“结构性短缺”依然突出，“有效供给”相对欠缺。

社会是由不同阶层的人组成的，广大消费者的收入水平和生活环境处于不同的层次，不同层次的人，其消费能力和消费需求各不相同。扩大文化市场需求，充分发挥文化消费增长对经济发展的拉动作用，就是要尽量满足所有不同层次消费者的需求，不能仅仅着眼于满足某个和某些层次消费者的需要。因此，分层次促进文化消费将比针对总体的文化消费促进手段更为有效。文化生产要照顾到不同的受众或者消费者层次，包括精英与大众、城市人与乡村人、成年人与未成年人。像青少年所需的文化内容产品，就构成了一个空间巨大的消费市场。很多家庭的文化消费支出都是由青少年引发的，青少年在畅销书、时尚报刊、影视、流行音乐、手机阅读、网络游戏和动漫等消费领域发挥着不容忽视的作用。兼顾特定人群的文化产品，有助于文化消费层次的分化。考量大众的消费能力，研究他们的消费心理及实际需求，引导文化消费行为，提供适合不同阶层家庭收入水平的多样化产品和服务，这其中还存在很多难题亟待破解。

与物质消费相比，文化消费属于非刚性需求，需依靠多种因素才能激活。社会的发展和变迁深刻改变着人们的思维结构和心理，精神诉求的重点也在不断发生变化。当今城乡居民普遍有较为充裕的文化休闲时间可供支配，更多的文化休闲形式进入日常生活是民众必然的期待，个性化的文化消费成为许多人的选择。要全方位地开启文化消费市场，必须了解大众的消费习惯和心理，创新商业模式，提供个性化、分众化、特色化的文化产品和服务，培育新的文化消费增长点。

由于生活节奏加快、工作压力增大，人们希望以便捷的方式消费文化产品和服务。就图书零售而言，越来越多的读者选择网上购书是因为网购有着快速、廉价的送货上门服务，当当、亚马逊等综合性网上书店的销售规模逐年攀升。然而，实体书店面临严峻的生存挑战，传统的出版发行渠道，必须寻找新的突围路径。2009 年，浙江省新华书店看中了农村图书这块有待挖掘的市场，建立起计算机网络信息平台和统一配送系统，在全省推广个体经营为主的“小连锁”书店。据中央电视台报道，现在浙江农村的图书销售全部实现网络化，不用仓库，一家不足 70 平方米的小书店，背后却有整个浙江新华书店 55 万种图书作资源库。通过网络，“小连锁”书店可以随时在最近的书店调货，在最短时间内拿到需要的书。原来的一家一店，更新成现代化的电子商务连锁销售，“小连锁”书店一下子在浙江发展出 200 多家，浙江省新华书店还通过铺底的方式，为农民开店提供资金和技术上的扶持。这种探索取得了双赢的结果，让新华书店集团和农村个体商户都提高了发展“小连锁”书店的积极性，基层文化消费水平也相应得到了提高。由此看来，引导文化企业投资兴建更多适合群众需求的文化消费场所，不但满足了基层群众的文化需求，促进了文化消费，同时也为文化企业开辟了新的市场空间。

当代文化的发展趋势是世俗化、普泛化，深深地融入百姓的日常生活，生活消费“文化化”，文化消费“生活化”。文化产品和服务要受到大众的认可，除了其潜在的精神价值、娱乐指向和多元意义外，它们还必须经由多样化的渠道来传播，文化消费的模式应该是开放的、灵活的。文化产品的创意、设计、生产、包装及流通销售，都应该立足于消费者的需求，并借力于各种载体和中介将文化产品传播到社会的各个角落。如江苏凤凰出版传媒集团与幸福蓝海院线、苏宁电器城等携手，以出版物销售为平台，形成书城、影城、青少年活动城、文化休闲娱乐城、文化商贸城五大板块的有机结合，借助商贸城的巨大客流量，实现了文化产品销量的快速上升。不只是江苏，大型文化购物中心在各地也相继涌现，“书业 + 多元化业态 + 营销活动”的文化商圈异彩纷呈。图书、报刊、影视等，以多样化的方式进入人们周围的环境中，消费者可以方便地获取所需的文化产品。

近年来，新媒体、新技术方兴未艾，冲击着人们的消费观念，传统的文化消费方式受到挑战，近年来我国的图书零售市场便出现了增长速度放缓的势头，纸质图书阅读率下滑，而新兴文化消费受到了越来越多的人的青睐。据《2010—2011 中国数字出版产业报告》提供的数据，2010 年我国数字出版产业总收入达到 1 051. 79 亿，是 2006 年总收入的 5 倍，其中手机出版的收入超过了网络游戏，达到 349.8 亿元，占比 33.26%。依照规划，到“十二五”末期，我国将形成 8～10 家各具特色、年产值超百亿元的国家级数字出版基地或国家级数字出版产业园区，总产值力争达到新闻出版产业总产值的 25%，整体规模居于世界领先水平。出于对数字出版前景的看好，2011 年方正阿帕比公司启动“云出版服务平台”，吸引出版机构及众多数字内容运营方加入。云出版平台的运作模式类似于“淘宝”，由方正搭建起一个电子商务平台，通过技术服务让产业链的所有关联者参与进来，并发挥自己的优势去帮助版权方运营、分销版权，内容商可自主定价、管理、经营其数字版权。

在信息社会、媒介社会里，文化消费的内涵被不断改写、扩容，呈现出人性化、高科技化、互动化、大众化、全球化的特征，新媒体、新技术为出版功能拓展提供了新的手段。新兴文化业态迅速发展，各种新的文化产品形态和文化服务业务层出不穷，如今天的手机已经成为众多新型文化消费的一个集成平台，是出版与相关产业融合的重要载体。手机报、手机刊、手机书、手机音频、手机电视等聚合了传统媒体的各种功能，手机俨然是“全能信息娱乐媒体”，为大众尤其是年轻人提供了进行多种文化消费的可能。在乘坐交通工具、排队等待及休闲生活中，越来越多的人选择了移动阅读。尤其是以 iPhone 智能手机和以 iPad 为代表的平板电脑的出现，使移动互联网时代的数字出版形态具有广阔的市场前景，移动终端新媒体成了文化产业发展的重要引擎。

在文化生产和消费中，政策导向及政府参与是十分重要的，文化产业的规范化发展，需要良好的制度环境。这就要求制定公平的文化法规和政策，由政府打造健全的管理机制，市场提供文化自由竞争的平台，企业强化有效供给和传播手段、渠道，多方合力创造文化自主、文化共享和文化融合的繁荣局面。

应该说，当前刺激文化生产和消费的政策措施是十分明确的，诸如扩大内需、促进经济均衡发展、深化分配制度改革、健全社会保障体系、改革文化体制、财政扶持、发放消费补贴、推动文化产品流通、引导新兴业态发展、加强文化基础设施建设以及打击侵犯知识产权、强化对文化市场的监督管理等。落实好这些政策措施，有助于建立扩大消费需求的长效机制。《广东省文化产业振兴规划（2011—2015 年）》提出，开展“文化消费补贴计划”和“国民文化消费卡工程”试点，探索对人民群众看电影、看戏、看有线电视和购买书籍与音像电子产品等基本文化消费进行补贴的机制。鼓励和培育以互联网为载体的文化消费新模式，拓展艺术培训、文化旅游、休闲娱乐等消费。大力培育农村文化市场，加大农村文化基础设施建设，采取多种措施鼓励各类农村文化消费。如广东已在佛山市南海区、东莞市桥头镇、中山市三乡镇开展了“文化消费补贴”试点工作，为全面推广文化消费补贴打下了良好的基础。佛山市南海区区政府计划每年拿出2 000万元，对文化服务提供方进行补贴，包括送戏（电影）下乡、社区文化活动、基层图书室等。中山市三乡镇启动了“爱心电影卡工程”，每张卡象征性收费1元，由企业统一购买后向农民工免费发放。东莞市桥头镇面向东莞户籍低收入家庭每年每户赠送一份党报。凡在市内正规书店自费购买政府推荐书籍的低收入群体及外来务工人员，可享受每户每年总额不超200元的财政文化消费补贴。下一步，广东省相关部门将根据“试点先行，分期分批，逐步推广”的原则，制订“文化消费补贴”计划，给予全省城乡低保户每人每年一定的文化消费定额补贴。[①] 这些举措对改善文化消费环境，提高文化消费意识，培育新的消费热点，都将起到积极的作用。

文化企业作为市场的主体，是发展文化产业的中坚力量。政府要把属于市场调节的那一部分权力还给市场，发挥市场在资源配置中的基础性作用。文化消费的扩大，在很大程度上离不开市场的力量，文化企业应根据市场的规律进行自我调整。文化产品的丰富、营销模式的转变、新人力资源的培育、市场的拓展、各类消费模式的集聚、综合性产业链条的形成等，文化产业内部不断根据市场变化所作的这些调整，使得企业能够把握市场的走向和脉动，并作出有效的回应。文化企业应充分运用高新技术，开拓大传媒、多介质形态的新媒体和创意产业领域，为文化产品和文化服务注入新的理念、推出新的形式，增强审美性、艺术性和贴近性。同时，搭起优质内容充分积聚、立体开发、多元运营的平台并建立相应的机制，加快培育市场化、专业化的营销主体，构建符合市场运作规律、覆盖广泛、技术先进的的现代传播体系和营销体系，全面提高文化产品营销能

---

① 郭珊．全省城乡低保户将获文化消费补贴．南方日报，2011－12－02.

力。企业应把文化资源、文化底蕴转化为现实的文化竞争力，拓宽产业边界，延伸产业链，开发更多的原创性产品，制造品牌效应，就能“做大蛋糕”，为文化消费注入不竭的源泉。

总之，区域文化产业发展，必须抓住机遇，科学谋划，找到重点方向，构建龙头引领，抢占制高点，在重点领域起到带动作用。同时，积极探索文化产业的全产业链建设，从投资、融资到项目对接、到交易平台、再到消费市场，建构一个产业链条较为完整的文化产业体系。只有因地制宜，明确文化产业发展的目标、重点和思路，找准加快发展的牵动点和支撑要素，凝聚合力，打造特色，重点突破，广东文化产业方能实现未来的长远发展。

第五章　战略布局：区域协同发展、实现优势互补

广东文化产业发展基础坚实、优势明显，但也存在着不同城市之间、城乡之间文化产业发展不平衡等问题。优化区域文化产业布局，实现战略协同效应，有助于广东经济转型升级，寻求全面发展、跨越发展、和谐发展的路径。

从整体战略上审视区域文化产业布局，就是要在资源共享、协同发展、优势互补、合作共赢的思路下，着重解决各自定位、差异化发展战略、区域文化产业结构调整、优势资源发掘、特色项目、文化品牌、骨干文化企业培育等方面的问题，从而改变广东文化产业高度集中于珠三角地区的局面，使各地文化产业发展差距控制在合理、适度的范围内并逐渐缩小。同时，在发展战略一体化的理念下，广东各地根据资源禀赋和功能定位，确立文化产业发展重点，充分发挥各地文化产业的比较优势，坚持差异竞争、错位发展，建立合理的分工体系，形成完善的产业链条。

为了促进文化产业向规模化、集约化、专业化发展，要大力促进区域文化产业的融合化和一体化，依托珠三角城市群建设文化产业带，支持中小城市和农村发展特色文化产业群。《广东省现代产业体系建设总体规划（2010—2015 年）》提出，按照主体功能区规划的要求，结合现有产业基础，合理规划各地产业分工，统筹产业发展，高效利用资源，促进产业集聚，构建以珠三角为核心、辐射带动东西北地区协调发展的“一区三带”多层次产业圈。“一区”是指“珠三角优化产业区”，“三带”包括粤东重点产业带、粤西重点产业带、粤北生态产业带。同时，《广东省现代产业体系建设总体规划（2010—2015 年）》强调建设岭南文化创意产业圈，引导特色文化产业有序聚集，推动区域文化市场的开放、汇通与统一。依托珠江两岸良好的创意产业发展基础，创新广府文化、潮汕文化、客家文化，重点做大做强数字内容、工业设计、文化传媒、动漫游戏、音乐创

作、创意产品研发等高端和新兴文化业态，培育一批全国领先、竞争力强的文化创意产业集群和创意产业园区。加快建设广东工业设计城、粤港澳横琴工业设计谷、羊城创意产业园、珠影文化创意产业园、南方报业传媒产业集团、南方影视传媒集团影视创作基地、广东数字出版中心、广东广告创意基地、广东原创音乐基地、广州动漫创作基地、佛山创意产业园、深圳市设计之都等；支持广州打造“创意之城”，深圳建设“设计之都”，推动珠海、佛山、中山、江门、东莞、惠州、肇庆等市重点建设一批文化创意、工业设计、影视制作、游戏游艺、工艺美术、音像电子和演艺娱乐等产业园区。到2015年，建立全国领先的岭南文化创意产业圈、中国南方文化创意中心，成为在全国乃至亚太地区最具活力和核心竞争力的文化创意区之一。[①] 构建广东文化产业新格局，要重视和依托广州和深圳两个中心城市的集聚与辐射功能，大力发挥其区域文化产业增长的带动和辐射作用。首先，珠三角城市群着力发展创意设计和现代服务业，更好地发挥文化产业增长的引擎作用；其次，东西两翼大力培育特色文化产业，加快发展以汕头为中心的粤东城镇群和以湛江为中心的粤西城镇群，形成沿海文化产业新的增长带；再次，北部山区充分发挥生态优势和后发优势，严格保护生态环境，努力建设成为广东文化旅游、休闲基地。

培育区域性文化产业带，创建更具特色的文化产业集群，优化资源利用和战略布局，除了依靠市场的无形引导外，政府的宏观调控尤为重要。由于在现阶段政府拥有对社会资源权威性再分配的权力，文化企业作为市场主体在进行产业布局时考虑更多的还是政府宏观产业政策的约束，因此，一般所讲的区域文化产业布局战略就是指政府主导下的文化产业发展在一定地域空间上的分布与组合。区域文化产业布局战略选择也就是指政府关于发展区域文化产业的战略意图与战略安排。[②] 为了促进文化产业的规模发展及区域协调与平衡，政府通过科学统筹规划，采取一些政策措施来引导其发展，这将直接推动文化产业布局的调整和优化。

---

① 广东省现代产业体系建设总体规划（2010—2015年）. 2010-09-28.

② 胡惠林. 区域文化产业战略与空间布局原则. 云南大学学报，2005（5）.

第一节　珠三角地区文化产业布局

珠三角地区包括广州、深圳、珠海、佛山、江门、东莞、中山、惠州、肇庆等城市，是我国重要的经济中心区域，在全国经济社会发展和改革开放大局中具有突出的带动作用和举足轻重的战略地位。改革开放以来，珠三角地区创造了经济腾飞的奇迹，成为“世界制造基地”、“全国科技重镇”，也是全国市场化程度最高、市场体系最完备的地区。全球化背景下的当代中国正处在转型性发展的重要历史时期，从“广东制造”迈向“广东创造”，珠三角地区的“调结构、促转变、稳发展”，文化产业在期间扮演着重要角色。

在经济社会转型的过程中，珠三角地区要勇于闯新路，完成“华丽转身”，继续为广东经济增长发挥引擎作用，促进区域协调发展。以国家名义出台的《珠江三角洲地区改革发展规划纲要（2008—2020 年）》（以下简称《纲要》），将“优先发展现代服务业”作为一个重要方向。《纲要》提出，支持珠江三角洲地区与港澳地区在现代服务业领域的深度合作，重点发展金融业、会展业、物流业、信息服务业、科技服务业、商务服务业、外包服务业、文化创意产业、总部经济和旅游业，全面提升服务业发展水平。如在会展业方面，发展一批具有国际影响力的专业会展，扩大中国（广州）进出口商品交易会、中国（深圳）国际高新技术成果交易会、中国（珠海）国际航空航天博览会、中国（广州）中小企业博览会、中国（深圳）国际文化产业博览交易会的国际影响力，打造世界一流的会展品牌。在文化创意业方面，培育一批创意产业集群，加快建设珠江三角洲国家级软件和动漫产业基地。

在珠三角文化产业发展目标与布局方面，广东省文化厅 2011 年出台的《关于加快珠江三角洲地区文化创意产业发展的指导意见》提出，以广州、深圳市为核心，珠三角地区其他 7 个地级市为支点，以若干文化产业集群、文化产业园区（基地）和重大项目为支撑，构建珠三角地区文化创意产业带，形成区域布局合理、产业特色鲜明、科技水平先进、集聚效应显著、经济效益高且国际竞争力强的产业发展新格局，把珠三角地区建设成为拉动全省、辐射全国的文化创意产业中心。到 2020 年，珠三角地区文化创意及相关产业增加值将占区域生产总值的比重达到10%以上。《广东省文化产业振兴规划（2011—2015年）》也就优化珠三角文化产业布局提出了相关要求，明确重点建设“珠江两岸文化创意产业圈”。在当今的经济环境中，综合开发、规模经营已经成为现代化产业的发展原则。珠三角地区文化产业必须走一条高起点、高科技的综合开发、集约化经营之路，打造“一体化”平台。创新珠三角文化产业合作协调机制，探索用城市联盟等方式，推动珠三角区域文化产业合作向制度化方向发展，实现有序竞争、共赢发展。

对于广东文化产业的战略布局，一条很重要的路径就是要发挥各地不同的区位优势，抛弃过去各地产业雷同、无序竞争的局面，形成良性的多种文化产业圈格局。如在珠三角地区，广佛肇、深莞惠和珠中江三大文化产业圈同步发展。在三大文化产业圈中，广佛肇文化产业圈规模最大，互补性最强，且其位于深莞惠和珠中江的中间，就像是珠三角的“中枢神经”。

一、“广佛肇”文化产业圈

（一）广州

广州和深圳是驱动广东文化产业发展的“双核”。这两大城市在功能上的合理分工，对全省文化产业发展至关重要。《珠江三角洲地区改革发展规划纲要（2008—2020年）》便强调要发挥中心城市的辐射带动作用。广州市要充分发挥省会城市的优势，增强高端要素集聚、科技创新、文化引领和综合服务功能，进一步优化功能分区和产业布局，建成珠江三角洲地区一小时城市圈的核心。优先发展高端服务业，加快建设先进制造业基地，大力提高自主创新能力，率先建立现代产业体系。增强文化软实力，提升城市综合竞争力，强化国家中心城市、综合性门户城市和区域文化教育中心的地位，提高辐射带动能力。强化广佛同城效应，携领珠江三角洲地区打造布局合理、功能完善且联系紧密的城市群。将广州建设成为广东宜居城乡的“首善之区”，建成面向世界、服务全国的国际大都市。深圳市要继续发挥经济特区的窗口、试验田和示范区作用，增强科技研发、高端服务功能，强化全国经济中心城市和国家创新型城市的地位，建设中国特色社会主义示范市和国际化城市。虽然广州和深圳对城市定位不同，但在最根本的目标上是一致的，即在自身发展的同时，实现良性互动，有效地牵引全省文化产业提速。

作为中心城市，广州的地位是难以撼动的，因此要发挥其辐射带动作用，打造新岭南文化中心和区域“创意之都”，培育壮大文化产业。广州是一个具有悠久历史的文化古城，两千多年来一直居于岭南的中心位置，同时其科技教育、工业基础在整个南中国都是首屈一指的，其文化产业发展的潜力和提升空间非常巨大。按照《广州建设文化强市培育世界文化名城规划纲要（2011—2020年）》（以下简称《规划纲要》），广州确立了两步走的目标：到2015年要建成文化强市，到2020年发展成世界文化名城。《规划纲要》的具体目标包括：一是要将广州培育建设成为具有高度文化认同的首善之区。二是要将广州培育建设成为文化产业跨越发展的“创意之都”。这里有两个重要的指标：到2015年，文化及相关产业增加值要占全市国民生产总值的10%以上，2020年达12%以上。三是要将广州培育建设成为传统与现代相融汇，在国际上具有重要影响力的“文化之城”。其中特别强调了对岭南优秀传统文化进一步的挖掘、保护和利用。广州很早就是国家历史文化名城了，千年商都、商贸文化特点很鲜明。广州还有一种现代文化，那就是改革开放的时代文化，敢为人先、先行先试。广州要充分利用文化底蕴深厚、信息化水平相对较高等优势，充分发挥人才、资本等集聚、扩散效应，成为带动区域文化产业发展支撑点和龙头。

广州文化产业的战略布局，要高度重视自身的内在发展逻辑，根据城市内部的空间结构，把握好城市地域结构特点，综合考虑经济、政治、社会、历史和文化等多种因素，以科学的功能分区推进城市建设和文化产业发展。按照产业空间布局与城市规划定位相协调的原则，广州市文化产业空间布局的整体思路为：充分发挥各区域的比较优势，实行错位发展与协调发展相结合，按照中心城区—副中心区—中心镇——般乡村地区的圈层呈梯级发展；优化中心老城区文化产业核心区的发展，积极发展珠江两岸、外围城特色文化产业，从而形成“一核四带”的文化产业空间结构。①

“一核”即为中心城区，包括越秀区、天河区、海珠区、荔湾区以及白云区部分城区，应充分发挥中心城区的文化辐射作用，利用地处中枢的

---

① “一核四带”的提法，参阅王晓玲主编．中国广州文化创意产业发展报告（2011）．社会科学文献出版社，2011. 137～138.

区位优势，依托信息、科技、人才资源优势，继续大力发展出版发行、广电传媒、影视创作、演艺娱乐、艺术创作、创意设计、广告会展等文化服务业和文化创意业，利用高新技术改造、提升传统文化产业，着力形成高端文化产业集聚区。

"四带"具体包括：

（1）珠江文化创意产业带。珠江两岸有不少旧厂房、旧仓库等，这些旧建筑浓缩了19世纪40年代以来广州工业文明的发展历史，继承着过去的城市文脉和情感记忆，要把该地区的改造转型与传承历史文化有机结合起来，使建筑和文化创意融入市民生活。而临江大道堪称绿色走廊，南临珠江，北靠珠江新城商务区，融合"绿道"的概念，成为珠江水边一条靓丽的景观带，以生态、健身和休憩为重点，加上海心沙、新电视塔、琶洲展馆等城市新地标，显得更加多姿多彩。红砖厂、羊城创意产业园、临江大道绿道等，构成珠江北岸发展文化产业的优势，它们完全可以成为文化旅游及艺术创意聚集地。这样，既保留了城市的记忆，又实现了现代艺术文化交流活动与市民生活的互动，创造一个艺术、人文、时尚、休闲的新都市空间。

（2）东部文化创意产业带。包括科学城和天河软件园等区域。该区域以科学技术的开发应用为动力，是整个广州高新技术的制高点、创新文化和创意人才的聚集地，要着力推动新兴文化业态发展，建设好"国家网络游戏和动漫产业发展基地"、"国家动画产业基地"，同时在重点发展工业设计、建筑设计、软件、数字通信、信息咨询、文化科技贸易等，构筑创意产业集群，开发出一条符合市场规律的创意产业链，带动一大批相关产业快速发展。

（3）南部文化创意产业带。主要包括番禺区和南沙区。番禺动漫游戏产业实力雄厚，要加快实现动漫游戏产业从"番禺制造"向"番禺创造"的转变，主抓动漫软件和电子游戏的研发、生产、展示、销售。同时，番禺和南沙重点发展文化休闲、文化旅游、时尚文化消费等产业。南沙区着力吸引高端文化人才聚居创业，重点推进南沙CEPA先行先试综合示范区建设，加强与港澳文化产业的对接与合作。

（4）北部文化创意产业带。主要包括白云区的部分地区、花都区、增城、从化市。该区域重点发展文化旅游、文化会展等。如白云区利用白云国际会议中心等设施和资源，重点打造会展演出、文化旅游、时尚休闲、高端文化商贸等文化功能区。

广州文化产业的发展定位和战略布局，应具有全球化、国际化的大视野，以世界先进城市为标杆，借鉴伦敦、巴黎、纽约等城市的空间布局理念，做好广州的城市功能分区，突出文化的引领功能，打造区域文化创意典范，加强对文化产业的战略性规划和引导，形成差异发展、互为支撑、布局合理的文化产业集群。如天河区主导新兴文化业态发展，海珠区主导影视创意、文化会展业发展，越秀区主导新闻出版、文化旅游业发展，荔湾区主导创意设计业发展等。广州要致力提升创意园区产业层次、创新能力、品牌意识和服务水平，加快建设广东文化创意产业圈广州核心基地，使知识密集型产业形成规模，提升产业组织化程度、集中度以及产品的科技含量。依托中心城区实施“中调”和“退二进三”战略，加快推进各类文化创意产业园区（基地）建设，实现“调优、调高、调强、调活”的目标。以现代的视野、国际化的平台，高起点、高标准规划建设能真正作为“广州名片”的大规模文化创意产业园区，植入多元的创意业态，诸如研发、展览、消费、演出、体验、交流、交易等，使之成为城市灵感的源泉，探索、打造富有时尚、创意、艺术和人文精神的新领域，努力成就广州文化产业的新增长极。

在促进珠三角文化产业发展一体化的过程中，广州要更主动地参与珠三角文化产业布局的调整和融合，增强综合服务功能，延伸优势产业、核心产业的链条，增强经济共同体建设的凝聚力。以“羊城”广州为核心的广佛肇经济圈应该成为带动珠三角区域文化产业一体化的“领头羊”。

（二）佛山

佛山是国家历史文化名城、岭南文化的重要发源地之一，孕育了粤剧、醒狮、龙舟、陶塑、秋色、剪纸等独具魅力的民间艺术和民俗文化。改革开放以来，佛山以内源型经济和外源型经济“双轮驱动”，在产业集群、产业名都、产业名镇、产业名牌的建设中，积累了大量的工业文化资源，为文化产业的进一步壮大奠定了基础。佛山文化产业是珠三角及广佛都市圈文化产业大格局中的一部分，要利用毗邻广州的区位优势，重点发展文化旅游、创意设计、工艺美术业、新兴文化业态和时尚文化消费等。同时，佛山文化产业要面向周边地区，以文化产业的服务形成强大的辐射力，包括投资融资、版权交易等产业化的专业服务，与演艺、休闲市场为主的民生型的消费服务，两种服务可以在环线内形成辐射集聚效应。① 由于具有特殊的地缘优势，佛山能够与广州实现文化产业联动和功能互补。

佛山市现辖禅城、南海、顺德、高明、三水五个区，只有各区文化产业统筹发展，方能走出特色路径。禅城区作为佛山这座“千年古镇”的核心区域，重点培育网络资讯、电子商务、工艺美术、广告策划、文化会展等生产性现代服务业，着力建设好“岭南福地”旅游休闲文化区、石湾陶艺产业聚集区、佛山市民间艺术创意基地和佛山新媒体产业园。南海区整合西樵、九江、丹灶三镇文化旅游资源，建设“文翰樵山”岭南文化高地；利用南海作为广东金融高新技术服务区所在地和国家知识产权投融资综合试验区优势，大力促进数字化内容、民俗节庆、会展交易等现代文化服务业的发展，重点发展千灯湖金融高新服务区、39°空间艺术创意社区、西樵“梦工场”影视主题公园和以平洲为中心的玉器珠宝加工交易中心、以西樵为中心的文化艺术品交易中心等。顺德区以广东工业设计城、广东德胜创意园、广东香云纱文化产业园、陈村花卉世界为载体，重点发展工业创意设计、休闲娱乐、香云纱遗产传承开发、时尚音乐、音像制作及交易、花卉文化等项目。高明区印刷复制业已渐成气候，应重点扶持沧江工业园文化产业园（印刷城）。三水区重点打造云东海文化（创意）产业园，发展休闲体育产业，建设影视制作基地。

在具体布局方面，《佛山市文化产业发展规划（2008—2020 年）》明确提出要以佛山一环为主线，形成 12 个特色化多板块格局，分别是：祖庙—东华里 · 文化旅游和商业综合板块，石湾 · 陶瓷文化和创意设计产业板块，东平新城 · 传媒创意和时尚产业板块，乐从—龙江 · 家居文化产业板块，大良—容桂 · 工业设计和创意产业板块，伦教 · 文化休闲体验产业板块，陈村 · 花卉和艺术品产业板块，桂城 · 文化产权交易和数字化内容产业板块，罗村 · 民俗文化产业板块，西樵 · 人文历史旅游产业板块，云东海—芦苞 · 娱乐休闲产业板块，皂幕山 · 生态旅游产业板块。通过多板块联动发力，佛山将巩固提升已有的创意设计、工艺美术和陶文化产业的

① 冯璐，钱柳．专家解读《佛山市文化产业发展规划》. http://news.dayoo.com/foshan/200907/03/67348_9745931.htm.

优势，打造集文化旅游、休闲娱乐、新兴业态、时尚文化消费于一体的文化产业链。挖掘和整合资源，发展新型创意产业，积极搭建文化产业的项目引导平台、项目集聚平台、人才开发平台、展示交易平台，做长产业链条，实现文化产业的集聚效应，是佛山市调整和优化产业发展不可缺少的重要手段。

（三）肇庆

肇庆是国家历史文化名城，历史人文资源非常深厚，应着力打造、提升“宋文化”、“端砚文化”等地方特色文化产业品牌，将文化资源优势转化为产业优势，加快文化、旅游和城市建设的融合。在区域规划布局上，分为三个板块：

（1）中心板块（端州、鼎湖）。重点发展文化旅游、文化创意、工艺美术、动漫游戏、文化会展、影视制作等。利用“中国砚都”的金字招牌，将端砚文化村重点包装、宣传，着力打造成国家级文化名村、广东重点旅游名片、文房四宝专业市场及古艺术博览中心，使文化产业与旅游经济相互促进发展。

（2）东南部板块（高要、四会）。该区域毗邻经济发达的珠三角核心区，是吸收高新科技和产业转移的前沿阵地。要加快与广州等珠三角中心城市对接，力争融入“珠江两岸文化创意产业圈”。重点支持四会、高要等地大力发展乐器、油墨、造纸、玩具、印刷设备、音像制品等文化用品制造业。四会素有“中国玉器之乡”之称，要进一步用高科技擦亮其玉器文化品牌，集玉石原料拍卖、加工、商贸、展览、研发、创业培训等于一体，推动玉器产业向规模化、创意化、高端化发展。

（3）山区板块（广宁、德庆、封开、怀集）。大力发展具有地方资源优势的文化产业。如怀集被誉为“中国燕都”、“中国攀岩之乡”、“六祖惠能顿悟圣地”等，要加快以农家乐、休闲娱乐、攀岩比赛、温泉漂流、森林探险、历史文化为主题的旅游项目开发，做大做强金燕文化、长寿文化、六祖文化和温泉旅游文化四大品牌。

根据《肇庆市国民经济和社会发展第十二个五年规划纲要》，该市重点建设的文化产业项目包括：中国砚都（肇庆）端砚文化特色产业集聚园、肇庆古宋城保护与开发项目、肇庆市文化创意大厦、肇庆国际会展中心、“梦幻肇庆”星湖山水演出项目、中巴软件文化创意园区、广东（四会）玉器文化产业创意园、高要石洞养生文化产业园、西江国际滨水文化旅游中心项目、怀集县六祖禅宗文化旅游区、广宁竹海大观竹文化景区建设工程、德庆悦城龙母民俗文化园、封开广信文化园、大旺赛车城文化创意园区等。要建设好这些重点文化产业园区，肇庆必须立足自身实际，坚持高起点定位、高标准规划，发挥地方特色优势，以文化价值提升存量资源价值，盘活地方文化资源。同时，精心打造服务平台，加大文化招商力度，激励社会资金投入，以产业运营整合提升文化产业园区价值。

肇庆与广州、佛山的文化产业布局和地区功能定位有明显区别，这是由历史发展和现状以及不同区位优势决定的，广佛肇文化产业圈的效率将取决于三地文化产业的有效分工和不同功能定位的互补。三地不是竞争而是相互补缺，这样才能达到广佛肇文化产业圈的最优化。

二、深莞惠文化产业圈

（一）深圳

广州与深圳，是广东力推文化强省战略的两位“得力干将”，合力引领珠三角文化产业新一轮的发展浪潮。两地各具特色和个性，发展文化产业的路径不一致。广州有数千年发展的历史，发展更加全面、更加协调，城市功能也更加完善；深圳作为改革开放城市，有其独特活力、开放意识，是一座年轻的城市，充满朝气。深圳扬长避短发挥自身优势，建立创新型的文化产业体系，特别是在传统产业与当代互联网信息技术上下功夫，两者结合起来打造更高层次的文化产业。“文化＋创意”、“文化＋科技”、“文化＋金融”、“文化＋旅游”等产业发展新模式方兴未艾，深圳文化产业成为与高新技术、物流、金融并驾齐驱的第四大支柱产业。

《深圳文化创意产业振兴发展规划（2011—2015）》提出的发展目标是：2011—2015年，文化创意产业年均增长25%左右；产业结构不断优化，到2015年，文化创意产业增加值达到2 200亿元，占全市GDP的比重达到14.5%以上，文化创意产业总产出超过5 800亿元；产业主体发展壮大，使深圳成为具有世界水平的创意产业集聚区；创新能力显著提升，提升文化原创能力和研发能力；市场体系日益完善，促进文化产品和服务的合理流动。着眼于文化创意产业体现的创新、创意、低碳、绿色等发展理念，深圳市将文化创意产业作为战略性新兴产业着力打造，促使它成为新的经济增长点，形成带有先进生产力特征的新兴产业，有利于进一步优化三次产业结构，降低产业能耗、水耗和物耗，创造更多的附加价值，通过增量带动存量调整，引领产业结构优化升级。在规划出台之后，深圳市还出台了相关的配套政策。首先，2011—2015 年，深圳市每年将集中 5 亿元资金，设立文化产业发展专项资金并制定相应管理办法，用于引导和支持文化产业的发展。其次，重点扶持创意设计业、文化软件业、动漫游戏业、新媒体、文化信息服务业、数字出版业、影视演艺业、文化旅游业、非物质文化遗产开发、高端印刷业及高端工艺美术业十大产业，努力形成新的特色优势领域，不断提高产业综合实力。“十二五”期间，深圳将向着国际文化创意产业先锋城市、世界知名“设计之都”和国际时尚创意中心的目标迈进。

深圳综合竞争力强、高新技术产业比重大，加之独特的人口结构、地缘和人文环境，造就了深圳文化的开放性、包容性，以及崇尚创意、创新、创造的城市精神，是最适宜海内外英才创业拓展的活力之都。深圳推进文化产业发展，把“创意”作为关键性的突破口，引领区域高端文化产业发展的新潮流。立足产业发展前沿，着力构建现代文化产业体系，打造“文化创意产业先锋城市”、“世界设计之都”、“国际时尚创意中心”，继续为中国文化产业发展先行探路。早在 2007 年年底，以文化产业发展为核心内容的两大纲领性文件《深圳市文化产业发展“十一五”规划》和《深圳市文化产业发展规划纲要（2007—2020）》相继出台，规划就动漫游戏产业、创意设计产业等出台了专门的鼓励办法。以数字内容产业的发展为主攻方向，大力发展高端文化产业已成定论。因为创意创新，深圳文化产业伴随着文化企业的脱胎换骨而蓬勃发展，为原创研发的文化企业保驾护航。成为“设计之都”，意味着深圳不再是潮流的跟随者，而是潮流的塑造者、发源地和输出地。[①] 依托高新技术和设计人才聚集的优势，激发新的文化活力，生成新的文化气质，深圳浓墨重彩描绘全球化视野中的“创意地图”，以建成引领文化创意风尚的新中心、新高地。

基于各区域产业发展基础与资源优势，以形成协调推进、错位发展且各具特色的功能区域，深圳各区重点发展的产业为：

（1）福田区。发挥中心城区优势，重点发展数字新媒体、艺术品加

---

① 何文琦．着力构建现代文化产业体系．深圳商报，2011－10－10.

工、创意设计、影视传媒业等，将田面设计之都创意产业园建成全国领先、国际前沿的创意设计产业园区，把世纪工艺品文化广场打造为中国工艺品华南地区的总部基地。同时，提升雅昌艺术馆的影响力，通过艺术品展览、艺术网站、艺术品交易和拍卖、艺术交流、艺术出版与艺术工作室全方位增值服务，构筑开放性的交流平台。

（2）罗湖区。发挥现代商贸业、金融服务业优势，优化辖区工艺美术、珠宝两大传统优势产业，建设好满京华艺展中心、深圳古玩城场、航诚艺都等具有行业影响力的专业市场，推动罗湖建成深圳乃至全国的工艺品集散地和外贸中心。做强动漫游戏和时尚文化产业，着力发展网络文化服务业，培育和发展电子商务产业，形成新兴业态、时尚消费和实体商城、网络商城相互促进、融合发展的新格局。

（3）南山区。发挥优越的高新技术产业优势、科研教育优势和专业人才优势，以腾讯、华强文化、A8 音乐、环球数码、雅昌、迅雷等企业为龙头，深化“文化 + 科技”的产业发展模式，重点发展演艺娱乐、文化旅游、文化创意和网络文化服务等新兴文化业态。

（4）盐田区。依托丰富的山海资源及其优良的交通区位优势，建设“高品位文化和生态城区”，以东部华侨城引领休闲文化旅游发展方向。推动国家音乐产业基地（深圳园区）建设，目标是成为华语音乐最大的生产交易平台、国际音乐文化产业交易中心之一。发挥盐田区港口物流优势，引导企业投资兴建文化物流园区和文化产品加工基地。打造人文中英街历史文化街区，营造地方特色文化氛围。

（5）宝安区。积极引导国际高新技术、先进理念和运营模式融入宝安文化产业链，建设综合性印刷包装、物流、印刷材料基地。推进宝安艺术城建设，实现文化创意产业特色化发展。着力发展高端文化服务业和工业创意设计，加快实现文化助力产业升级的目标。推进各街道古村落改造，开发宝安碉楼、古庙古墟等历史文物古迹，发展文化休闲旅游。

（6）龙岗区。大力改善大芬油画村基础设施和产业配套设施，将大芬周边区域打造成以油画产业为龙头的文化产业园区。通过打造“中国大芬国际油画节”、强化大芬美术馆作用、建设大芬油画交易官网等手段提升大芬油画村的交易博览功能。扶持举办葡萄酒文化节、中国陶瓷文化艺术节等高端工艺美术活动，把龙岗区打造成为“非遗”交流合作平台和全国最重要的“非遗”文化产业集聚区。

（7）光明新区。围绕“打造深圳绿谷，建设绿色新城”的总体目标，推动“文化+科技”特色文化产业发展，着力发展生态旅游、文化休闲、高尚体育和高级酒店、特色餐饮等高端消费性服务业。积极推进华强文化创意产业基地、腾讯研发总部基地、招商局“光明智慧城”等重点项目建设。着力发展文化创意、数字动漫、特种电影、软件游戏、影视制作、主题公园、文化旅游等行业。

（8）坪山新区。利用新区优越的自然生态和人文环境，打造马峦山影视文化与生态休闲游、大万世居客家建筑与民俗风情游等文化旅游品牌。同时，以动漫经济、文化旅游为核心驱动力，推进卡曼国际文化旅游小镇、中传文化产业（深圳）基地、坪山雕塑艺术创意园等重点项目建设，融合国内外创意交流、产业孵化、娱乐体验、文化休闲、旅游度假等为一体。

（9）龙华新区。重点依托观澜版画品牌，建设一个集版画创作、展示、收藏、研究、培训和市场开发为一体的国家级文化产业示范基地。充分发挥“花园式的现代生态创新型文化产业园区”的带动效应，促进广播电视、电影与录像、影视制作、后期处理、DV DIY、动漫影视等产业在龙华集聚。同时，着力抓好服装、家居创意设计，力争服装、家居设计水平在全国领先。

（10）大鹏新区。搭建“文化+科技+旅游”大舞台，以全国重点文物保护单位大鹏所城、中国历史文化名村鹏城村、中国南方重要佛寺东山寺为主线规划建设鹏城文化创意聚集区和文化旅游区。建立起以玫瑰海岸为起点，由溪涌、土洋、官湖组成的婚俗文化产业长廊，从而形成完善的婚俗文化产业链。

在促进文化产业规模化、专业化、高端化方面，深圳要加大文化创意产业园区的建设力度，打造优势文化创意产业集群，进一步推动产业融合、集聚以及产业链整合，实现集约化发展。积极参与“珠江两岸文化创意产业圈”建设，发挥好龙头和辐射带动作用。重点规划建设国家级创意产业园区，吸引文化创意企业总部、研发中心、采购中心、出口基地入驻，使之成为文化创意产业发展的重要引擎。以文化创意、科技创新为主攻方向，以创意研发为核心，在政府扶持下，整合深圳及香港、珠三角产业优势资源，深圳进一步打造国际文化创意中心的宏图徐徐展开。

（二）东莞

东莞地处珠三角腹地，北接广州，南连深圳，毗邻港澳，拥有发展文化产业得天独厚的地理区位优势。东莞围绕构建和谐文化的理念，推进文化创新，建设“图书馆之城”、“博物馆之城”、“广场文化之城”，打造“音乐剧之都”，形成“三城一都”的文化发展格局。东莞提出的文化名城战略，则是要将该市打造为全国公共文化服务名城、国家历史文化名城、全国现代文化产业名城以及岭南文化精品名城。

东莞基于自身实际，发挥现有优势，重点发展动漫游戏、印刷复制、创意设计、现代传媒、文化会展、文化旅游、网络服务、演艺娱乐和文化制造业。立足东莞制造业发达的优势和产业结构转型升级的需求，搭建文化创意与制造业的对接平台，大力推进创意设计、动漫等产业与制造业的相互融合，引导、鼓励、支持有条件、有实力的制造业企业进军文化领域、投资文化产业，带动传统制造产业升级发展，实现文化产品和服务向制造业的渗透，使以制造加工业闻名于世的“东莞制造”，朝着高创意、高附加值的“东莞创造”迈进。改造提升印刷业、广电业、娱乐业等传统优势行业，大力推进印刷企业转型升级，建设珠三角国际性印刷中心，推动印刷产品和服务扩张。在城市改造升级中，积极利用旧城镇、旧厂房、旧村居改造建设文化创意产业园，通过“腾笼换鸟”实现产业升级和市容改观。

建立若干个集技术研发、产业孵化、产品交易及人才培训为一体的文化产业园区（基地），积极推进松山湖国际文化创意产业基地、东莞市创意产业中心园区、“东八区”音乐创意园、南城艺展中心、永正图书创意产业园、粤晖园、东莞动漫城、下坝坊文化创意街区等重点园区的建设，打造文化科技创新的孵化器和文化企业快速成长的助推器。其中，松山湖园区以建设“国际文化创意产业园”为发展目标，着力打造国家级动漫衍生品交易中心、国家级动漫衍生品研发中心。

推动粤港澳文化创意产业的深度合作，建设粤港澳文化创意产业实验园区。培育现代传媒龙头企业，支持东莞报业传媒集团、东莞广电传媒做大做强，组建东莞网络电视台，积极推进有线广电网、电信网与互联网“三网融合”。以玉兰大剧院为龙头，带动东莞舞台演艺产业发展。发挥东莞会展业优势，办好中国国际影视动漫版权保护和贸易博览会、中国（广东）国际印刷技术展览会、东莞收藏文化联展、东莞旅游文化节等重大文化展会。

（三）惠州

作为珠江东口岸城市圈中重要城市之一，惠州在“珠江两岸文化创意产业圈”和“粤港澳文化创意产业试验园区”中将自身定位为粤港澳重要的文化产业新兴区、文化产品重要的产业基地、粤港澳重要文化旅游休闲区。惠州在全力推进优势产业——电子信息制造业的同时，要着力发展特色文化产业，如文化旅游、工艺美术等。如在文化旅游方面，实施“五大文化旅游组团”，即以惠州西湖、中心城区、特色街区为核心的中部西湖文化旅游组团，以巽寮湾、双月湾、海龟湾、平海古城、海滨温泉为核心的东部稔平半岛休闲文化旅游组团，以宗教文化为核心的西部罗浮山文化旅游组团，以森林度假、温泉养生为核心的北部南昆山休闲文化旅游组团，以叶挺故居和秋长客家围屋为核心的南部秋长镇隆红色文化、客家文化旅游组团。[①] 组团发展是文化产业整体发展战略的有机组成部分，它通过对文化资源、要素的宏观规划、整合和相互协调，避免重复建设和“散打”现象，实现专业化、集聚化发展，形成较大文化经济规模。

按照产业集聚和区域集中的原则，惠城区主导创意产业、文化艺术服务行业发展，利用广东（惠州）港澳台影视拍摄基地、惠州报业全媒体产业基地、新华文化广场等一批龙头项目带动惠城区文化产业发展，重点引进以创意设计为内容的电子信息创意产业项目，将惠南大道两侧打造成惠州市重要的文化产业带。仲恺高新区主导文化创意及产品设计制造产业发展，依托 TCL 集团、德赛集团、华阳集团等全国著名品牌企业，打造电子信息文化产业带。惠阳区、惠东县、博罗县、龙门县、大亚湾区主导文化旅游业发展，分别形成休闲文化、红色旅游和滨海旅游、宗教文化、特色文化、滨海休闲产业带。[②] 在特色文化产业布局方面，惠州重点建设 1 个特色文化产业县，6 个特色文化产业专业镇，其中包括：龙门民俗文化产业特色县、三栋“邓演达”红色旅游经典景区镇、小金口麒麟文化品牌特

① 吴春燕，龚辉燕．“文化惠州”重在“文化惠民”——惠州市推进文化惠民工程解析．光明日报，2011－07－22.

② 董智媛，龚妍．19 个项目列入重点文化产业项目．惠州日报，2011－08－24.

色镇、秋长红色旅游经典景区、新圩数字视听设备专业镇、镇隆高端工艺品制造基地和高潭红色旅游文化产业镇。惠州明确特色文化产业发展的目标定位，在对文化价值的正确认识、文化发展规律的正确把握之下，注重生态文明建设，重视发挥文化产业的后发优势，加快区域特色文化产业群建设。

发展文化产业，以特色为本、项目为王。根据《惠州市文化产业发展第十二个五年规划》，该市重点规划建设的文化产业项目和园区有：惠州报业全媒体产业基地、广东（惠州）港澳台影视拍摄基地、惠州新华文化广场项目、惠州印刷产业园、惠州广电传媒集团综艺演艺业项目、雅图光电和数字视频产业基地、龙门农民画产业园、惠州民俗（工业）遗产文化产业中心、惠东天后宫岭南民俗文化街、“三联·金洲号”东方儿童文化成长乐园、罗浮山宗教文化旅游区、博罗龙华古村落文化旅游、仲恺幸福旅游文化产业园、中国（惠州）国际文化产业基地等。在具体实施中，惠州要通过政策扶持、引导和督促检查，解决文化产业发展中遇到的瓶颈问题，培育一批市场前景好、带动作用大、能够提升产业增量和优化产业结构的重点项目，拉动经济增长，探索一条以文化为统领的经济与社会双转型的路径。

三、珠中江文化产业圈

珠海、中山、江门三地同属于珠江口西岸地区，历史同源、文化同根，山水相连、人缘相亲。随着《珠江三角洲地区改革发展规划纲要（2008—2020年）》的颁布及广东省相关决定的出台，“珠中江经济圈”这一概念逐渐为人所知，三城在文化产业方面如何更好地融合，在新一轮一体化的“竞合”棋局中如何落子，将深远地影响着各自的经济走向。

（一）珠海

在“珠中江经济圈”中，珠海的定位是珠江口西岸的核心城市。改革开放以来，珠海没有走一条拼资源、拼土地、拼汗水、拼速度、拼环境的路子，而是自觉或不自觉地初步探索出一条实践科学发展的生态文明道路，是珠三角地区环境质量最好、土地开发强度最小、人口密度最合适、低端产业布局最少及社会最和谐、最平安的城市之一，具有明显的后发优势。珠海的环境优势最适宜文化产业的发展。好的创意要发挥无限的想象，珠海要发展成为具有无限创意和无限遐想空间的城市，成为“珠中江”的设计中心、原创中心、创意中心，必须进行差异化竞争，把创意形成品牌，走向市场。

从现有基础来看，以网游和动漫为龙头，珠海形成了集创作、创意设计、出版、印刷、复制、拍摄、制作、演出、娱乐、版权、贸易、发行以及会展、旅游、休闲和文化产品制造等行业门类较齐备、产业链比较完整的文化创意产业发展格局。着眼于现有产业基础，珠海要通过注入文化创意元素来推动现有产业结构的优化、升级和新一轮产业结构的大转移。积极推进金山软件和巨人集团网游研发总部的规划建设，支持香港特思数码、永泰数字、杨氏设计等动漫企业做强做大，加强对“悟空”和“巴布熊猫”品牌的包装宣传推广。依托航展、赛车和游艇等现有品牌，注入“航空文化创意元素”、“汽车文化元素”和“游艇文化元素”，打造“航空文化创意产业”、“汽车文化创意产业”和“游艇文化创意产业”，提升珠海现有产业的附加值，构建比较完整的产业链，形成新的产业态。打造珠海历史名人雕塑园、梅溪牌坊等文化旅游项目，开发富有文化内涵的历史人文旅游专线，形成以珠海历史文化为内涵，滨海城市风光为特色，集观光、休闲、度假和娱乐于一体的文化旅游产业体系。

在文化产业空间布局方面，横琴新区将重点建设横琴粤港澳文化创意产业园，促进港澳以及国际文化创意产业与珠江口西岸地区的产业升级需求相结合，以工业设计、会展设计和动漫设计等为重点，吸引港澳及珠三角的文化创意产业人才，培育一批有国际竞争力、有知名品牌和自主知识产权的大企业和一批有增长潜力的中小企业，形成集群效应和规模效应，把横琴建设成为珠江口西岸地区重要的文化创意产业基地。此外，香洲区注重引入和培育发展原创、研发等高端文化产业，打造“香洲文化服务”品牌；金湾区积极探索发展国际航空文化创意产业，打造“航空文化”品牌和建设文化产品制造基地；斗门区加快推进珠海南方影视文化产业基地项目规划建设，结合斗门北部生态园规划建设，打造“文化＋旅游”品牌；高新区发挥高新科技优势，重点发展动漫网游、数字娱乐等行业，积极推进金山、巨人网游研发中心、南方（珠海）数字内容产业基地建设，走出一条“文化＋科技”的文化产业发展之路，打造“创意唐家”品牌；高栏港经济区以海泉湾温泉度假区和游艇产业为依托，发展文化娱乐休闲产业；万山海洋开发试验区可发挥“百岛之市”优势，打造文化艺术创作基地。[1] 各地必须亮出差异化“王牌”，在空间、资源、资金和项目内容等方面进行具体的分布配置，走特色化、内涵式发展道路，打造一条适合自己的文化产业扩张路径。

在产业基地建设方面，重点建设六大基地：以影视产业为主线，延伸旅游、休闲娱乐等相关产业的珠海南方影视文化产业基地；依托古村落和旧居改造，集创意培训、艺术展览、文化交流、旅游休闲等为发展特色的北山中西文化创意产业基地；以“文化+科技”为特色的高新区数字娱乐内容产业基地；以文化旅游产品和主题演出为特色的圆明新园文化旅游产业基地；以创意产业总部研发为特色的金地·动力港文化创意产业园；利用旧厂房改造，以动漫网游、数字设计为主导，集展览会展于一体的南屏壹号文化创意园。[2] 重点文化产业基地，更是服务型载体、平台和文化创意的旗舰舞台，有助于调整城市产业结构，改善城市基础设施，为珠海文化产业起良好的带动作用。

目前，珠海经济发展规模还不算大，文化产业竞争力还不是很强。从长远发展来看，做到经济发展、环境保护、文化传承三者共赢，是珠海的发展目标。随着横琴开发加快推进、港珠澳大桥加快建设、高栏港经济区成为珠江口西岸唯一国家级经济技术开发区等优势条件，珠海文化产业还有巨大的提升空间。

（二）中山

作为一代伟人孙中山先生的故乡，中山市近年来切实推进文化名城建设，形成了以游戏游艺、包装印刷为龙头，涵盖文化创意、文化艺术、文化娱乐、文化会展、文化旅游、文化用品和设备生产及销售等相对完整的产业体系。中山市24个镇区“一镇一品”的经济发展模式历来为外人所称道，古镇镇被授予“中国灯饰之都”称号、小榄镇被授予“菊花文化之乡”和“中国电子音响行业产业基地”称号、大涌镇被授予“中国红木家具生产专业镇”及“中国红木雕刻艺术之乡”称号、沙溪镇被授予“中国休闲服装名镇”称号等。中山涌现出一批如金马游艺、世宇乐园、龙城国际、詹园、伊泰莲娜DIY、文华影院等具有区域知名度的市场品牌。打造

---

① 据珠海市委宣传部有关材料.

② 张元章. 珠海文化产业迈向集群化. 珠海特区报，2012-05-17.

了一批具有区域特色的文化产业基地：港口镇被授予“中国游戏游艺产业基地”称号，小榄文化艺术品产业基地被文化部和广东省文化厅命名为“全国文化产业示范基地”和“广东省文化创意产业园”等，坦洲伊泰莲娜 DIY 地带被广东省文化厅命名为“广东省文化创意产业园”。中山市还把本地的历史文化资源转化为文化品牌，如小榄菊花会、中山咸水歌、沙溪凉茶、醉龙舞、崖口飘色等，均被列入国家级非物质文化遗产名录。以孙中山品牌和岭南文化带动的具有鲜明地方人文特色的文化旅游业，正在中山蓬勃发展。一年一度的国际游戏游艺博览交易会、中山文化消费节、岭南水乡文化节等文化会展品牌也日渐成熟。[①] 总体看来，中山“一镇一品”的模式专业化程度高，做强了专业镇经济，造就了区域优势主导产业和一系列具有特色的地方文化品牌，有利于带动地方整体经济的发展。

“十二五”期间，中山市要深入挖掘以“孙中山文化”为重点的“名人”、“名城”文化内涵，突出文化内容产品的创意特色和时代文化精神，进一步优化文化产业结构，重点发展创意设计、动漫游戏游艺、印刷复制、文化旅游四大产业，把工业设计作为传统产业转型升级的重大措施来抓，积极推动工业设计产业化；加快发展广播影视、会展广告、出版发行、演艺娱乐、艺术品交易和其他文化产业，推动产业向集约化、集团化、规模化方向发展。按照城市、乡镇、社区“三带多点”的框架，中山市着力开发建设都市核心文化产业带、乡镇创意设计文化产业带以及社区休闲娱乐文化产业带，形成特色鲜明、结构合理且与中山城市发展规划相适应的文化产业发展格局。中山市着眼于发挥自身的特色和优势，站在更高的层面进行系统谋划，《中山市“十二五”文化产业发展规划》提出了重点建设的四大文化产业基地：

（1）国家级游戏游艺产业基地。

以港口镇为中心，依托中国（中山）国际游戏游艺博览交易会，推进游戏游艺产业基地服务平台建设，力争把基地建设成为集游戏游艺研发中心、内容鉴定和创新中心、展示交易中心、技术鉴定中心、产品和技术进出口服务中心、版权保护中心、产品标准制定中心为一体的国家级游戏游

① 胡少佳，单晖宇．特色文化产业“聚变”中山．中国文化报，2010－05－14.

艺产业基地。

（2）小榄国家文化产业示范基地。

以小榄镇文化艺术品产业基地为载体，构建完善的文化产品和服务产业链条，优化提升文化艺术品交易中心，培育发展具有创新创造氛围的青年创业孵化平台。重点开发美术品生产与销售、古董和钱币交易、旅游产品经营、演出经纪、艺术培训等文化产业项目。全面整合基地周边资源和环境，优化小榄生态文化公园——菊花园，推动文化艺术品产业基地、文化长廊与水色匝工程融为一体，打造具有国际影响力的多元化、集约型、开放性的市民休闲、旅游娱乐互动发展的中山小榄国家文化产业示范基地。

（3）国家级红木家具文化产业基地。

整合三乡、大涌、沙溪等地在红木家具行业已形成的生产技术和专业市场资源，加强在文化创意、产品设计、品牌宣传、技术研发、市场推广等方面的合作，促进文化创新与制造业创新相融合，提升红木家具产品文化附加值，力争将基地建设成为全国红木家具产品创新中心、国家标准制定中心。

（4）当代原创画家产业基地。

以南朗镇中国·翠亨文化艺术创作基地为核心，积极引进和集聚国内外高端美术创作人才，促进原创美术作品逐步向产业化、特色化、高端化方向发展。打造中山市高端文化产业品牌，大力发展基地艺术品交易、艺术培训和艺术会展业，建成省级当代原创绘画作品产业集聚区。

中山市文化产业布局的思路清晰，其经济也已发展到一定阶段，特色文化产业的品牌效应也在逐步显现，下一步要加大经济与文化联姻的广度和深度，全力打造文化产业集群，提升游戏、游艺等优势产业的国际影响力和竞争力。

（三）江门

“中国第一侨乡”江门，历史文脉源远流长，文化底蕴积淀丰厚，民间艺术丰富多彩，非物质文化遗产数量繁多，华侨文化更是独树一帜。江门要充分发挥“中国第一侨乡”的独特优势，挖掘本土特色文化资源，打响侨乡文化品牌。江门应大力发展文化旅游、印刷发行、影视传媒、动漫游戏、广告会展、创意设计、演艺娱乐等行业。重点推进文化创意园区、动漫影视产业园、嘉禾影城、赤坎影视城、鹤山印刷产业基地、蓬江侨文化城市展示区、开平侨文化生态保护区、台山侨文化生态保护区等项目建设。

在文化旅游业方面，江门要以文化提升旅游的内涵，以旅游扩大文化的传播和消费，打响“文化侨都”的知名度和美誉度。围绕侨乡优秀文化，依托各地独具特色的名胜古迹、民俗风情、民间艺术、历史传说、名人名篇，高起点、高水平地规划、开发一批文化景区和策划一些旅游文化主题。以“开平碉楼与村落”世界级文化遗产为核心，挖掘旅游文化内涵，增进游客的体验值。借助陈白沙纪念馆、崖门古战场、恩平圣堂歇马村、蓬江区棠下良溪村等历史文化古迹，完善历史文化游、民族风情游等具有江门特色的文化旅游线路。同时，将文化旅游与影视基地建设结合起来，使旅游、影视拍摄、娱乐等因素融为一体。

在印刷发行业方面，以鹤山雅图仕印刷有限公司、鸿兴印刷（鹤山）有限公司等龙头企业为带动，通过信息化、数字化、网络化等高新技术改造传统印刷工艺，普及环保低碳印刷技术和绿色印刷工艺，大力推进节约资源、能源工作，发展循环经济，提升印刷产品的文化含量，力争把江门打造成为广东省乃至全国重要的印刷品生产基地。

在动漫游戏业方面，围绕打造中国“动漫侨乡”的战略目标，加快推进江门动漫游戏产业发展。重点建设江门市缤果动漫创作中心等动漫影视园区，建立动漫影视产业研发基地和动漫游戏展示平台。鼓励企业挖掘侨乡文化资源，推动江门动漫游戏产业走自主开发为主的道路，全面提升自主创新能力，催生更多的像“缤果”、“蔡李佛”这样的知名原创动漫品牌，促进动漫衍生产品的开发与制造。

在文化会展业方面，江门要重点支持和发展专业化、特色化文化展演活动。打造文化产品展示交易平台，推动文化消费和文化贸易。如中国（江门）侨乡华人嘉年华、中国（江门）摩托车工业博览会、“侨乡动漫节”等。

在演艺娱乐业方面，要打造反映侨乡文化特色的演艺项目，不断丰富演出市场。弘扬“蔡李佛”武术文化，进行影视、动漫、表演等创意研发，打造“武在江门”品牌，在开发中传承国家级非物质文化遗产。贴近江门文化艺术活动和文化艺术消费的实际，营造优质的文化演艺消费氛围，将江门演艺中心打造成集演艺、创作、生产、消费于一体的文化艺术产业园区。

珠三角地区是“世界制造基地”、“全国科技重镇”，这些优势为创意文化的发展繁荣提供了肥沃土壤。“以文化为载体，以创意为内核”，珠三角地区依靠其本身所具有的资金、区位、相关产业优势，推动文化产业占城市经济比重增加。通过增加创意和文化内涵，提升传统制造业并消化低层次劳动力，加强文化产业与制造业、服务业等其他产业融合，珠三角文化产业将找到浩渺无垠的“新蓝海”。

第二节　东西两翼及粤北山区市文化产业布局

根据国际、国内经验，发达国家和地区发展文化产业已经形成良性循环，具有更加强劲的优势。欠发达国家和地区与发达国家和地区相比，最大的差距实际就是以文化产业为主体的现代服务业的差距。越是重视发展文化产业，就越是容易拉大发达地区与欠发达地区的距离。因此，在省级的宏观决策调控和政府作为上，调整、优化文化产业布局，更应向欠发达地区倾斜。

做大做强文化产业这一新兴战略性产业，要特别注重统筹兼顾，调整广东文化产业布局和结构，进一步明确“先富帮后富”是制度设计、是社会责任，加强这项工作的预见性，着眼于缩小地区间的贫富差距，从智力、政策、资金等方面支持东西两翼及粤北山区市发展文化产业，推动全省区域协调发展。以广州、深圳为中心的珠三角文化产业快速发展的同时，东西两翼和粤北山区要依托地方特色文化资源，大力发展区域特色文化产业，承接珠三角地区产业转移，形成有区域特色的文化产业群。

一、粤东文化产业布局

粤东包括汕头、潮州、揭阳、汕尾四市。粤东文化产业布局应突出重点，以汕头为中心加快推进区域经济一体化进程，发挥民营经济发达和侨乡的优势，大力发展民营文化产业，吸引华侨投资，提升工艺美术和动漫玩具等产业的发展水平和集聚度，承接珠三角印刷复制等产业转移。

（一）汕头

汕头是近代以来中国重要的对外通商口岸，中西文化交融使汕头既传承了潮汕的传统优秀文化，又博采众长吸收了各种先进文化，形成“开放兼容、创新争先”的文化特质，拥有特区文化、华侨文化、海洋文化、潮汕文化等城市文化名片。

就汕头的文化产业而言，已基本形成四大区域性文化产业集群：金平和龙湖区的印刷业、潮阳区的光盘音像业、澄海区的动漫玩具业、潮南区的文具业等；涌现了国内“动漫第一股”的广东奥飞动漫文化股份有限公司等龙头动漫企业以及广东星辉车模、广东骅威玩具工艺和广东群兴玩具等动漫玩具创意产业的上市公司。汕头文化产业集聚发展的特色较明显，“玩具+动漫”的工艺玩具业、高端技术化的印刷业、规模化的音像材料业以及品牌化的文具业等规模不断扩大，效益逐步显现。如澄海区是中国闻名的玩具工业生产、出口基地，先后获国家、广东省有关部门授予的“中国玩具礼品城”、“国家火炬计划澄海智能玩具创意设计与制造特色产业基地”、“中央电视台动画形象玩具产品生产基地”、“广东省玩具产业集群升级示范区”等称号，2009 年又被广东省文化厅命名为“广东动漫玩具创意产业集群”。[①] 汕头的特色文化产业已初具规模，有利于其文化产业整体稳定、健康、可持续发展。

在空间布局方面，汕头实施区域间文化产业错位发展战略，促进具有鲜明特色和辐射效应的文化产业空间的形成。

汕头中心城区重点发展传媒出版、创意设计、印刷包装、数字内容、动漫游戏、文化会展、文化旅游、演艺娱乐等产业，形成新兴和高端文化产业的集聚区域，进一步提升中心城区文化产业的辐射功能。

澄海组团充分发挥“中国玩具礼品城”和“中国工艺毛衫名城”的品牌优势，重点发展玩具礼品、动漫等产业，建成国内外知名的玩具礼品生产基地和产品交易中心。《汕头市现代服务业提速计划》中提到，将于“十二五”期间在澄海区建设动漫玩具创意产业园，大力吸引软件、动漫、广告、工业企业的研发设计机构等入驻，促进澄海玩具产业与动漫、文化传媒等产业相结合，努力将其打造成为国家级工业与创意产业发展相结合

---

① 陈松洲．汕头发展文化创意产业的路径选择．汕头大学学报，2012（2）．

的示范性园区。澄海区委、区政府在“十二五”规划中提出实施“动漫文化带动工程”，加快规划建设动漫文化与网游创意产业园区，吸引国内外大型文化创意企业落户园区。该项目将利用汕头市和澄海区的区位优势和动漫产业衍生产品产业优势，整合地方、动漫产业企业、版权交易机构及投资商、商业营运商等各方优势资源，汇集国内外动漫及相关领域的专家精英，引进先进理念、技术、管理和商业运作经验，建成集动漫衍生产品开发、动漫作品制作和外包服务以及发行播放、版权交易服务、教育培训、考级中心为一体的动漫产业链整合平台、动漫产业综合性公共服务平台。

另外，金平区、龙湖区重点发展印刷包装产业集群。潮阳组团重点发展音像制品、文具纸品包装等，建成国内外知名的音像制品生产基地与产品交易中心。潮南组团重点发展文具等产业，成为国内外知名的文具生产基地与交易中心。南澳海岛可持续发展试验区重点发展文化创意、文化旅游等，建设南澳文化创意产业园区，打造文化生态旅游岛。

根据2010年8月出台的《中共汕头市委、汕头市人民政府关于建设文化强市的意见》，“十二五”期间，汕头将着力建构文化产品展示交易平台，完善文化产业服务体系。扶持发展文化会展业，办好中国澄海国际玩具礼品博览会、汕头文具博览会、中国（汕头龙湖）书画艺术产品交易会等专业展会，打造粤东文化会展交易中心。基于此，汕头要整合区域文化资源，提升会展业的质量和内涵，精心培育具有鲜明专业特色的行业展览交易平台，为各种大规模、高水平、有影响的文化活动提供舞台，促进粤东地区文化产业的发展与繁荣。

充分发挥文化在建设区域中心城市中的引领和支撑作用，解放和发展文化生产力，进一步整合资源、提升效能，做强文化产业，汕头将成为名副其实的粤东区域文化产业中心。

（二）潮州

作为“潮文化”的发祥地，潮州最明显的比较优势就是文化资源丰富。潮州历史悠久，文化底蕴深厚，是国家历史文化名城、中国著名侨乡、国家园林城市、中国瓷都、婚纱晚礼服名城、中国工艺美术之都。以潮州方言、潮剧、潮州音乐、潮州菜、潮州功夫茶、潮州传统工艺、潮州民俗等为代表的地方特色文化饮誉全球。故潮州文化经济发展具有广阔的前景和巨大的潜力。

发展潮州文化经济，就要发挥潮州的特色优势，加快发展文化创意业，大力发展文化旅游，推动潮州工艺品、木雕、潮绣等产业化发展，不断做强潮州文化产业。《潮州市国民经济和社会发展第十二个五年规划纲要》提出，把发展壮大文化旅游业作为促进文化与经济融合的重要抓手，以加快古城文化旅游区建设为核心，加快提升文化旅游业发展水平。大力发展潮文化特色产业群，提高工艺美术业发展水平，打造广东“潮州”旅游商品基地。抓住潮文化“精、细、美”等特质，把文化元素和文化特色更多地融入特色产业中，以文化助推特色产业转型升级。在优势产业布局方面，以枫溪区作为潮州市发展陶瓷文化创意产业的核心区，着力打造中国陶瓷文化创意产业基地；以湘桥区作为潮州市发展特色工艺业的核心区，大力推进潮州市非物质文化遗产的保护开发利用，推进非遗文化实现经济化、产业化，着力国家非物质文化遗产创意产业基地；以潮安县作为潮州市发展印刷包装业的核心区，着力打造中国印刷包装产业基地。

潮州文化产业发展的重点之一是文化旅游。潮州要整合全市文化旅游资源，以潮州古城文化旅游区为核心，依托广济古桥、开元寺、韩文公祠、道韵楼等国家级文物古迹，挖掘并强化“中国历史文化名城”的品牌效应。文化和旅游的双向互动，有赖于深度开发多样化的系列产品，以满足现代游客的心灵诉求。

潮州文化产业发展的重点之二是传统工艺美术业。陶瓷、潮绣、木雕、麦秆画等“潮州传统工艺美术”是潮州文化的重要组成部分，要加强工艺美术发展规划，扩大工艺美术业的人才队伍，开辟市场化、产业化的路子，让传统工艺美术焕发新光彩。

潮州文化产业发展的重点之三是是印刷包装。发展壮大“中国印刷包装第一镇”，巩固并强化庵埠“中国印刷包装生产基地”的地位，形成规模经济，衍生出新的产业集群。以低碳节能方式逐步引导产业的转型升级，使绿色环保渗透到整个产业链，将绿色印刷与文化产业紧密融合，保持潮州印刷包装行业在国内的技术领先地位。

同时，潮州要借助城市布局和产业结构调整，鼓励发展以总部经济、会展经济、创意产业、动漫产业为主的新兴文化业态。新兴文化业态是在多样性基础上实现的文化与科技融合，没有科技的支撑，传统文化资源就很难转化为具有竞争力的文化产业资源、形成规模化走向市场的文化产品。潮州必须注重运用现代科技发展的最新成果，努力实现传统文化产业与新兴业态双轮驱动、两翼齐飞。

（三）揭阳

处于潮汕文化圈的揭阳，有自己的个性和特点，要积极发展具有区域特色的文化产业。重点发展文化旅游服务业、工艺美术业、音像复制业、印刷业、演艺娱乐业以及会展业等产业。在具体的空间布局方面，根据2013年4月出台的《揭阳市文化产业振兴规划（2012—2015年）》，榕城区将重点发展文化旅游、高端工艺美术、创意设计等产业，整合优势资源，推进富盈文化生态旅游等重点项目建设，以揭阳学宫为中心，打造儒、释、道民俗风情旅游城；充分发挥“青狮”、“木雕”文化产业示范基地作用，带动美术、书法、音乐等艺术生产规模化、产业化集聚发展，塑造市区文化中心形象，确立全市文化产业中心地位。另外，揭东区、惠来县、普侨区、大南山侨区等应大力发展文化旅游业，充分发挥揭阳大量国家级、省级、市级的非物质文化遗产和文物资源的作用，做大做强特色文化旅游业。

同时，以广东省确立粤东地区作为全省印刷、复印基地的有利契机，大力发展光盘、印刷产业，打造揭阳复制、印刷品牌。以发展阳美翡翠玉石加工业为龙头，打造揭阳工艺美术品牌。挖掘潮剧、山歌剧等戏曲精粹，打造揭阳演出业品牌，推动全市演出业的繁荣发展。在文化产业园区方面，建设揭阳印刷音像产业园、南方（揭阳）潮汕文化产业园、阳美玉雕文化创意产业园、揭阳华侨文化产业创意园等重大文化产业项目。

（四）汕尾

汕尾市所辖的海陆丰地区历史悠久，是福佬文化、广府文化、客家文化、闽南文化、中原文化的交汇地，文化兼收并蓄，多元发展，自成一格。近年来，汕尾积极培育和发展文化市场，打造传统文化艺术产业发展基地，逐步形成了网络文化、文化艺术、文化休闲娱乐、广播电视电影、出版发行和版权服务等综合性文化市场体系。

利用海滨城市丰富的自然旅游资源和历史人文资源，汕尾文化产业发展要突出“红、蓝、绿、古、特”主题，突出休闲城市特色，其重点为：加快建设海丰红色文化创意产业园区、城区蓝色文化创意园区、陆河绿色文化创意园区、陆丰古色文化创意园区。着力打造海陆丰正字戏、西秦戏、白字戏演艺基地，陆丰皮影戏动漫基地，汕尾妈祖文化创意基地，汕尾民间舞蹈、音乐基地，红海湾影视制作基地。支持陆丰东海镇建设珠宝工艺产业园、甲子镇贝雕、海柳工艺产业园、碣石镇书画产业园，海丰海城镇木雕产业园、可塘镇宝石工艺产业园、梅陇镇首饰工艺产业园、公平服装文化产业园以及城区捷胜镇泥塑产业园。大力拓展一批“专、精、特、新”的中小文化企业，推动文化商贸业、文化旅游业、文化休闲娱乐业的融合发展，把汕尾建设成为既有浓郁地方特色，又有鲜明时代特征的文化区域。① 原属惠阳地区的汕尾，原本与珠三角是融到一起的，汕尾文化产业的发展走向，也应该朝向珠三角、融入珠三角，承接珠三角产业转移，实现“蓝色崛起”。

二、粤西文化产业布局

粤西包括湛江、茂名、阳江、云浮四市。

（一）湛江

湛江东临南海，西靠北部湾，南出太平洋，处于亚太经济圈中重要的地缘战略位置，是粤西城镇群的中心。湛江被确立为粤西城镇群的中心，不是偶然的。历史上，湛江是大西南地区的主要出海通道，为全国首批对外开放的沿海城市，是北部湾最重要的城市。从城市人文看，雷州半岛孕育了历史悠久的航海文化、璀璨的南海“明珠”文化和兴旺发达的捕捞文化。湛江完全具备作为粤西城镇群中心的发展潜力。湛江地处珠三角与大西南、东盟的结合部，具有市场优势、区位优势、资源优势，在粤西文化产业发展中应该力拔头筹。

在文化产业空间布局上，根据《湛江市文化事业和文化产业发展“十二五”规划》，湛江市区要发挥作为湛江中心区域的文化引领和辐射作用，重点发展若干具有竞争力的大型文化传媒企业，建设湛江歌剧院、湛江市文化艺术中心、湛江市文化主题公园等具有一流水准的标志性文化设施和文化服务平台，努力将湛江打造成为带动全市、辐射北部湾、影响东南亚的文化产业中心和区域文化中心。开发区要提升歌舞娱乐业，发展文化产业总部经济。霞山与赤坎要建设历史文化街区和商贸文化圈。麻章、坡头、东海岛要着力发展文化休闲等文化旅游业。此外，在境内 325 和 207

---

① 据汕尾市委宣传部有关材料.

国道等交通主干道沿线，结合市域绿道网建设，选择有代表性的特色文化点与市区文化亮点整合连串起来，进一步构建“南疆文化走廊”。并有效整合蓝色滨海旅游资源、绿色生态旅游资源、红土风情与历史文化资源，将文化资源和文化亮点如珍珠般串联起来，串起山水间的历史记忆，湛江的文化旅游将呈现别具一格的风貌。

湛江要积极引导社会力量参与文化旅游资源的开发利用和经营，打造文化旅游街区，形成特色突出、层次分明的文化旅游产品。以“人龙舞”、“舞鹰雄”、“醒狮”、“龙舟”、“飘色”、“石狗”、“雷州换鼓”、“傩舞”等富有湛江特色的民间民俗艺术为载体，丰富和提升旅游项目的内涵，推动旅游和文化艺术活动的发展。加强对古迹文物、名人故居、革命遗址、法式建筑等历史文化遗产的保护和利用，打造霞山延安路法国风情街和赤坎民主路古商埠旅游文化街、特呈岛“文明生态旅游新海岛”、雷州历史文化名城、徐闻海上丝绸之路、大汉三墩、吴川名人故居等一批适合于休闲度假的生态旅游品牌；以世界地质公园——湖光岩等特色旅游景点为平台，引导办好传统民间节庆和特色主题旅游活动。把民俗表演、旅游展览、实地旅游和文化活动有机结合起来。[①] 通过开发特色突出、层次分明的文化产品和旅游产品，使潜在的资源优势转化为产品优势，进而转化为市场优势和经济优势。

充分发挥湛江国际会展中心主阵地的作用，搞活会展经济。借助湛江国际会展中心多次成功举办博览会的经验，定期举办具有影响力的文化专题会展，促进文化会展业的发展，打造粤西最具特色、最有吸引力的会展中心之一。

（二）茂名

茂名拥有丰富的滨海旅游资源、生态旅游资源和历史文化旅游资源。冼夫人文化、荔枝文化、民俗文化和石油文化四大特色文化，为茂名发展文化产业提供了独特的文化资源。茂名要集中力量，大力发展冼夫人文化产业、荔枝文化产业、民俗文化产业和石油文化产业，积极推动南玉文化、版画文化、橘红文化、海洋文化等地方特色文化品牌建设，用文化丰富和提升“冼太故里、中国荔乡、云山鉴水、滨海茂名”的文化品牌内

---

① 据湛江市委宣传部有关材料.

涵，通过文化滋养推进茂名的产业发展。重点发展娱乐休闲、现代传媒、文化旅游、出版发行、印刷复制、网络文化、演艺娱乐、文化会展等文化产业；加快建设冼夫人文化产业园区等文化产业项目，带动文化产业转型升级；着力建设信宜南玉文化、高州版画文化特色产业市，以及镇隆飘色、电城镇冼夫人文化等特色产业镇。在高州建设集木偶设计、生产、展示、排练、演出、交流、教学为一体的木偶戏基地，做大木偶戏文化产业。① 加强包装和宣传，将民间文化艺术、民俗文化资源转化为实际的旅游市场。另外，要把“茂名订戏会”办成辐射粤西乃至整个华南地区的戏曲演出交易平台，推动茂名演艺业发展，并带动茂名城乡整个文化市场活跃起来。

（三）阳江

阳江的海洋文化、高凉文化、刀剪文化、风筝文化、漆艺文化和根雕文化等传统特色文化源远流长，而被称为“阳江三宝”的小刀、漆器、豆豉也负有盛名。阳江应着力打造地方文化品牌，做大做强区域特色文化产业。如阳江刀剪产业历史悠久，并经过不断发展，已积累了深厚的产业优势，如今要更进一步实现产业升级，势必要努力实现刀剪产业、企业、产品与文化的融合。要充分利用“中国菜刀中心”、“中国剪刀中心”、“中国小刀中心”和“中国刀剪之都”等品牌，借助“刀剪国际博览会”这一平台，加强刀剪产品的创新设计和市场营销，开发出更多、更好的具有地方特色文化元素的产品，进一步开拓国内外市场。

阳江有着丰富的海洋文化神韵，是广东海洋文化的一个重要的闪光点。在海洋文化资源挖掘方面，阳江要以“南海Ⅰ号”海洋文化品牌开发为龙头，彰显广东海上丝绸之路博物馆厚重的文化内涵，着重发展海洋博览业和海洋文化旅游业，整合渔家旅游、古船木艺等资源，促进文化与旅游的深度融合，打响海上丝绸之路、浪漫银滩、宋船古韵旅游品牌。推动以海洋文化为特征的海陵岛文化创意园的建设，重点把海陵岛作为阳江海洋文化产业发展的主战场，推出黄金旅游线路。在海洋文化产业的具体推动上，大力发展与“南海Ⅰ号”相配套的文化产业，扶持开发以船模、瓷器仿制品等海洋饰品摆设为主的、具有海洋文化特色的旅游产品和民间工艺品。大力支持拓展传统工艺文化品牌的打造，挖掘传统文化资源的现代

---

① 据茂名市委宣传部有关材料.

经济价值，着重发展奇石根雕会展业和风筝、漆艺旅游工艺品制造业，推动传统文化与现代产业的融合和发展，实现传统手工业与现代商业的融合发展。改变阳江风筝、漆艺、根雕等传统工艺品目前“小作坊、小生产、小规模”的状况。引导社会资本以多种形式投资，推动阳江地方特色传统工艺的产业化、规模化生产。同时，积极培育现代文化产业，吸引社会资金开发与海洋文化相关的动漫创意等项目。

（四）云浮

地处粤西山区的云浮是广东最年轻的地级市，却有着独特的文化魅力。云浮以禅宗六祖文化、云石文化、南江文化为“招牌”，提升了当地文化产业发展的基础和内涵。《云浮市国民经济和社会发展第十二个五年规划纲要》提出，要大力打造以“三大文化”为主题的特色文化品牌，继续举办好“广东禅宗六祖文化节”、“广东（云浮）石文化节”和“南江文化艺术节”等重大节庆活动；大力调整文化产业结构，推进文化市场体系建设，实施文化产业品牌战略，加强对禅宗六祖文化、南江文化、石艺文化的研究与保护，挖掘、提升云浮特色文化，加快推进广东禅文化创意产业园区、石艺文化创意产业园、南江文化创意产业园、以“三网融合”为基础的文化信息服务业、文化生态旅游业等重点文化产业项目建设，发挥文化品牌的辐射效应，打造中国禅都、石艺新城、百越之地，促进和形成新的经济增长点。例如，广东禅文化创意产业园区位于云浮市新兴县六祖镇，将规划建设五大产业：一是禅文化生态旅游，包括国恩寺、六祖故居、龙山温泉、藏佛坑景区、神仙谷景区、水湄村景区等；二是禅文化研发与交流，包括世界禅文化学院、禅文化博物馆、禅文化研发中心、禅乐制作中心、禅文化动漫制作基地、禅文化影视实验基地、禅风建筑研究中心、传统手工艺保护与发展基地；三是禅文化感悟与养生，包括农家禅院集群、山林禅院集群、温泉民宿集群；四是禅农文化体验，包括禅农并重体验区（福田茶园、禅茶馆）、农禅区（市民农园）、特色花卉种植；五是禅文化服务与消费，包括禅文化主题酒店、特色商业、素斋馆、温泉养生会馆、民俗居住等。[①] 广东禅文化创意产业园区的目标定位是形成具有参

---

① 欧甸丘．广东新兴投资百亿元打造“禅文化创意产业园区”．新华网，http://news.xinhuanet.com/society/2011－08/09/c_121832467.htm.

禅朝圣、文化体验、旅游度假、养生保健、会议展览等特色功能的复合型文化产业园区，既能供大量就业岗位，又可以带动相关产业集聚。

三、粤北文化产业布局

粤北山区包括韶关、河源、梅州、清远四市。

《广东省现代产业体系建设总体规划（2010—2015 年）》将粤北定位为“生态产业带”，按照开发和保护有机结合的原则，走生态文明发展道路，适度发展资源型产业和低污染产业，优先发展生态旅游业。粤北山区要加快生态文明建设，把生态优势转化为文化产业发展优势，培育发展文化旅游等特色文化产业。粤北山区是广东重要的生态屏障和水源涵养地，必须承担起保护生态的责任，坚决守住生态底线。同时也要看到，优良的生态环境是山区加快发展的巨大优势，要充分利用生态优势，努力走出一条依靠生态加快文化产业发展的路子。

（一）韶关

作为中国优秀旅游城市、国家园林城市和生态文明建设试点地区，韶关要打响“丹霞世界自然遗产地”和“禅宗文化圣地”两大品牌，打造休闲旅游和户外运动两大基地，重点推进“大南华文化创意产业园”、“珠玑文化产业园”、“始兴制笔基地”等文化产业园区的规划建设。如大南华文化创意产业园将南华禅寺、曹溪温泉、马坝人遗址等作整体开发，带动文化、旅游、创意、养生、祈福、教育、动漫、地产等相关产业的发展。通过整合禅宗文化、丹霞文化、生态文化等特色文化资源，把韶关建设成为具有特色文化辐射力、传播力和亲和力的区域文化中心。

根据各县（市）的地域特色，韶关要深入挖掘历史、自然和民间传统艺术资源，形成形态各异的文化产业项目聚集区，将县（市）丰厚的文化资源优势转化为产业优势：

（1）乳源瑶族自治县文化生态保护区。结合“打瑶族牌，走生态路”的发展思路，打响“世界过山瑶文化”品牌，打造“中国瑶绣之都”、中国观赏石之乡和瑶族节庆文化品牌，抓好民族文化生态和南岭生物多样性文化品牌。同时，把瑶绣、瑶服、瑶歌、瑶舞以及古村落、古道、古亭景观等瑶族的优秀历史文化作为旅游系列产品来开发，形成产业化规模经营。

(2) 翁源县兰文化博览中心。依托翁源的兰文化资源，形成以花卉交易为主，集种植生产、配套服务、休闲观赏、兰文化展示、旅游度假等功能于一体的现代物流、交易、会议和文化中心。

(3) 始兴工业设计基地。重点发展以制造业为支撑的创意与设计产业，立足历史文化资源基础和产业现状，结合制笔、丝绸和万达车模玩具等制造业，突出研发和设计功能，大力建设和发展始兴制笔研发制造基地、始兴县丝绸文化产业创意园。

(4) 仁化生态文化休闲基地。依托仁化油茶种植加工示范基地、石塘历史文化名村和仁化土法造纸等资源，开发集油茶观赏科普园、油茶博览馆、油茶文化研发中心于一体的广东富然油茶生态文化科技园、石塘历史文化名村产业园和仁化土法造纸文化产业园。

(5) 南雄姓氏文化基地。依托南雄的历史文化资源，利用珠玑古巷景区、梅岭古道红色文化等资源的优势，深入挖掘保护姓氏文化，打造珠玑文化品牌和红色文化精品。举办珠玑姓氏文化节、珠玑文化展，举行民间特色艺术表演。通过修复古道、古巷、古村落及建立百家姓姓氏电子书库和姓氏博物馆等，争取将珠玑产业园打造成为岭南特色文化名片和广东省乃至全国姓氏寻根基地。

(6) 乐昌人文历史旅游基地。依托乐昌丰富的民俗、名人遗迹、生态等资源，重点发展人文历史文化产业。整合十二渡水生态旅游区、九峰农家乐、赏花摘果等资源，结合“九峰山歌”和薛岳故居，打造乐昌市九峰生态人文产业园；以金鸡岭风景区为文化载体、打造集健康文化、历史文化、盆景文化于一体的广东北大门金鸡岭文化产业园；提高文化产业服务水平，打造岭南门户老坪石历史文化遗迹一条街。

(7) 新丰县张田饼印文化街。设立张田饼印陈列馆，以长骑屋木楼老街为基础，开发张田饼印文化产业发展一条街。①

韶关要建设成为粤北区域中心城市和生态发展区，必须将发展文化产业放在突出位置，凸显山水文化名城的特色，把生态优势转化为发展优势，建设粤北特色文化产业聚集区，提升文化产业综合实力。只有具备较

---

① 据韶关市委宣传部有关材料.

强的文化影响力、文化核心竞争力和文化创新发展力，韶关才能成为名副其实的区域中心城市。

（二）河源

河源是客家古邑，也是绿色之乡。河源是粤港地区重要的饮用水源地和广东最重要的生态屏障。从全省范围和文化产业角度看，河源文化资源的特色和优势，主要集中在恐龙文化、东江流域客家文化、水文化和温泉文化资源四个方面。这四个方面的文化资源，特色鲜明，优势明显，具备产业开发的内在条件，可以形成文化产业链条。文化休闲旅游、娱乐展演、恐龙文化创意、传统手工艺制作、现代传媒、出版印刷等文化产业，是河源要致力打造、培育的文化产业体系。[①] 根据《河源市建设文化河源规划纲要（2011—2020年）》，河源市的文化产业发展思路为：

（1）发展特色文化产业。

充分挖掘河源的历史文化、客家文化、恐龙文化、红色文化、生态文化等文化资源，加强项目规划，采用新材料、新方法、新内容、新工艺，发展集文化研究、文化创意、演艺娱乐、影视制作、动漫游戏、数字出版、旅游休闲、特色工艺品加工生产销售于一体的文化产业。积极发展以创意内容为核心的文化服务业，着力培育文化领域新兴产业，推动文化业态和生产、传播方式创新，拓展新型文化产品和服务，推动文化与旅游融合，大力发展文化休闲娱乐产业。

（2）建设文化产业园区。

加强对全市文化产业的统一规划和科学布局，建设一批特色文化产业基地和文化产业园区。依托丰富的客家文化资源，承接珠三角地区文化产品制造等产业转移，积极创建具有区域特色的文化产业园。重点建设河源恐龙文化产业园、河源报业文化产业园、客家酿酒文化产业园、秦汉赵佗文化和东江客家文化产业基地。

（3）打造特色风情景区。

依托丰富多彩的文化资源，着力打造一批有特色、有影响、有效益的文化风情景区。重点抓好佗城古城、新港客家风情镇、林寨古村、源城太

① 凌丽，田红秀．文化富矿“孵化”文化产业．河源日报，2012－09－04.

平风情街、忠信花灯街和紫金宗祠文化街等项目建设。

河源“客家古邑·万绿河源”的城市形象已经得到广泛传播，文化产业发展应该与区域定位是一致的，即围绕城市品牌和区域发展战略去挖掘历史文化、历史遗存、自然生态、民俗物产、地缘区位等资源，积聚后发优势和能量，探索新的崛起路径，提高文化产业竞争力。

（三）梅州

河源的城市形象定位为“客家古邑·万绿河源”，而梅州则致力打造“世界客都”城市品牌，两市的文化建设目标是一致的，都在打造“客家”牌。梅州是中国中原文化和南方土著文化的重要交汇点，其以独树一帜的客家文化名扬四海，被国务院命名为国家历史文化名城。梅州发展客家文化产业的思路是五个“相结合”：政府“有形的手”和市场“无形的手”相结合，客家传统文化与现代科技相结合，客家传统文化与现代制造业相结合，客家文化与旅游业相结合，客家传统文化与历史文化资源相结合。[①]梅州在建设“世界客都”的过程中，要准确把握客家历史文化的精神内核，找准其与时代文明、产业文明的结合点，让文化更好地服务和统领区域的发展，在文化与产业的融合中提升区域的持续竞争力。

在旅游方面，《梅州市国民经济和社会发展第十二个五年规划纲要》提出要以建设客家文化生态旅游示范区为主导，以文化为灵魂，依托良好的生态、人文等丰富的旅游资源，实施休闲旅游优先战略，大力发展休闲旅游产业，打造国家级“客家文化生态旅游产业园”。推进客家文化生态旅游示范区规划与客家文化、现代农业、生态林业、绿色工业等有关规划的对接，打响客家文化之旅、度假休闲之旅、保健养生之旅、红色文化之旅四大特色旅游品牌，将梅州打造成全国有影响的绿色健康度假城。构建起客家文化旅游产业体系，从客家乡村、城乡客家民居、城市历史街区、博物馆、纪念馆、文化节庆、民俗风情、文化旅游商品等方面，丰富和促进客家文化遗产保护传承和发展。要落实好上述规划，梅州必须在尊重客家人文历史和当代生态文明的前提下，积极推进历史文化产业化，依托文

---

① 曾秋玲．民建广东省委在省政协十一届一次会议上发言　向全省推介梅州客家文化产业五条发展思路．梅州日报，2013－01－28.

化产品共享历史文化。把客家的文化元素贯穿于旅游发展之中，对具有代表性的客家文化和红色文化进行产业转化，为游客提供具有历史意义和时代特色的文化体验与精神享受。

在演艺娱乐方面，《梅州市服务业发展“十二五”规划》提出，依托“世界客都”这一金字招牌，坚持大精品表现、大集团运作、大景点支撑、大服务引领，将客家文化资源转变为现实生产力，把梅州建成“全国知名的客家文化产业城”。以粤港澳文化交流合作（梅州）示范点为平台，大力推进客家山歌、客家特色舞蹈、广东汉剧、广东汉乐、民俗表演人才培养工程和创作工程，提升《客家意象》等一批在国内外有影响的客家文艺精品。在发展新兴文化业态方面，梅州要立足于产业实际和客家文化传统，不能盲目跟风。新兴业态与传统产业必须走融合式发展道路，通过整合营销传播，创造文化产业新价值。

梅州要以文化自觉的理念，逐步打造出一个以客家文化为核心、以文化旅游为主导，依托民间声乐、民间戏曲、民间舞蹈、民间手工艺等民间传统特色文化，发展传统文化产业和新兴文化业态，构建主业突出、形态多样的文化产业集群。

（四）清远

清远山川秀美，紧邻大“广佛”。清远发展文化产业，要充分发挥自身的生态优势、区位优势和文化优势，在山、水、绿、文、人等方面做足文章，全方位深度融入广州和珠三角核心经济圈。深入挖掘、整理和开发清远独特的历史文化、人文景观、民间民俗、自然生态等文化资源，利用优越的自然人文环境，以旅游与文化、农业、工业、商贸有机融合为驱动力，大力发展包括文化旅游、生态观光体验游、休闲健康度假游、商贸旅游、会展旅游的大旅游产业体系。利用好壮瑶民族风情、广东第一峰、北江小三峡、宗教圣地、溶洞温泉和溪流湖泊等条件，积极开发高品位的旅游景点和精品热线。依托“七月香”、“耍歌堂”、“盘王节”等少数民族民俗文化品牌，借助清远国际漂流大赛、连州国际摄影展和阳山四驱越野车节等大型活动，推动民俗风情、生态资源与人文资源的整合，打造旅游特色品牌。[1] 深入挖掘韩愈、刘禹锡等历史名人文化资源，将历史文化品牌建设与经济、社会、城市、生态建设等有机结合起来，以提升地区形象，擦亮历史文化品牌。

具体而言，清远发展文化产业的思路是：充分挖掘、整理清远独特而丰厚的历史文化、福地文化、民族文化、英石文化、山水文化等传统文化资源，打造大、小北江文化旅游带，利用万人城遗址、江口庙、古栈道遗址、浈阳峡岩壁石刻等文物古迹，发挥飞来峡库区和“一江串四珠”的特色文化，着力打造英德“金海湾民俗文化村”；利用连州国际摄影年展的影响力，推动连州“中国美术创作研究·全国写生基地”的建设与发展；利用以瑶壮文化为代表的“非物质文化遗产”资源，打造广东（连南）瑶族文化研究基地、连南大型《瑶族舞曲》实景演出基地、原生态壮瑶民俗村基地、“福地文化”基地。开发与非物质文化遗产相关的美术品、纪念品，展示清远丰富的非物质文化遗产内容。打造壮瑶歌舞演艺文化产业，整合经典歌舞演绎壮瑶民族风情，运用高科技手段，强化视听效果。将历史与现实、自然与文化、原生态与现代艺术有机交融，使之成为清远旅游文化的拳头产品。发展高端会展产业，为绿色经济强市、岭南宜居名城、华南休闲之都增添新的元素。在工艺美术业方面，利用英石、瑶壮刺绣等具有市场潜力的工艺，形成设计、加工、包装、销售、拍卖、鉴定、收藏、会展于一体的特色产业。[2] 基于不同的资源特点和目标市场定位，清远要将特色文化产业打造为运作方式多元的复合型经营业态，融文化休闲、文化体验、文化教育、文化娱乐、文化互动等多样化的诉求于一体，形成多业共生、混业发展的模式。

应该看到，区域文化产业布局战略在空间上并不是一次性完成的，而是多次完成的，并且在完成的过程中要不断地进行战略调整。这就决定了区域文化产业战略布局的展开具有阶段性的发展规律，体现在“增长极”的建构上，就是一个地区要形成一个布局合理、规划科学的现代文化产业体系和整体性的文化产业综合竞争实力，同时必须建立若干个“增长极”，并且使这些“增长极”之间建立起合理的、呈网状结构的战略关联，通过

---

① 达海军，黄津，魏金锋．清远：以文化“软实力”助推发展“硬崛起”．南方日报，2010－07－16.

② 周剑峰．党代会报告是建设文化强市的行动纲领．清远日报，2011－12－30.

这种网状结构的文化产业系统的建设，最终形成一个地区科学、完整、合理的区域文化产业布局，而这一战略目标需要分阶段、分步骤才能完成。[①]总体而言，广东文化产业已经进入持续发展的轨道，下一步将是围绕建设文化强省的目标，期间将更加注重科学发展和综合人文地理环境的平衡，处理好当前与长远、局部与全局的关系，采取恰当的战略步骤解决区域文化产业发展不平衡的问题，结合各地的实际情况，实现既定环境和既定条件下文化产业的最佳布局。

① 胡惠林．区域文化产业战略与空间布局原则．云南大学学报，2005（5）．

第六章　战略分类：不同领域的拓展路径

不同国家对文化产业的分类存在差异，如侧重“创意”、“版权”、“内容”或“休闲”等。对文化产业的分类定位，体现了一个国家和地区的文化产业发展战略思考以及政策导向性。有了明确的产业界定和规划，结合不同领域、不同层面、不同行业的运作特点，区别情况、分类指导，实施多元化战略，才能真正形成国家和地区文化产业发展的合理格局。

经过多年的探索，广东文化产业格局逐步调整演变，门类齐全、结构合理、科技含量高、富有创意的现代文化产业体系已经渐具雏形。随着具有战略意义的新增长点在产业各个门类、各个层面发力，广东文化产业的结构将不断得到调整和完善，产业竞争力也将不断增强。

根据广东文化产业的现状及发展趋势，本章主要探讨文化创意业、报业、广播影视业、出版版权业、演艺娱乐业、网络文化服务业、文化旅游业及文化会展业八个领域的发展战略。

第一节　文化创意业发展战略

国家统计局新修订的《文化及相关产业分类（2012）》标准，文化及相关产业被分为10个大类，其中“文化创意和设计服务”是首次在国家统计标准中被提出。根据这一分类标准，“文化创意和设计”具体包括广告服务、文化软件服务、建筑设计服务和专业设计服务。“文化创意和设计”、“文化创意产业”这两个概念是有所区别的，后者在一些地方等同于“文化产业”，涵盖了影视、动漫、音像、传媒、设计等多种行业，比“文化创意和设计服务”这个概念更广泛。国家统计局新修订的分类标准更全面、细致，增加了“文化创意和设计”这个分类，适应了文化业态不断融合、创新的发展趋势，也显示了对文化产业属性认识的深化。

早在1912年，德国著名经济学家熊彼特就明确指出，现代经济发展的根本动力不是资本和劳动力，而是创新，创新的关键就是知识和信息的生产、传播、使用。1986 年，著名经济学家罗默（Paul M. Romer）就曾撰文指出，新创意会衍生出无穷的新产品、新市场和创造财富的新机会，所以新创意才是推动一国经济成长的原动力。英国著名经济学家、“创意产业之父”约翰·霍金斯（John Howkins）认为，而创意产业和创意是有联系的，但也有不同。创意是人们的想象力和创造力，创意产业是原材料的创造力和想象力。创意、创意产业以及人们的梦想、理想、愿望和经济都密切相关。[①] 创意是创新的内在活力源泉，它会衍生出新技术、新产品、新市场和财富产生的新机会，从而成为推动经济发展的引擎。

20 世纪以来，从事高度创意性职业的人数急剧上升，从建筑师到审美师，从工程师和科学家到艺术家和作家，从高级管理者、规划者和分析师到健康护理、金融和法律专家等。1900 年，创意工作者仅占美国劳动人口的 10%，到 1980 年，这个比例接近了 20%，到 21 世纪初，大约有4 000万工人（大约 30% 的劳动力）从事创意工作。实际上，美国如今的创意工作者数量比从事蓝领工作的工人还要多，大多数发达国家也都呈现出这个趋势。[②] 创意设计已经成为财富的最重要来源。意大利在欧盟体系中只是个经济小国，但是“意大利设计”却享有世界一流的声誉：欧洲最畅销的 10 种轿车中有 6 种是意大利人设计的，意大利还是时尚之都和霓裳之都，意大利的工艺品如皮具、纺织、丝绸、服装、家具和石材等，都以其精巧、别致、精益求精的特点而闻名世界。这些正是意大利人凭借自“文艺复兴”以来的厚重文化艺术传统，利用创意与科技释放出来的国家软实力的展现。[③] 创意与城市智慧、活力紧密联系在一起，发达的创意产业和创意经济能够提升核心竞争力，实现效益的最大化，催生新的财富形态。

当经济基础从现代性的“物质资本”转向后现代性的“知识资本”后，经济发展也随之呈现出如哈佛商学院教授罗布·奥斯汀（Robert Austin）所说的从“工业化制造”向“艺术化创造”转变的趋势。数字技术将我们的生活日益“传媒化”，于是文化产业和其他产业广泛渗透，将服装业转变为服装设计业，将建筑业转变为建筑设计业，将农业转变为农业

---

① 约翰·霍金斯，周一平，杉浦勉．创意产业：新经济源泉．经营者，2006（12）．

② ［美］理查德·弗罗里达．创意经济．方海萍，魏清江译．中国人民大学出版社，2006. 28.

③ 顾作义，颜永树．广东文化创意产业现状及发展思路．学术研究，2009（2）．

观光业等。有意义的文化符号将越来越多的消费品变成载体，并且事实上构成了这些消费品的价值主体。哪怕是一双球鞋，只要是名牌，有文化附加值，价格就可以提高许多。于是，品牌成为市场开发的核心战略，艺术授权业、卡通授权业等成为典型的现代知识产权产业，其市场价值甚至超过艺术品和卡通作品本身。比如迪斯尼的唐老鸭、日本的凯蒂猫，通过形象授权从世界市场获得了高额利润。[①] 文化创意具有极强的渗透性，它能打破传统的产业界限，提升创意产品的经济附加值，拓展品牌效应，带来新的商机，引领一种新的文化消费潮流。如可口可乐作为美国商业和文化的典型代表，在世界范围内成功地塑造了其文化形象，甚至成为美国文化的代言人之一。如果缺少了对文化元素的商业开发与运用，可口可乐只不过是含有二氧化碳的水和糖浆而已。

针对创意产业发展的国际趋势和中国文化创意产业的发展等问题，约翰·霍金斯曾指出，中国并不缺乏创意元素，缺乏的是“写剧本”的人，这需要政府的正确引导。“中国制造”这个词，大家并不陌生。在世界各地都很容易看到印有“Made in China”的产品，而且中国也代工了很多国际品牌，包括阿玛尼、耐克等。但有报道指出，阿玛尼这个世界品牌，在中国生产的一套西装代工成本才 90 元人民币。又如，一台 iPhone 4 的原材料成本只有 185 美元，在中国组装的成本只有 10 美元，再加上物流、广告、设计等成本，其总成本实际上并不高，但售价却高达数千元人民币。由此可见，中国有能力生产出好产品，但却难以诞生国际化的品牌。“阿玛尼西装，从上世纪 80 年代开始兴盛，是因为优秀的剪裁设计，并运用了一些全新意大利时装的款式。全球的人，都对意大利时装有一种渴望。中国的时装，或者中国其他创意类产品需要达到那一步，可能需要走非常长的路。”霍金斯表示，“美国、日本、欧洲国家的创意文化特点，我可以用一句话概括，但对中国却始终无法归纳，因为目前中国的创意产业还缺乏个性，让我无法总结。”霍金斯介绍，1979 年他第一次来中国时，中国还没有电视广告，但那时他就很强烈地感觉到中国文化的个性。现在，中国已成为创意经济发展最快的国家之一，却没有很好地表现出特有的文化内

① 张晓明. 认识文化产业发展不平衡规律 科学制定文化产业发展战略. 理论与当代，2006（1）.

涵，缺乏文化个性。[①] 中国正在走上复兴、崛起之路，以创意创新、个性消费为主要特征的文化产业将迎来巨大的历史机遇。文化产业的竞争，本质上就是人自身创造力的竞争。因此，要突出强调主体的能动作用，充分发挥个体的创造智慧，推动文化产品和服务创意化、个性化、市场化。

广东发展“文化创意和设计服务”，根基应该立于中华民族文化和岭南文化，否则就是丢掉了自己的核心竞争力。民族文化和地域文化正是广东文化创意业参与国际竞争时的最大优势。同时，要加强文化创意设计与展示的自主核心技术和装备研发，形成整体技术集成解决方案。构建专业化媒体超算与协同式创意设计云服务平台，面向广告、会展、工艺品等文化创意设计开展社会化服务，提升文化创意设计的表现力和创作力，提高创意设计的效率和质量。研发文化主题公园关键技术及装备，形成系统集成解决方案，提升主题公园创意设计自主创新能力和文化旅游应用服务效果。[②] 创意设计和技术的关系十分密切，文化创意与技术创新相结合，“文化+科技”的融合模式能极大地提升产品和服务的价值含量。

广东是领先全国的工业大省之一，要发挥制造业大省、出口大省的资源和产业优势，注重文化创意与制造业相结合、与传统岭南工艺美术相结合、与岭南地域文化资源相结合。积极促进创意产业与制造业互相渗透，大力发展文化产业集群，培育形成服务业新的增长点。以知识产权服务和项目评估与策划为重点，大力加强产业服务平台建设，夯实产业发展的基础。以延伸产业链为重点，加强产业发展导向，鼓励发展工业设计、建筑设计、服装设计、美术品、广告、视觉与形象、动漫和网络游戏、音乐制作等文化创意产业。[③] 围绕提升广东工业制造水平和服务传统工业化发展，坚持绿色和循环利用原则，鼓励开展汽车设计、模具设计、家具设计、玩具设计、服装设计、皮具设计、陶瓷设计、布艺设计、建筑设计、鞋业设计等创意活动，以卓越的设计提升工业产品品牌的附加值和核心竞争力。大力发展时尚消费创意产业，支持创意餐饮、婚庆摄影、艺术摄影、发型设计、服饰DIY、美容美体等行业或新业态发展，鼓励时尚产品和服务的

---

① 韶静．创意为王，不仅仅是个口号．江苏商报，2011-09-21.
② 国家文化科技创新工程纲要．2012-06-27.
③ 广东省服务业发展“十二五”规划．2012-04-28.

创新，使广东成为东南亚的时尚消费中心。[①] 由于大众生活方式、消费观念的改变以及消费能力的升级，文化产业要适应市场瞬息万变的消费需求，将时尚设计与产业创意作为竞争市场的原动力。

广东文化产业发展要着眼于文化创意与动漫游戏、音乐制作和广告业的结合，促进创意设计与制造业相结合，促使企业成为其中的活跃参与者；同时借助深化粤港澳文化产业合作，构建具有国际竞争力的大珠三角文化创意经济都市群，形成粤港澳优势互补、错位发展、深度合作的文化产业发展新格局。

以制造业设计为例，广东传统制造业的基础非常深厚，这一领域要进行突围、加快转型升级，实现“卖产品”到“卖文化”的转变，其中关键的一环是强调创意设计。创意设计解决的是人与物的关系，要想把新技术、新材料、新发明应用于商品，也就是转为实用的话，必须有工业设计师的介入，才能够创造出令人耳目一新的成果。工业设计是将科学成果转化为经济效益、降低生产成本的桥梁和纽带，是实现“科技以人为本”的最佳途径。在设计环节通过设计师巧妙的构思和精心的计算后，从材料消耗、零部件使用（甚至螺丝钉的减少使用）、简化制造过程、模具费用投入等环节严格控制，所削减的成本是最大的。从日立公司早在1980年就开始的价值分析活动中发现：在当年度所节省出的1 000亿日元成本中，设计占52%，而改革生产工艺仅占12%。[②] 创意设计是全球化的语言或符号，它对工业发展的作用越来越凸显。好的创意想法，追求“智能、环保、时尚”，在产品设计中大量运用了新的生产工艺、技术与超前的设计理念。

文化创意能够成为制造业的新动力，创意设计可以包装制造业。例如，玩具的品牌可以形成一种文化产业进而推动玩具制造业本身的发展。像奥美动漫的上市，就是一个文化产业包装制造业的典型案例。制造业也可以涵盖文化产业相关的方面，包括工业设计、家具设计、大型设计等。[③] 经典的设计作品即使经过时间的打磨，依然受人欢迎，如1980年日本设计

---

① 顾作义，颜永树．广东文化创意产业现状及发展思路．学术研究，2009（2）．

② 黄河方．设计＋制造，创建专属广州的特色标签．南方都市报，2010－05－19.

③ 陈少峰．发挥文化产业在提升经济中的引擎作用．向勇主编．全球视野下的产业融合与文化振兴．金城出版社，2011. 21.

大师喜多俊之花了3年多时间设计完成的一款红色靠椅，投产后风靡市场30多年。广东是制造大省，工业设计大有前景。广东经济要实现转型，就要在设计上下功夫，通过创意把设计搞上去，提升产品内涵。[①] 珠三角已经成为全球瞩目的轻工业生产基地，广州作为其中心城市，应该依托珠三角现有的工业基础。现今珠三角的工业大多为外商投资，广州应该利用“退二进三”、“腾笼换鸟”的机遇，将腾出来的空间与国际接轨，而不是简单地把文化产业理解为一个区域性的产业板块。广州周边有大量的服装、鞋、玩具、家具、电子等轻工业加工企业，但仅仅依靠来样加工或廉价产品的大批量生产，它们的发展是有限的，想获取更高的产品附加值就必须有文化、设计和创意的支撑，从着眼于“制造”转变为重视“创造”。[②] 创意设计发展的最新成果，有助于引领传统产业从“广东制造”向“广东创造”转变。提高企业的工业设计水平，把更多的精力放在培育品牌、营销网络和研发设计等方面，促进制造业向产业链的前端发展，推动品牌营销创意向更高的层次迈进。

从工业经济时代向创意经济时代迈进的宏大序幕已经开启，广东产业要升级发展，显然需要创意设计来引爆。当创意产业与制造业携手并进时，其给经济所带来的乘数效应，将令人叹为观止。抢占创意设计领域的制高点，创意与技术创新是“广东创造”战车的两只轮子。制造业的核心是设计，而设计的灵感来源于创意。凡是制造业在国民经济中起着举足轻重作用的国家，都有着发达的创意产业。通过以创意设计促进传统工业从“制造”到“智造”的转型，广东已经创造了不少成功经验。如平洲玉器就是通过注入文化内涵延长了产业链，占据了产业链高端位置。平洲玉器已形成了集玉石集散、工艺设计、玉石加工、批发、零售等在内的全国最长的玉器产业链条。而在产业链的各个环节中，工艺设计和玉石加工环节无疑对文化内涵的需求最为迫切。有独特文化创意的玉雕，可以是艺术品；而没有文化内涵的玉雕，只能是工艺品。玉雕价值的高低，不仅仅要看雕刻技术，还要看文化内涵。一块优质的玉石，经过巧妙的构思和精致的雕琢，成品后其价值往往能达到上百万甚至过千万。也正因如此，平洲

---

① 吴敏．从“卖产品”到“卖文化”．南方日报，2011－08－16.

② 莫健伟，崔德炜主编．文化创意空间：艺术与商业的集聚与融合．社会科学文献出版社，2012. 186.

玉器在扩展产业链条的过程中，尤为注重对玉雕工艺文化的培养。① 从文化层面上来讲，创意设计能提升产品的审美和艺术内涵，促成产品文化属性的转变，缔造新的财富创造模式，以艺术灵感、奇思妙想开辟新的市场。

类似的文化创意提升制造业及传统工艺水平的例子还有很多。如珠三角制造业基地佛山市顺德区也是传统广绣工艺品的集散地，当地民营企业积极参与新创建的文化创意产业园，使文化产品不仅从文化的角度、设计的理念得到提升，而且有了随时感知市场的"体温计"。佛山市一家陶瓷企业购买了齐白石画作的版权，将齐白石的中国画印到碗碟等器皿上，提高了产品的文化含量和设计的想象性，不仅卖价提高了30%，而且向海外输出了中国文化。这直接体现了工业设计与文化元素的结合。创意产业与广东的传统工艺美术相结合，也拓宽了传统工艺美术的表现形式，包括用料、题材、表现形式，并使其成功与市场融合。比如说端砚，原本只是一简单的书法工具，而且现在写毛笔字的人越来越少，市场也随之越来越窄。但在广东，端砚被加入了创意的元素从而成为收藏品，从传统单一的山水到表现革命题材、人物故事、亚运会等广泛主题，丰富的文化内涵增加了端砚的收藏价值，也拓宽了市场。② 设计创意是提升工业制造水平的利器，是自主创新的重要内容。如广东工业设计城以工业设计产业为核心，整合工业设计产业链的上下游，形成了集品牌策划、共性技术服务、产品整体设计、产品展示及装修装潢设计、家居设计、营销设计、知识产权保护、平面设计、快速成型等为一体的综合设计服务系统。广东工业设计城以顺德庞大的制造业为基础，立足于广东和珠三角产业升级和优化的大背景，以工业设计的高端服务为抓手，优化产业的价值链，为广东乃至全国经济发展方式的转变提供契机。③ 加强创意设计是广东产业发展过程中的长期任务，这需要在产业链上下游得到有效的贯通，加大资金投入和技术支持，提高规模化生产能力，以"跨界思维"促成不同行业、不同领域的重组与合作，从而提高整个产业链的系统创意设计水平。

---

① 赵进，唐文辉．平洲玉器演绎六年文化嬗变　打造中国第一"玉文化产业园"．南方日报，2011－12－27.

② 赵仁伟，黄浩苑，赵瑞希．让文化创意产业成为地方经济新亮点．新华社，2011－10－26.

③ 张培发．广东工业设计城50万重奖5名设计师．南方日报，2012－01－05.

致力打造“设计之都”、“创意之城”的深圳，用“科学”加“艺术”、“技术”加“创意”的模式推动文化创意业崛起，以工业设计、平面设计、建筑设计、服装设计、室内设计、游戏设计、软件设计等为代表的深圳设计业进入了蓬勃发展的阶段。设计不仅是艺术行为，更是有着高技术含量的生产行为。据统计，深圳各类工业设计机构有近5 000家，在职专业工业设计师及从业人员超过6万人。2010年度深圳的工业设计产值近20亿元，2011年其设计产值增长也在25%以上，通过工业设计带来的产业附加值超过千亿元。① 一批富有创意的设计企业度过了生存和发展期，逐步向品牌化、集团化、国际化进军。康佳、华为、中兴等大型企业则在日韩及英美等地设立了驻外设计部，直接为国外客户提供设计服务，深圳工业设计作品也在国际舞台崭露锋芒。② 创意设计并非只是简单的修饰与点缀，它是产品属性质的转变，需要科技创新的有力支撑与商业模式的有效对接。闭门造车、孤芳自赏的创意手法，难以产生市场感召力。

作为一个研发及创新人才密集的城市，深圳的文化创意的集聚效应日益显现。华侨城创意文化园是在2004年通过改造工业区旧厂房建成的，涵盖了创意设计、当代艺术、先锋音乐三大领域，囊括了设计、摄影、动漫创作、艺术等多个行业。③ 同样是由工业区厂房改造而发展起来、成为传统制造业向文化创意产业转型成功典范的还有田面设计之都。改造成功后的田面设计之都产业园，集工业设计、平面设计、空间设计于一体，具有创意设计、研发、制作、交易、展览、交流、培训、孵化、评估及公共服务等综合功能，成为国内首个吸引全国乃至世界顶尖设计公司和人才的聚集园区。④ 虽然深圳、广州等地的文化创意和设计走在全国前列，但是从世界范围来看，广东文化创意和设计的总体水平仍然较低。应该看到，米兰的时装、巴黎的时尚、纽约的集大成，这些全球知名的创意之都，已经有了上百年的文化沉淀。对此，广东将如何发展文化创意业、走出自己的独特之路？广东的制造业非常发达，伴随着该行业的发展，其工业设计的

① 邓翔．深圳设计“走出去”：核心竞争力在哪里？．南方日报，2012-05-22.

② 邓妍．工业设计：创意之都新引擎．晶报，2008-12-02.

③ 刘付志明．生长与互动——创意文化园的发展研究．向勇主编．全球视野下的产业融合与文化振兴．金城出版社，2011. 113.

④ 孙颖，张仁望．文化产业园建设 要数量更要质量．南方日报，2012-05-18.

起步在全国也是最早的。目前广东不缺设计，缺的是高端设计，中低端设计比较多，但是在品牌、附加值等方面相对较弱。未来广东的文化创意和设计可从以下几个方面来发展：

一是拓展文化创意领域的深度和广度，增加各种专业的文化创意和设计门类，丰富、扩充文化创意的内涵和外延，加快文化创意融入制造、服务产业的进程。

二是改进商业模式，完善文化创意产业链，促进创意设计与科技、文化以及市场需求更有效地结合，通过创意推进产品性能和功能的实质性转变。

三是塑造文化创意和设计品牌，尤其是个性化的、凸显特色的创意行业品牌与创意城市品牌。如深圳的工业创意设计走在全国前列，因此可以从这个点切入，加强国际交流与合作，努力发展成全球的“工业设计之都”。就整个发展趋势而言，广东的文化创意和设计一定要往高端的路线走，努力打造国际品牌。而打造品牌，差异化是一条相当重要的途径。还要立足创意系统和营销网络，构建强有力的承载渠道与传播平台。

四是政府要着力营造良好的氛围，如出台扶持的政策、完善知识产权保护等。

五是充分发挥高等院校、科研院所等机构的创意源头作用。广州是全国高校中最早设置工业设计专业的城市，广州美术学院设计学院不仅闻名整个珠三角，且排名全国设计学校的前列。[①] 类似的智力资源如果被利用起来，促使其创意成果产业化、服务社会，就可以形成发展文化创意业的巨大力量。

文化创意业的发展，同时还需要更为开放、包容的社会文化氛围。创意本身就是文化思维碰撞的产物，是综合能力的体现，没有开放包容的心态就做不好创意。广东在大力推进文化创意业新一轮发展中，应结合城市的资源禀赋、人文优势、产业特点，用文化产业的内容和知识产权，加上创意设计，带动制造业飞跃，并推动创意业进一步在业态上创新、在宽度上拓展、在深度上深化。

---

① 黄河方．设计+制造，创建专属广州的特色标签．南方都市报，2010-05-19.

第二节　报业集团发展战略

传媒业居于文化产业的核心层，是推动文化产业发展的中坚力量。面对外部经济环境和媒介竞争生态的变化，传媒业必须加快转型步伐，引领文化变革的潮流，成为壮大文化产业的排头兵。把握文化产业发展的重大机遇，平面传媒业需要顺应时代潮流推出新的策略，在运营模式上大胆改革创新，开辟多样路径，强化多元经营，延伸产业链，不断增强传媒业品牌的竞争力、凝聚力和影响力，这样方能实现良好的社会效益和经济效益，在推动文化大发展大繁荣的过程中发挥更显著的作用。

本节以广东报业为例，探讨报业集团如何在新形势下打破各种资源分割的局面，拓展产业领域，加快整合文化产业资源，挖掘、提升传媒业的价值链，建立综合的传媒企业发展模式。

一、依托传统主业夯实发展根基

随着媒介竞争格局的改变，传统媒体的发展受到前所未有的挑战，原有产业布局、产品结构中存在的不合理因素日益凸显出来。夯实发展基础，转变增长方式，建立新的赢利模式，是报业集团必须作出的抉择。

平面媒体新闻采编、广告、印刷和发行等业务，是传统的文化产业和报业集团的主业，也是其固有的优势所在。“传统”并不能简单地等同于“落伍”，更不能将其弃置，传统主业是立足之基、生存之本，是报业集团最重要的核心竞争力所在，也是其拓展业务领域、发展文化产业、扩大市场份额的依托。有数据表明，2010 年中国的日报总发行量居世界第一，2011 年中国纸媒发行量增长 14%。运用报纸的品牌力量，充分挖掘主业潜力，报业集团仍然有很大的发展空间。

报业产业的可持续发展，有赖于理念更新、资源整合、内容优化和路径开拓。以《南方日报》为例，该报从 2002 年迄今共改版八次，以持续的改革不断书写中国报业尤其是党报发展史上的奇迹。《南方日报》力图在版面适度调整的基础上实现办报质量、内容生产的全新突破，让报纸全面升级。从 2005 年开始，《南方日报》实施广东省市场发展战略，在深圳、佛山、东莞等地创办了地方版。南方报业传媒集团深耕平面媒体领域，不断提高报业产业的规模化、集约化、专业化水平。2006 年南方日报社与肇庆市委合办《西江日报》，开创了省市两级党报合作发展的新模式；2006 年与中国期刊协会合办《商务旅行》，成为国内跨地域合办杂志的试点；2007 年与云南出版集团合办并控股《云南信息报》，成为全国跨省合作办报的成功典范；2011 年与《梅州日报》建立以资产为纽带的全面合作关系，《梅州日报》以加盟的形式成为南方报业传媒集团的成员单位。类似的合作和扩张，在山东、安徽等地也取得了实质性成果。2010 年 10 月，大众报业集团与临沂日报报业集团联合组建山东沂蒙晚报传媒有限公司、山东鲁南商报传媒有限公司、山东临沂新闻大厦有限公司，对报业资源进行优化重组。2011 年 12 月，安徽日报报业集团亳州晚报社揭牌成立，开创了省级党报整体并购市级党报的先河。

内容生产、发行历来是传统媒体的强项，报业集团只能通过资源的优化、整合、重组和再造来强化主流内容和传播渠道，进而确定自己的核心竞争优势。广告、印刷、发行等传统主业，都需要通过深度的产业化改革来增强赢利能力。如安徽日报报业集团建立的徽风报刊营销网络公司，是全省性零售连锁经营企业，负责对安徽各城市的徽风书报亭进行建设和管理，其报刊配送网络覆盖安徽全省，是多种书报刊物的一级代理商，并拥有亭体、灯箱、楼宇电视等多种广告媒介。该公司自 2010 年后改造、升级的新型书报亭亭体安装了 LED 显示屏、滚动页面等，极大地提升了书报亭广告发布平台的影响力。文汇新民联合报业集团在打造印刷产业方面的成果也引人注目，该集团通过盘存、开发，形成拥有沪北、沪东、沪西南三足鼎立的 3 家印刷厂的规模格局，并通过控股合并上海印刷集团，建成上海青浦印刷基地。而杭州日报报业集团于 2009 年成立印务公司，如今该公司已成为一个年产值 5 亿元、利润 5 000 万元的区域龙头印刷企业、浙江省文化产业试点单位。杭州日报报业集团还准备将商务印刷与传统的印刷业务进行整合，打造印刷产业园区，发展数码印刷，同时将其他印刷企业引进园区。在发行方面，该集团将以原有渠道为基础，进一步发展物流配送、速递、电子商务等业务。四川日报报业集团欣闻报刊发行公司则是中国西部最大的发行快递公司，其发行站点、零售终端，覆盖四川及重庆地区。该公司在满足发行报刊之外，拓展物流业务，与四川星空购物、上海友友购物、重庆 GS、当当网等电视购物频道和网站开展合作。做大做强报业发行市场主体，实现资源、资本以及业态的有效整合，报刊发行业将在现代物流领域焕发活力。

二、开拓新兴项目，推进全媒体转型

传统主业的根据地在打牢基础之后，报业集团逐步进军新媒体领域，其产业拓展就有望实现突破。依托报业主业推进全媒体转型，使传统媒体和新媒体互相推动，进而形成全媒体产业发展格局，激活文化产业新兴业态，这是实践证明行之有效的途径。

新媒介对传统媒体构成了巨大挑战，也提供了新的机遇。信息传播技术的变革，通常会引发传媒业格局的重新调整，推动传媒业朝着适应技术革新的方向演进。在媒介融合的趋势下，报业集团越来越重视新媒体的投入和建设。2011 年 10 月，刚完成经营性资产整体上市的浙江日报报业集团开启为期 5 年的全媒体战略行动计划，将以各种融资方法投入 20 亿元，实施全媒体转型。根据《浙报集团全媒体战略行动计划》，该集团将以新媒体为核心，以“采编运营全媒体化、产业布局全国化”为路径，通过内部发展转型、外部联合扩张和积极孵化未来三者并举，在内容生产、传播组织、媒体经营、技术支撑等方面实现突破，推动集团向全媒体转型。目前，浙报集团已排定向全媒体转型的一批重点项目。如建立 500 万读者数据库及增值服务平台，打造基于移动互联网的终端服务平台；通过积极研发和推广适合新媒体特别是移动媒体承载的浙江日报数字阅读产品，帮助读者利用碎片化时间进行阅读；通过钱江报系媒体的影响力，积极开拓微博、移动媒体、电视、互动社区网站等读者交互新渠道，使得新媒体的“虚拟”社区和现实生活的实体社区服务相结合，延伸影响，汇聚用户，实现钱江报系由单一平面媒体向社会化全媒体方向转型等。作为全媒体转型的重要组成部分，浙报集团将在未来 5 年推出一整套媒体孵化计划，以“传媒梦工场，文化新硅谷”为目标，打造一个全国一流的具有标杆意义的新媒体内容与技术应用孵化基地。“传媒梦工场”的运营模式是：在成立新媒体中心的基础上，浙报集团成立专业的孵化器管理公司，和专业的基金管理公司等机构以及相关人才进行合作，搭建一个平台，遴选一批有优秀创意、具有良好市场前景的媒体产品及创业团队进行孵化，为发展文化产业新兴业态插上翅膀。

报业全媒体转型的关键，是要充分利用各类媒介资源，根据不同的终端和受众特点，重新进行整合和配置，在新的技术平台上实现新媒体与传统媒体资源的共享、互补与融合。通过媒体资源多方位、多渠道的运营，延长内容增值链，实现单一的报业经营向多样的内容产品经营和信息增值服务转变。具体而言，在介质上，覆盖报刊、网络、手机、电子阅读器、iPad、户外传播等；在产品上，包括纸质报、数字报、邮件版新闻资讯、手机报、iPhone + iPad 新闻客户端、Android 版新闻客户端等。南方报业传媒集团于2011 年年初成立了南方报业新媒体有限公司，将其定位为集团新媒体资源的整合和综合开发利用平台、新媒体业务的投资控股平台、新媒体资产管理和技术研发平台、新媒体业务的拓展和培育平台，重点研究网站内容业务的整合以及电子商务的可行模式、户外电子媒体板块和移动互联网板块。该集团着力打造具有南方报业特色、具备独特竞争优势的六条产品线：平面媒体、互联网媒体、手机移动媒体、广播电视、户外 LED、电子阅报栏。[①] 例如，由户外 LED、电子阅报栏组成的“南方报业户外新媒体联播系统”被列入 2011 年广东省文化产业发展专项资金重点项目，还成功吸引了战略投资 7 812 万元，获广东省、佛山市的扶持资金达 1 100 多万元，2012 年在广东建设完成 100 块 LED 屏并实现全省联网。

全媒体实践具有整合、开发、创新、拓展的功能，通过对相关信息的重塑组合，发挥增值效应，形成新的内容产品和业务增长点。例如，烟台日报传媒集团业在开发全媒体数字复合出版系统平台的基础上，形成了一个由众多传统媒体和新媒体集群构成的全媒体矩阵，通过变革原创内容生产方式和深加工方式，一次开发，多次生成，多点发布，开创出放射状的内容价值链。按照新闻传播的规律，该集团所属的手机媒体，如烟台手机报、iPhone 银钮新闻部落等；桌面媒体，如水母网、数字报、集团新浪微博（YMG 广播网）、集团新浪博客等；集成媒体，如以户外视频展播为主的光速资讯网、以数字出版为主的黄海数字出版社等；平面媒体，如《烟台日报》、《烟台晚报》、《今晨 6 点》、《华夏酒报》等报纸或杂志等，依次将新闻信息加工成适应不同受众群体的产品，形成全介质传播。[②] 报业传媒集团发挥多形态媒体平台的优势，在联合造势的基础上瞄准目标受众，精确出击，将推动报业的形态、内容、结构、运作方式等发生深刻

---

① 张东明．改变与坚守：党报集团全媒体转型的实践与思考．中国记者，2011（12）．

② 郑强．寻求全媒体运营的战略突破——写在烟台日报传媒集团实施全媒体战略三年之际．中国记者，2011（7）．

转变。

从深层来看，全媒体转型不是将报纸内容简单地搬到互联网、手机、电子阅读器或 iPad 等终端上，而是根据不同的受众习惯、阅读取向，适应不同媒介的技术特点制作成新的内容产品，通过各种渠道和介质进行分众化传播，提升市场占有率，进而培育和形成更大的社会影响力、更强的行业带动力和品牌辐射力。

三、多元经营推进大传媒文化产业

文化产业属于内容产业，报业原本是文化产业重要的组成部分，向文化产业中的其他领域拓展，具有信息资源、内容生产和品牌等方面的优势。以报业为核心，打造全媒体平台，发展多元文化产业，优化产业结构，构建现代大传媒文化产业体系，走向综合性的文化传播集团，是报业科学发展、转型升级的一种途径。

传统媒体市场产业单一薄弱，而当今的产业融合浪潮模糊了区域与行业的边界，报业集团如能紧紧抓住国家促进文化大发展大繁荣的机遇，及早开展文化产业项目论证和建设，就能形成文化发展的新增长点。文汇新民联合报业集团的文化产业战略起步较早，该集团于 2003 年组建了文化发展部，并很快形成了集团文化产业发展的基本思路和整体框架，即全力打造音舞、会展、动漫和影视四大文化板块，重点发展票务网络、剧场经营、艺术教育和园区开发四条业务主线。① 如今，该集团全资、控股、参股的企业达 38 家，其中包括 9 家各具特色的专业文化公司。而湖北日报传媒集团于 2008 年开始打造楚天 181 文化创意产业园，现已建成全国首家以现代传媒为主体的创意产业园。在产业园一期建成的 5 万平方米空间里，已经聚集了数十家国内知名企业，有中央电视台、中国日报、环球时报、腾讯大楚网、美嘉购物等主流媒体和新媒体，也有湖北佳和当代艺术博物馆、经纶玩具、开来建筑设计、与工设计、同联创意等艺术设计领域的翘楚，还有新健演出、堂鼓文化、朗玛文化等与文化创意产业相关、为媒体服务的文化运作企业，以及亢龙太子酒轩、天福茗茶、富隆酒窖、艺术餐

---

① susie. 点击“东方票务” 连通文化平台——文汇新民联合报业集团文化产业发展缩影．青年记者，2006（6）．

厅等商业配套企业。[①] 楚天 181 文化创意产业园发挥了湖北日报传媒集团在传媒领域的比较优势，融合了经济、文化、艺术、传媒和技术等，对构建报业个性化、专属性的文化产业发展路径具有积极的作用。

广州的平面媒体也积极建设"传媒文化创意产业园"，以传媒为纽带集聚文化创意产业。在广州众多的文化创意产业园中，有两家由当地报业集团建立，即羊城晚报报业集团旗下的羊城创意产业园和南方报业传媒集团旗下的南方传媒文化创意产业园。羊城创意产业园利用羊城晚报印刷基地占地面积大、旧厂房形态各异、功能多样、空间结构条件良好的特点，将其改造为创意工作室、创作室、展馆、影棚、多功能厅、个性化写字楼等。进驻羊城创意产业园的企业有 100 多家，形成了以文化和设计类为主的文化创意产业基地，包括建筑设计、室内设计、服装设计、广告创意设计、网络游戏设计、动漫设计以及画廊、书吧等业态类型。2012 年 11 月底在美国纳斯达克上市的游戏公司"多玩 YY"、在业内颇有名气的瀚华建筑设计、长实通信工程、五行画院等企业都入驻园区。而南方报业传媒集团希望以南方传媒文化创意产业园为依托，不仅开辟出一个新的经济增长点，还能拓展出一条整合传媒经济的新路子，打造一条具有传媒基因的产业链。南方传媒文化创意产业园一期项目的入驻企业主要来自文化传媒、电子商务、动漫设计、影视出版等领域，其中包括广东省南方文化产权交易所、广东文化产业投资有限公司、腾讯大粤网、中大科创、南方新媒体公司等重点企业；同时还有一些配套服务性企业，如招商银行、农业银行等。同时，南方报业传媒集团立足于将总部的文化创意产业园区做实做强，然后依托该集团在广东省内外的资源，以此模式开拓新的创意园区分部。[②] 2012 年 2 月底，南方报业传媒集团与揭阳市政府签订战略合作框架协议，正式启动南方（揭阳）潮汕文化产业园的建设。该园区将形成一个以传媒文化为龙头，集旅游、艺术、文化金融、休闲服务和产业配套于一体的文化产业集群。[③] 这些主打"传媒类"的文化创意产业园区，要突出传媒主体特色，促进媒体产业链的逐步建设、完善和升级，推动整个行业

---

① 欣业．传媒集团如何打造创意产业——以湖北日报传媒集团楚天 181 文化创意产业园为例．新闻前哨，2011（10）．

② 梁益畅，程征．广州报业文化创意产业园初探．中国记者，2013（2）．

③ 陈清浩，陈作成，林少敏．打造粤东文化产业发展极．南方日报，2012－03－01．

的发展。

报业集团经营范围的扩大，应既有横向规模又有纵向产业链条，既有强大的主业又向其他产业渗透。杭州日报报业集团将文化产业视为推动报业新一轮发展的引擎，在相关领域加大了投资力度。如在体育、会展方面，成立了专门的体育会展公司进行运作；在数字出版方面也投资成立了汉书数字出版社，与广电合作，开展光盘销售等业务。打造多元化业态的文化经济，报业集团在跨行业和异业投资的经营模式方面也进行了诸多探索。如四川日报报业集团2007年投资参股成都演艺集团有限公司，将四川省体育馆打造成具有文体综合功能的现代化多功能场馆。如今，“成都演艺”已占据成都演出市场80%的份额。同时，该集团的多元产业逐渐由单个项目朝主题会所、休闲旅游、影视拍摄、演艺产品制作及交易等文化产业复合体发展。[①] 报业集团文化投资结构着力点的变化，带动了多元化的跨界经营，拓宽了产业生态格局，使报业的影响力渗透到相关产业的创意、设计、传播、营销等过程，从而积极地推进文化产业结构的调整与升级。

报业集团要想推进大传媒文化产业的发展，必须有大量的资金，这就需要通过上市打通直接融资渠道，或者通过发行中期票据、引进战略投资者等方式拓宽融资渠道。2012年5月下旬，南方报业传媒集团获准发行注册额度为6.6亿元的中期票据，除首期3.5亿元外，后续发行规模达3.1亿元，期限为3至5年。集团公司的中期票据所筹资金，主要用于补充流动资金和置换短期贷款，以腾挪出更多的资金来补充商业印刷能力、印刷项目，推动电子阅报栏和新媒体平台项目建设，扶持南方文化创意产业园项目建设等。中期票据的发行对于文化企业融资渠道的拓宽有着重要的意义。作为全国首家在银行间债券市场利用中期票据进行融资的报业集团，南方报业集团是文化企业在全国范围的首次“试水”和探索，对繁荣文化市场有着巨大意义。正如喻国明所说：“融资渠道多样化是可贵的尝试。每种融资手段都有每种的特点，有它的长处和短处，每种东西都有它特有的规律，这种特定的规律跟报业本身运作的特征相吻合，还有很多东西值

---

① 蜀平．向现代传媒集团迈进——四川日报报业集团十年发展轨迹初探．新闻界，2010（4）．

得探索。”①

资本运营对报业集团的可持续发展、产业结构的调整、市场化程度的提高有着巨大作用。在国家政策的支持下，条件成熟的新闻出版企业上市步伐加快。2012 年 6 月，粤传媒向广州日报定向增发的 3.42 亿股股票正式在深交所上市交易，这意味着广州日报成为继浙江日报上市之后第二家整体上市的报业集团。广州日报社把自己的一些优良资产，包括广告业务、发行业务、新媒体等业务全部注入到上市公司，从而基本做到除采编业务之外的整体上市。与广州日报、浙江日报不同，多数传媒机构选择借壳上市。如解放日报报业集团是上海新华传媒股份有限公司的实际控制方，该公司已形成图书发行、报刊经营、广告代理、电子商务及传媒投资等业务板块。在虚拟经济领域，解放日报报业集团还介入了产权市场。该集团与上海联合产权交易所、上海精文投资有限公司一起投资创立上海文化产权交易所，开展政策咨询、信息发布、项目推介、投资引导、并购策划、项目融资、产权交易组织等活动。

报业集团发展文化产业，应遵循市场导向原则、高成长原则和产业关联原则，紧扣文化主题，促进文化生产要素的集中，使传媒产业与多元文化形成产业互动的格局。同时，要规避风险，建立风险管理机制，避免盲目投资，保障跨界经营在良性轨道上运行。

第三节　广播影视业发展战略

广播影视业在一些发达国家被列为“创意产业”、“核心版权产业”。在我国，广播影视业是文化产业中最具活力和潜力的一部分，它的健康发展有利于带动现代传媒业和整个文化产业的发展。相关研究显示，135 个产业部门中，电影、广播、电视和音像业与 12 个产业部门有密切、直接的后向联系，与 18 个部门有密切、直接的前向联系，后向拉动与前向推动的作用明显。广播影视具有边际成本可以忽略、平均成本随受众数量的增加而急剧减少的传媒经济特征，其规模效应尤为明显。影视动漫等内容产品的衍生产品和后产品开发，涉及玩具制造、旅游、餐饮服务、房地产开

① 高国辉等．南方报业传媒集团首发 3.5 亿元中期票据．南方日报，2012－05－31.

发、印刷出版、服装、物流、娱乐产业等各个产业门类。网络广播电视、手机电视、IP 电视、移动多媒体广播电视、公共视听载体等广电新兴产业的迅速发展，将带动技术研发、信息基础网络设施改造、终端生产等产业的升级，极大地带动消费市场的增长。有研究表明，1 元的电影票房可带动超过 10 元的消费。① 尤其在大中城市，电影院周边的消费配套服务都较为完善，不少电影院周边都设有娱乐、购物、餐饮等消费场所。

广播影视产业是一种特殊的文化产业，它有着与其他产业不同的经济运营模式和价值生成规律。在社会主义市场经济条件下，广播影视既要充分激发市场经济的活力，更好地促进文化与经济的融合，又要努力克服市场经济对精神文化产品生产的消极影响，在承载先进文化价值中体现市场价值，实现社会效益和经济效益相统一。广东要以深厚的文化底蕴、开放的积极姿态，激活广播影视产业的“文化核裂变”，提高创作生产和经营管理能力，增强科技创新和国内外传播能力，以产生更大的辐射力、更强烈的吸附力、更高的认同感。

一、提升创意水平，锻造内容产业

内容生产和传播是文化企业的核心。广播影视业的受众众多、辐射面宽广、技术手段先进，其核心优势在于内容生产。以内容为王，提升创意水平，锻造内容产业，加快增强核心竞争力，这是广东广播影视业需着力完成的一项重点战略任务。

内容产业的生存能力取决于“内容”的创造和消费，要采取有力的扶持措施，在确保数量稳定增长的同时，把提高质量放在更加突出的位置，提升影片、电视剧、电视节目的生产能力和质量水平，扩大影视制作、发行、播映和后产品开发，满足多种媒体、多种终端对影视数字内容的需求，形成电影、电视剧和动画片生产全面繁荣的局面。

从《亮剑》到《潜伏》，再到《五星红旗迎风飘扬》，广东打造了一批影视剧精品。广东这几年的影视剧创作能取得令人瞩目的成绩，主要源于对精品创作的重视、扶持，集中优势资源，形成创作的合力，推动影视剧发展方式从数量增长向质量提升转变。今后，广东要进一步打响“广派影视剧”品牌，大力提高优秀影视作品创作生产能力，精心培育广东特色

---

① 李岚，罗艳．加快经济发展方式转变与广播影视产业发展研究．现代传播，2011（9）．

影视产品。所谓的“内容产业”，文化内涵在其中起着很重要的作用。地域文化是一个地方文化的主要元素，它承载了一个地方的文化符号和文化之根。挖掘地域文化，将本土化策略与全国性视野相结合，也是锻造广东广播影视内容产业的有效途径之一。依托岭南深厚历史文化、改革开放前沿和对外开放门户等独特资源，逐步开发广东近代革命历史、岭南文化、改革开放等题材的影视剧。每年制作一批以全国和东南亚为目标市场的电视剧精品力作。积极发展纪录片产业，依托广东众多播出平台和中国（广州）国际纪录片大会，加大力度培育纪录片产业，进军国际纪录片市场，逐步把广东建设成为我国纪录片国际性交流交易中心，着力打造中国南派纪录片品牌。同时，发挥毗邻港澳台的地缘和文化优势，整合华语文化圈影视内容资源，加快内容产业的国际化进程。

紧抓内容生产的源头，深入提高原创能力，是广东广播影视业品牌塑造的另一个重要环节。这就要大力提升编剧在影视剧产业链中的地位，鼓励和扶持原创。有关统计数字显示，2011 年国产电影故事片 558 部，电视剧约 1.5 万集，电视动画片超过 4 000 个小时。仅从产量上看，我国已高居世界第三，而电视剧产量已位居世界第一。然而在这些数字背后，叫得响、传得开、留得住的优秀作品依然很少，作品质量普遍不高的问题异常突出，就连导演张艺谋也对缺乏剧本问题表示担忧：“我们总说增加了多少银幕，文化产业、电影产业如何飞速发展，但我要告诉你的是，剧本荒依然非常严重！市场发展这么快，需求量这么大，好剧本根本跟不上，粗制滥造和快速类型化、复制化，都导致了市场畸形，引发观众流失。”在张艺谋看来，影视创作好剧本的匮乏已到了“吃了上顿没下顿”的地步。①对于原创的重视，就必然包括对编剧的重视，如在美国奥斯卡的评奖中，大会给剧本设了两个奖项：“最佳原创剧本奖”与“最佳剧本改编奖”。广东广播影视业要进一步提升竞争力，制作机构和从业人员就不能太急功近利，要有“十年磨一剑”的敬业精神。在这方面，《功夫熊猫》的拍摄过程引人深思。为了让《功夫熊猫》打入中国市场，梦工厂和派拉蒙公司对中国进行了深入研究。他们关注中国的过去，更加关注中国的现在，包括当代中国人的流行时尚、消费趣味、文化性格等。该片导演约翰·斯蒂文

① 于帆. 国产影视，剧本“缺”在哪. 中国文化报，2012-03-05.

森（John Stevenson）称，为了拍出《功夫熊猫》，他准备了 15 年之久。[①] 影视剧创作要面向市场、遵循文化工业生产的法则，讲求经济效益，但也要遵循审美和艺术的规律，在市场经济和艺术生产的双重规律中寻找平衡点，创作出更多具有艺术生命力和感染力的影视剧精品。

广播影视业的产品内容创新，需要宽松的社会环境和从业氛围。事实上，广播影视业内容创新的边界究竟有多宽，始终是困扰从业人员的一个敏感问题。应把鼓励创新、允许失误的宽容精神，内化为激活创新力的基本内涵和体制特征，并通过具体的制度设计，使积极的内容创新行为得到制度的保障。例如，可借鉴发达国家行业管理的有益经验，探索建立事先引导和行业自律相结合的监管制度，并通过相关立法，对创新活动可能造成的对他人和社会的侵害作出法律限制，把对广播影视业内容生产的管理引向专业化、法制化的轨道。[②] 营造文化创新的制度环境，遵循广播影视业的内在规律，内容生产、创造的活力才可能被充分激发。

二、广播影视业发展的科技创新引擎

随着科学技术的迅猛发展和全球化进程的逐步加快，“一个建立在诸多媒体相互叠加并且高度融合基础之上的多维传播时代”，即“泛媒介”时代已经到来。2010 年 1 月，国务院出台了推进三网融合的总体方案，“鼓励广电、电信企业及其他内容服务、增值服务企业，充分利用三网融合有利条件，大力创新产业形态和市场推广模式，推动移动多媒体广播电视、IPTV、手机电视、数字电视宽带上网等三网统合相关业务的应用，促进文化产业、信息内容产业、信息服务业和其他现代服务业快速发展”。三网融合是指电信网、广电网、互联网在向宽带通信网、数字电视网、下一代互联网演进的过程中，其技术功能趋于一致，业务范围趋于相同，网络互联互通、资源共享，能为用户提供话音、数据和广播电视等多种服务。[③] 三网融合不仅是政策发展目标的必由之路，更是技术、经济、社会以及文化的融合，这意味着多种资源的整合与拓展，不同形态媒介之间的平等合作，跨媒介之间实现互惠互利。

---

① 颜建国．从视觉文化产业做起．人民日报，2012 - 03 - 16.

② 仲富兰．激活广播电视产业文化创新力的对策思考．新闻记者，2007（12）.

③ 蔡赴朝．发展现代传播体系提高社会主义先进文化辐射力和影响力．人民日报，2011 - 11 - 07.

三网融合将推动服务业态的创新，真正让用户感受到全新的视听享受和方便快捷的综合服务。在三网融合的条件下，电信业和传媒业的融合已成为一种不可逆转的趋势。作为一种新的产业形态，大媒体产业是一个跨越国家地区边界的，在全球范围内进行资本运作、市场竞争和企业管理的产业体系。大媒体产业也涵盖了多种媒介形式，而且不同的媒介形式之间正在发生并进行着相互之间的媒介融合，由此看来，三网融合最终将成为三屏融合。广电事业也将在三网融合中向集团化趋势发展，即若干广电实体按照市场运作规律和现代企业制度，通过联合、兼并、控股等方式形成广电集团的过程，也是借助市场这只“看不见的手”实现频道、节目、人才、技术、资金、设备等资源有效合理配置，加强分工、协作，提高资源利用率的过程。[①] 在融合竞争的新形势下，各种传输网络让视听内容更快捷地延伸渗透到各个角落，传媒汇流使得视听无处不在，广播影视产业链纵向和横向的整合加速。

近年来，广东大力推进电信网、广播电视网、互联网“三网融合”。广东省广播电视网络股份有限公司加快整合全省广电网络，实现“全省一张网”，用户规模近2 000万。大规模的网络升级改造完成后，全省广电网络的数字化、双向化可以真正实现，构建起一条安全可靠、可管可控、全省贯通的“信息高速公路”。2012年4月28日，广东省广播电视网络股份有限公司高清互动电视平台正式商业运营，这是全国首个全省统一的高清互动电视平台，在技术先进性、业务丰富程度、可扩展性上均走在了国内三网融合运营商的前列。同时，广东率先探索广电高清数字产业集群。广电高清数字产业群是基于下一代广播电视网（NGB）而出现的一种网络新业态，是广电高清数字网络产业链纵横衍生而形成的产业集合：广电高清数字网络产业、高清数字设备制造业（网络设备、光纤、高清电视、高清机顶盒、家庭网关）、高清数字内容生产（影视、音像、动漫、游戏、出版、广告等创意产业）、基于广电网络的智能家电家居产业（智能家电、家居设施）、基于广电网络的新型社会管理服务产业。广东将这一全新的数字化产业群以战略性新型产业的先导产业融入全球产业化发展新阶段，

---

① 汲航宇．三网融合下广播电视路在何方．声屏世界·广告人，2013（2）．

积极助推传统产业的全面转型升级。[①] 数字化是广播电视发展不可逆转的大趋势，广电高清数字产业群以技术创新为主要驱动力，直接面对新的媒介竞争生态，将为用户提供更便捷、更人性化的数字化服务，抢占市场战略制高点。

高新技术产业代表了广播影视产业的发展方向，广东要紧紧围绕推进数字化、网络化和“三网融合”、“三屏合一”，加快技术进步和创新步伐。着力实施下一代广播电视示范网、有线电视数字化和网络整合等高新技术项目，推动“三网融合”，创新广播电视传播手段，加快构建传输快捷、覆盖广泛的现代传播体系。[②] 突破传统广播影视的“行业”、“系统”思维苑囿，打破不同领域的界限，着力发展基于数字技术、网络技术的广播影视新型业态，开创大视听文化发展繁荣的新局面。从这方面来看，作为拥有内容资源、用户资源和平台资源等多重优势的南方广播影视传媒集团，早在数年前即已确立了重点发展新媒体产业的策略，目前已成为国内涵盖新媒体业务范围最广、跨越平台最多、拥有各类新媒体业务牌照最全的传媒集团之一。其中，手机视频是南方广播影视传媒集团的重点开发项目，也是应用最广的业务之一。此外，南方广播影视传媒集团的互联网电视、“精准多媒体终端”、户外移动终端和结合传统电视媒体与网络新媒体优势于一体的网络视频，以及打造电视、互联网、无线移动网“三网合一”的360°互动传播平台——天迈互动等诸多新媒体业态，共同构成了南方广播影视传媒集团的新媒体产业格局。[③] 媒介技术改变了人们的生活方式、娱乐方式和传统的产业格局，广播电视的数字化、网络化、互动化与产业化要有机结合起来，掀起更新换代、推陈出新的高潮，逐步拓展延伸广电的服务内容，探寻新的赢利模式。

随着数字技术、网络技术的快速发展，广播正向数字广播、网络广播、多媒体广播方向发展，电视正向数字电视、高清电视、超高清电视、网络电视、移动电视、下一代电视方向发展，电影正向数字电影、立体电影方向发展，广播电视网正向数字、双向、智能、多功能、全业务方向发

---

① 钱玮珏．争当文化强省建设排头兵——全国文化企业 30 强、省广播电视网络股份有限公司董事长张健访谈录．南方日报，2012－05－28.

② 朱虹．落实《文化产业振兴规划》发展广播影视产业．电视研究，2009（10）.

③ 刘丽，张标，王维强．简单：手机视频微博随拍随传．南方日报，2012－05－19.

展，并积极为物联网提供有力的支撑平台。[①] 移动多媒体广播影视、互动电视业务、宽带接入业务以及个人点对点音视频等增值电信业务，将成为未来更加广泛、更加普及的消费模式。广东要着力转变发展方式，推动广播影视从模拟、分散、单一服务向数字、集约、综合服务转变。要更多地依靠科技进步和自主创新，推动跨越式发展。

三、延伸产业链，增加新的赢利模式

由于媒介生态发生了巨大变化，传统的广播影视业要延伸产业链，培育新的文化娱乐消费市场，使广播影视业从单一赢利模式向多种赢利模式转变。

目前我国广播影视产业尚处在主要依靠广告、网络、票房三大来源的“点”式经营状态，这种结构的赢利模式单一，产业链过短，过于依靠广告和国内票房，赢利能力与抗风险能力不强，难以充分开发和利用媒介资源，不仅导致了节目同质化和低层次竞争，而且严重制约着广电产业做强做大。2007 年以来，在广播电视产业链中，广告收入的比重一直在 50% 左右，有线收视费收入的比重在 20% 左右，作为核心的版权收入及其衍生收入有所增加，但占比依然很小；在电影产业链中，国内票房比重一直在 90% 以上，竞争主要体现在放映市场，大多数影片难以挤进院线。而在美国，在广播电视产业中版权销售等衍生产业收入占绝大部分，其电影产业中，国内票房收入的比重仅为 15% 左右，国外票房及衍生产业收入占到 85% 左右。比较来看，中国广播影视产业链的特征是短且窄，纵向延长和横向拓展均严重不足。[②] 在互联网时代的网状传播模式中，广播影视要打通产业链，完善视听内容服务，创新产品形态。同时，变革运营方式，再造适合媒介融合语境的业务流程，拉长产品线，加强衍生产品的开发，向旅游、玩具、餐饮、服装、娱乐、时尚和物流等相关产业渗透。

在战略思维的层面上，广东广播影视产业赢利空间的拓展，首先有赖于资源整合。从某种意义上说，当今媒介的竞争是整合力的竞争。资源整合是系统论的思维方式，也即着眼于宏观、全局，优化资源配置，就是要有进有退、有取有舍，就是要获得整体的最优。如 CUTV 城市联合网络电

---

① 张海涛．积极推动广播影视发展方式转变．求是，2011（3）．

② 杨明品．论中国广播影视发展的转型升级．视听界，2012（4）．

视台（www. cutv. com）是由深圳广电集团等发起、全国城市电视台自发参与的以新兴信息网络为节目传播载体的新形态广播电视播出机构。华夏城视网络电视股份有限公司是城市联合网络电视台的运营实体。2011 年 1 月，华夏城视网络电视股份有限公司在深圳正式成立，由第一批股东单位，包括 14 家城市电视台及 5 家平面媒体共同发起。截至 2012 年 7 月，城市联合网络电视台的成员台及紧密合作媒体达到 65 家，覆盖全国 26 个省市自治区直辖市。城市联合网络电视台的自我定位为：通过共享牌照资源、内容资源和技术资源，降低城市台新媒体建设成本和运营成本，解决城市台发展新媒体所遇到的资金、资源、人才及规模不足等共性问题，快速提升各城市台新媒体的竞争力、品牌影响力、媒体公信力和广告价值，共同实现自身新媒体战略。[①] 全国多个城市电视台联合办网络电视台，资源共享、互利互惠，防止了单打独斗、低水平重复建设等现象。依托传统主流媒体抢占互联网新阵地，这一探索很有意义。

在当前媒介融合的发展趋势中，广电行业的内容资源具有明显的优势，并掌握着内容的采集和播控权，这使得内容资源成为传媒集团核心的竞争力。南方广播影视传媒集团致力于建设广东数字媒资中心，目标是将该中心建成为中国南方储存量最大的声音、影像数字媒资库，以服务广播电视编播、服务各类新媒体内容需求、服务社会、服务政府为己任，以“播出节目、音像资料、宣传资料三位一体”、“云计算模式的管理、数字处理、网络传输三位一体”、“收集整理存储、制作播出、市场开发三位一体”为目标，实现广播影视媒介资源的二次甚至多次开发。[②] 南方广播影视传媒集团还积极开拓市场，调动优势资源，在全国率先在广东电视台、南方电视台、广东电台以及广东省内 19 个地级市广播电视台建立了各自的新媒体发展部门。这些新媒体发展部门整合、挖掘原有资源，逐步开拓其他新媒体形态。以广播电视网站为起点，增办了车载移动电视、手机电视等。南方广播影视传媒集团在此基础上，联合各台，或与移动、联通等各种社会资源合作，以股份制或公司制的形式，开创了南广手机电视、车载移动电视、地铁电视、数字付费电视、网络广播电视、互联网电视、IPTV

---

① 城市联合网络电视台，http://www. cutv. com/about_ new/main/jianjie. shtml.

② 白玲．长风破浪会有时——南方广播影视传媒集团全面实施跨越式发展．中国广播电视学刊，2012（3）．

等新媒体产业集群，抢占新媒体高地。2010年9月，南方广播影视传媒集团以“资产和业务”为纽带，整合广东电台、广东电视台、南方电视台等新媒体业务和资源，即下属20多家新媒体实体，组建了南方新媒体发展有限公司。南方新媒体公司的成立，实现了广播电视节目资源由单一广播电视播出转变为新旧媒体融合发展的格局，贯通了广电产业链和商业链，实现了媒体资源多方位、多渠道应用和运营。① 传媒机构的资源整合，是对不同来源、不同层次、不同结构、不同内容的媒介资源进行识别与选择、汲取与配置、激活和有机融合，使其具有较强的柔性、条理性、系统性和价值性，并创造出新资源的一个复杂的动态过程。整合媒介资源，发挥资源优势和资本优势，形成规模以后，有利于增强广播影视业整个产业链的竞争优势。

在资源整合的基础上，广播影视业要巩固和优化发展传统的广播电视视频传输业务领域，积极拓展国家许可开展的电信业务，加快融合集成创新，延长产业链条，培育壮大以互动电视和宽带互联网等为核心的综合业务群，建立起融合型全业务体系。必须按照社会化大生产的规律进行结构调整、资源重组、合理分工，建立适应数字广播影视产业链的新体制、新机制，使各个环节权责分明、利益明晰、标准统一，保持公开、公正、公平、规范的运行秩序。② 要抢占产业发展主导权，关键在于迅速提高基于创意研发、内容制作、播出发行、衍生产品开发、终端服务的产业链重构和整合能力。应紧紧抓住新技术发展所带来的产业竞争新机遇，降低广告在广播电视产业、票房在电影产业中的比重，加快付费电视、点播业务、新媒体、新业态的发展，加快后产品的开发，创新赢利模式，优化产业结构。③ 面对复杂多变的经济环境和文化消费市场，广播影视产业结构要走向合理化、高级化，才能适应受众变化多样的接受心理。在这个高速发展的社会，大众显然已经厌倦了一成不变的审美类型、文化模式，多样化、个性化的视听服务才能满足用户的审美期待。

在打造产业链方面，广东广播影视产业领域已取得了一些成功经验。如珠江电影集团拥有珠江电影频道1个直属机构，珠江电影制片有限公司、

---

① 张惠建．南方传媒转型及应对策略．中国广播电视学刊，2012（6）．

② 何兰平．广播影视数字化、产业化分析．中国广播电视学刊，2009（9）．

③ 杨明品．论中国广播影视发展的转型升级．视听界，2012（4）．

广东珠影影视制作有限公司、广东省电影公司、珠江影业传媒股份有限公司、广东珠江影视版权开发有限公司5家全资子公司，广州珠影网络文化信息服务有限公司、广东珠江电影文化发展有限公司、广东珠影文化产业投资有限公司3家控股子公司，珠海南方影视文化产业有限公司1家参股公司。[①] 珠影从单一的电影制片厂，变成了产业链条完整的现代化企业集团。电影与广播电视打破了过去“隔行如隔山”、“老死不相往来”的局面，开始了积极的协作、合作、联合、互动。

南方广播影视传媒集团延伸产业的种类包括影视产业创意基地、影视文化产业园、南方家庭购物、演艺活动、节目合作、技术工程服务以及投资文化产权交易所等。“广州南方广播影视创意（东圃）基地”、“南方（珠海）影视文化基地”、“国家音乐创意产业基地（广州园区）”三大基地建设，令人瞩目。南方广播影视传媒集团同时开展电视彩票投注与无线数字电视单频网覆盖建设；投资成立南方演艺文化公司，试水演艺市场；与香港电讯盈科共同投资成立全媒体大财经信息资讯平台，拓展财经服务业务；与美国麒麟电视合作，打造体育资讯播放平台；投资参与广东文化产业基金的组建，试水跨媒体投资运营。此外，南方广播影视传媒集团还大力拓展与广东移动、联通、电信及其他报业以及大型网络媒体等的合作，为该集团在产业发展和产业布局中打造自己的跨媒体战车。[②] 而广东省广播电视网络股份有限公司引入资本运作，全面实施产业链延伸战略。2011年，广东省广播电视网络股份有限公司积极探索战略投融资管理，建立新的赢利模式。该公司引进战略股东，先后引进中科白云及旗下基金资金20亿元和粤财控股战略投资20亿元。同时，广东省广播电视网络股份有限公司密切关注产业链上下游，寻找投资机遇。该公司发起设立广电股权投资基金及基金管理公司进行战略投资，取得了较好收益。[③] 电影、电视剧、有线网络、动漫、纪录片、制播分离的电视节目和新媒体等领域产业化、市场化程度较高，要加强与金融机构的信息沟通和业务合作，或进

---

① 珠江电影集团．http://www. zj-movie. com/list－1－1. html.

② 张惠建．打造具“广东特色”的跨媒体战车——南方传媒集团产业拓展之路．新闻战线，2012（3）．

③ 钱玮珏．争当文化强省建设排头兵——全国文化企业30强、省广播电视网络股份有限公司董事长张健访谈录．南方日报，2012－05－28.

入多层次资本市场、利用社会民营和境外资本，拓展融资渠道。通过全产业链发展战略，强化传播力，增加视听市场占有率和多样化产品组合，建立多元化赢利模式，化解经营风险。

作为文化产业的重要组成部分，广播影视业快速发展，通过自身渠道进行多元化延伸，不仅能实现广播影视自身的产业升级，还能拉动其他相关产业的发展，使衍生产业链条明显加长，综合效益显著增长，从而带动整个经济结构的转变。

第四节　出版版权业发展战略

媒介技术发展到今天，已经成为文化建设中一支强劲的“自主性”推动力量。数字化、信息化、网络化技术为媒介融合提供了基础，催生了多媒体、跨媒体的迅猛扩张，将出版版权业带入了前所未有的变局和大转型。传统媒体与新媒体在更广阔的平台上相互竞争、融合，为出版版权业带来了新的挑战和机遇。

出版版权业始终处于媒介技术应用的前沿，也是文化创新的主力军之一，本节在媒介融合的视野中探求广东出版版权业发展的路径，思考相关的战略对策。

一、媒介变局与出版版权业转型

新媒体技术浪潮的涌动，对传统的出版版权模式形成了巨大冲击，其影响不仅体现在技术层面的传播方式上，同时更深刻地表现在媒介发展理念、思维范型、整体布局和文化生态等诸多方面。媒介技术的发展，带来了广泛的辐射效应。

较之以往历史上发生过的传播革命，数字技术带来的颠覆性影响将更为深远，传统的媒体在数字化终端上都可以实现深度融合，这给人们的阅读方式、知识和信息获取方式，以及交往、沟通方式，都带来了重大改变。新闻出版总署 2010 年专门出台《关于加快我国数字出版产业发展的若干意见》，对数字出版的特征及主要产品形态作了相关界定：

数字出版是指利用数字技术进行内容编辑加工，并通过网络传播数字内容产品的一种新型出版方式，其主要特征为内容生产数字化、管理过程数字化、产品形态数字化和传播渠道网络化。目前数字出版产品形态主要包括电子图书、数字报纸、数字期刊、网络原创文学、网络教育出版物、网络地图、数字音乐、网络动漫、网络游戏、数据库出版物、手机出版物（彩信、彩铃、手机报纸、手机期刊、手机小说、手机游戏）等。数字出版产品的传播途径主要包括有线互联网、无线通讯网和卫星网络等。

上述定义涉及数字出版的内容生产方式、产品形态和传播途径等各个方面，有助于我们把握数字出版的基本特征。在多元传播格局下，以数字化带动出版业进行战略转型，为用户提供立体化的内容组合与服务，进军数字出版是必然选择。

甲骨文系统（Oracle System）的创始人劳伦斯·艾里森（Lawrence Ellison）认为，信息高速公路最终将从本质上改写一切中介传播方式。他认为，总有一天书籍、杂志、音乐、电视和电影等一切媒介都将被数字化，并通过计算机互联网提供给每个人。美国学者罗杰·菲德勒（Roger Fidler）在《媒介形态变化》一书中也指出，出版商公开担忧，随着时间的推移，可能再没有任何人会对阅读他们的出版物感兴趣，而历史学家正在茫然不知所措：历史的终结是否在即。所有这些担心都表明，在当代媒介形态大变化开始进入它的下一阶段——由电子传播媒介向数字式语言彻底转变的阶段，现代出版和文明正在发生深刻的转变。

互联网、手机等新媒体的崛起，为数字化传播提供了更宽广、更大众化的平台，并催生出新的内容服务模式。数字技术将相同的信息内容转换为不同的媒介形式传播，书、报、刊等平面媒体与音频、视频媒体在网络、手机等终端上实现融合。“融合是指所有的媒介都向电子化和数字化这一种形式靠拢，这个趋势是由计算机技术驱动的，并在网络技术的推动下变得可能。融合的出现对现有媒体秩序是一个意义深远的挑战，它为多媒体产品的发展铺就了发展道路。所谓多媒体是指文本、图片、视频、声音以及这些元素的链接和交互的混合体。”① 报纸、书刊等全面数字化，实现传统业态与新兴业态的融合，旧的媒介形式和新的传播方式并行不悖、共同演进。

---

① ［美］约翰·帕夫利克．新媒体技术．周勇，张平锋，景刚译．清华大学出版社，2005.126.

新媒体集影音、图文于一身的复合传播，也在悄然改变着大众的阅读方式，人们从单纯依赖报纸、书刊等纸质媒体向多元化的阅读方式转变。中国出版科学研究所2010年发布的第七次全国国民阅读调查报告显示，从各类出版物的阅读率结构来看，图书和数字出版物的阅读率在上升，报纸和期刊的阅读率则明显下降。从2009年的情况来看，我国18周岁以上成年国民数字出版物的阅读率为24.6%。网络在线阅读和手机阅读是两大主要数字化阅读方式，分别有16.7%的国民通过网络进行在线阅读，14.9%的国民接触过手机阅读，另有1.3%的国民使用其他手持阅读器进行数字化阅读。毫无疑问，网络的迅猛发展是造成传统纸媒阅读率降低的重要因素。在这些“触网”的受访者中，有91%的人说，他们在阅读电子书后就不会再购买此书的纸质版。[①] 电子书是指将文字、图片、声音、影像等信息内容数字化的出版物，2010年新闻出版总署出台的《关于发展电子书产业的意见》中，电子书具体所指的是植入或下载数字化文字、图片、声音、影像等信息内容的集存储介质和显示终端于一体的手持阅读器。电子书已发展成为一种知识信息传播的重要载体，新型出版物的主要形态。由此形成的电子书产业包括内容提供商、技术提供商、设备制造商和渠道运营商等产业环节，其产业链由内容原创、编辑加工、数字转换、芯片植入、平台投送、设备生产、市场销售和进出口贸易等环节构成，是出版发行和互联网、数字化等高新技术相融合的产物。如今，电子书已对纸质书构成了很大挑战。像索尼和亚马逊电子阅读器的功能不断改善，渐趋完备，它们对喜欢轻便携带读物的人来说很有吸引力。

西方的数字化出版已经形成了一定规模，亚马逊等一大批从事数字化出版的公司日渐强大。包括麦克米伦出版公司、哈珀柯林斯出版社等一大批历史悠久的出版界大鳄，也通过和苹果公司合作等手段，开始向数字化出版领域迈进。兰登书屋总裁马库斯·杜尔（Markus Dohle）的三大治业理念是：努力创新、提供高效服务和领军数字出版。兰登书屋投入千万美元用以改善纸质书和电子书的分销渠道，并加快建立电子书库，目前电子书和数字音频的收入约占其总收入的8%。另据国外媒体报道，索尼数字阅读事业部主管史蒂夫·哈伯（Steve Haber）表示，在未来5年内，电子

① 徐升国．从第七次全国国民阅读调查看国民阅读趋势．光明日报，2010－04－20.

书销量将超越传统的纸张书籍。哈伯表示，大多数消费者已经接受了数字文本阅读方式，所以其销量超越传统纸张书籍是件很自然的事，正如音乐和摄影走向数字化一样。哈伯的预测可能过于乐观，客观地说，在出版市场，电子书是发展最快的一个分支，但目前，其销量远低于传统书籍。美国出版商协会表示，电子书的销量很难跟踪，但预计市场份额不会超过5%。

一种新型阅读载体从诞生到广泛被接受，这其中有一个时间过程。从甲骨文阅读时代到简帛、手抄本阅读时代，再到印刷书阅读时代，其间的历史极为漫长。现代媒介技术呈加速度态势向前发展，科技进步使数字化转型加快，电子图书、网上阅读、手机浏览在不久的将来会更为普及。而且，读者并不只是出版物的被动受众，他们的精神需求以及物质条件（即购买力）等都极大地影响着新闻出版业的规模和走向，在某种程度上可以说是读者牵动着出版界的发展思路。据统计，2009 年我国数字出版产业的产值达 799.4 亿元。其中，数字期刊收入达 6 亿元，电子书收入达 14 亿元，数字报（网络版）收入达 3.1 亿元，网络游戏收入达 256.2 亿元，网络广告收入达 206.1 亿元，手机出版（包括手机音乐、手机游戏、手机动漫、手机阅读）收入则达到 314 亿元。由此可见，手机出版等融合形式的新兴业态发展迅猛，具有广阔的成长空间。

必须看到，目前广东的出版版权业总体仍处于传统业务状态，赢利在很大程度上依赖于纸质出版物，部分企业对信息时代的数字化趋势认识不足，忽略了搭建媒介融合平台的战略性意义，资源整合程度不高，内容和传播形式的创新能力较弱。而当阅读纸质载体的读者日渐减少的时候，这种原有的新闻出版赢利模式就面临着很大的风险。随着大众阅读习惯的改变，新媒体的优势越来越明显，在建设文化强省的过程中，传统的新闻出版流程、运营机制不可避免地要进行调整乃至重构。

二、针对媒介融合趋势进行多元化探索

新媒体技术极大地延伸、扩展了大众传播的手段和载体，改变着新闻出版的内涵与外延。发展数字出版，推动媒介融合，是时代进步、社会发展和经济转型的必然选择。

国务院 2009 年颁布的《文化产业振兴规划》明确提出，出版业要推动产业结构调整和升级，加快从主要依赖传统纸介质出版物向多种介质形

态出版物的数字出版产业转型。积极发展纸质有声读物、电子书、手机报和网络出版物等新兴出版发行业态。加强数字技术、数字内容、网络技术等核心技术的研发，加快关键技术设备的改造更新。新闻出版总署2010年初出台的《关于进一步推动新闻出版产业发展的指导意见》也提出，鼓励新闻出版企业创新纸介质读物形式，积极发展纸介质立体、有声读物，提升传统纸介质出版物的吸引力。打破出版载体界限，在多个出版平台上对出版内容进行深度开发和加工，实现一次性生产、多媒体发布。支持新闻出版企业积极采用数字、网络等高新技术和现代生产方式，改造传统的创作、生产和传播方式，加快从主要依赖传统纸介质出版产品向多种介质出版产品共存的现代出版产业的转变。

必须看到，《文化产业振兴规划》和《关于进一步推动新闻出版产业发展的指导意见》提到的这些发展方向，不是一个简单的技术问题，它涉及新闻出版业的战略性转变，是全流程的整体革命，单单改造流程的某一个环节并不是新闻出版业数字化转向、媒介融合变革的最终目的。媒介融合打破了新旧媒体间的围墙，新闻出版、视频、网站、手机等融为一体，从而促使资源在更大的范围内得到合理配置。面对转型，新闻出版界要在发展理念、体制创新、平台建构、流程再造、管理手段和人才培养等方面进行探索和实践。

第一，在发展理念上，直面媒介融合带给出版版权业的机遇和挑战，适应数字时代受众信息需求的特点，进行传播形式和产品形态方面的创新，从“传播者本位”向“受众本位”过渡，在传播内容上一定要努力做到分众化、对象化。

同时，要转变思维范式和经济增长方式，尽最大可能吸引战略合作者，消除出版商、技术提供商、移动运营商、影视剧制作机构等不同身份和角色之间的距离，寻找数字出版、媒介融合的有效模式，培育新的业务增长点。转变经济增长方式，就目前来看，其核心是打破以往出版机构与其他媒体之间相互割裂的局面。整合广播、电视、电影、音像、电子、网络等媒介资源，形成与出版之间合理流动、合理利用的格局，实现从单一纸介出版物向纸介与多媒体出版物并存、互通、互补、互动的转变，实现出版业服务对象的多层次、产品品种的多样化和传播手段的多元化，使出版业由一业为主转变为多元经营，形成出版资源的多次开发、合力经营、多种媒体互动发展的综合效应。[①] 新传播技术代表着新的生产方式，代表着全新的游戏规则和价值标准，需要全新的观念和运作模式。

第二，在体制创新上，努力构建结构合理、机制灵活、富有活力、竞争力强的现代传媒企业。媒介融合促使新的价值链和业务模式形成，同时呼唤体制和机制的创新，推动企业产品、业务和组织结构等方面重新整合。

我国正积极推进文化体制改革工作，广东出版版权业要以此为契机，进行一系列深层次的改革，创新体制、转换机制，培育和重塑充满活力、具有竞争力的市场主体，建立现代企业制度。遵循市场规律和行业特点，优化资源配置，实行规模经营，加快产业升级。

第三，在平台建构上，以数字技术为中介，将传统的新闻出版产品形态进行数字化处理和编码，建立统一的数据库，把纸质媒体、视频、网站和手机等融为一体，构建可以共同享用的技术平台。

从传媒业的前沿动态来看，平台化和大型信息服务终端将逐渐成为主流。如中国国际出版集团（中国外文出版发行事业局）"构建统一资源库，实现跨媒体出版"的经验便值得推广。这个项目将传统出版业务与互联网相结合，以互联网的开放、融合、互动、思想对传统出版资源进行分类、标示、加工，从而提出进行数字出版技术建设的解决方案。这样的统一资源库将国际出版集团内部的内容、经营、管理等各类资源统一管理，并在此基础上实现内容的统一采编，实现书、刊、网一体化，使得各业务单位的资源通过"统一资源库"实现了跨部门互通共享。[②] 这样的网络平台一方面让跨媒体出版的流程更加顺畅，对内容资源的开发更加便捷，另一方面也打造了一个相关单位互动的平台，有利于协同效应的产生和发挥。

在向数字出版市场进军的过程中，中国出版集团数字传媒有限公司则力图打通产业数据沟通渠道，建设书业公共数据交换平台，实施供应链协同战略，聚合全国的出版资源，逐步建成拥有先进技术标准和完善数字化出版方案，面向全国出版行业、出版从业者以及全国广大读者的多功能、公益性和商业化结合的网络平台。[③] 这一宏大的构想实现后，可以达到资

---

① 齐峰．资源整合：出版产业实现新发展的战略选择．光明日报，2009－07－27．

② 郑铁男．构建统一资源库　实现跨媒体出版．中国传媒科技，2008（8）．

③ 裴路，朱京玮．数字传媒"牛角"初露　中国数字出版网呼之欲出．出版广角，2008（5）．

源的充分共享和多次使用，提高资源的整合和管理能力，满足个性化服务需求。

第四，在流程再造上，要适应媒介融合的特点，创新组织方式、内部架构和运作流程，改革采编流程、管理流程和经营流程等，实现产业链条上各个环节的互相支撑，逐步完成全流程再造，最大限度地优化系统内的资源配置，占领信息传播和媒介经营的制高点。

近年来，一些传媒机构抢先发力，在新的环境下进行业务流程再造。如浙江出版集团联合8家图书出版社建立了统一的全流程信息化管理平台。这个平台包括业务管理系统、决策支持系统、办公自动化系统等模块，以各出版社的资源、选题、成本、质量、流程及销售管理为核心，集中监控和管理出版社的资源，为出版社的管理提供决策支持。通过应用这个平台，出版社科学规范和重组了业务数据流，整合了人、财、物和信息流管理，实现了数据、流程和业务等企业资源的一体化管理。① 这种革新，将前沿性和可操作性很好地结合了起来。

第五，在人才培养上，从业者除了具备业务技能外，更重要的是需要形成全媒体的思维方式，具备熟练的技能，前瞻的视野，宏观的、整体的把握能力，以及创造性的策划、运作方式。

新闻出版业的知识含量高、发展变化快、人才需求量大，从业者除了需要大量的实践，还需进行各种专业培训，锻造高技术专才和领军人物，建立战略协同的商业运营团队。日渐融合的媒介跨越图书、报刊、影视、互联网、手机等领域，它呼唤跨媒体、全能型、复合型的人才，必须将培养新闻出版从业者的全媒体技能与全媒体运作思维，融入到日新月异的具体实践之中。

三、iPad阅读下的传统出版嬗变

苹果公司的iPad自面世以来风行全球，受到无数关注，对其新颖独特的外观设计、强大的功能、简便的操作方式、独特的用户体验，用户好评如潮。除了上网浏览网页、收发邮件、绘制图表、电子游戏、音频和视频等功能外，iPad还具备丰富的电子阅读功能，为平板电子阅读的发展注入

① 耿丽萍．开放合作，抓住机遇：实现传统出版在移动互联时代的转型升级——专访浙江出版联合集团董事长、总裁童健．出版广角，2010（4）．

了新的活力。数字技术日新月异，产品演进、更新的速度不断加快，媒介载体的转换，拓展了文化消费空间，给新闻出版业、移动运营商、内容提供商和应用程序开发者搭建起一个全新平台，同时将催生新的阅读潮流，推动传统出版形态与感知模式的重塑。新型载体与传统媒体的信息呈现方式实现了跨界对接，融合型的终端将成为战略性新兴产业和出版业发展的重要依托。

作为容纳海量多媒体内容的便携式移动终端设备，iPad 接收和发送信息更加简捷、便利，用户可以触摸、观看、阅读、聆听或互动。iPad 不仅具有与个人电脑、智能手机所拥有的优点，同时也具备纸质媒体的部分特性，凸显了平板电脑的特有优势，兼容了各类媒体形态。iPad 给予用户立体复合型的阅读体验，将有力推进图书出版形态的数字化变革。

新媒介硬件丰富了阅读的通道，很容易接入传统媒体提供的信息资源，报刊、图书在 iPad 平台上有了新的展示空间。就阅读体验而言，用户可以直接阅读文本，感受纸质书刊的版面风格，也可以捕获相关的视频、音频信息，同时通过数字方式体验阅读的便捷，还可以通过互动平台以留言、发邮件、微博等方式直接在 iPad 上发表阅读感受。传统媒体内容生产、传播、消费的单向链条彻底被打破了，交互传播、体验式消费的模式得以实现。

随着移动化、个性化、虚拟化、云端化阅读载体的出现，个体的阅读方式更多元化、分众化、智能化，新型终端能够满足人们立体复合型阅读体验的需求。iPad 既是多媒体装置、网络浏览器、音频视频播放器、电子书阅读器、游戏机，更是第三方应用程序平台，iPad 创造了一套新的消费者行为模式。而 iPad 阅读器采用专门的应用软件（APP）来呈现数字文本，是电子阅读器市场强劲的冲击者，使先前的各种阅读器遭遇有力的对手。但是，必须承认，亚马逊、汉王等公司的产品，已经开辟出了电子阅读器的市场空间，培养了消费者群落。在技术层面，最新的电子阅读器有了极大的改进，数字文本的清晰度可以与印刷文本不相上下。数字阅读器改变了传统的阅读形态，拓展了产业空间，这为 iPad 奠定了良好的市场基础。iPad 以其独到的用户界面、用户体验和丰富的应用，将内容、产品和技术结合为一体，实现信息的智能化处理，打造个人信息中心，阅读、观看、娱乐、消遣、写作或随心所欲创作，一切皆如用户所愿。

iPad 上的 APP 应用能为用户提供丰富的阅读体验，文字、图片、视频、动画都可以通过这个平台得到展现，具有纸质载体无法达到的视觉冲击效果。用户从 APP Store 下载 iBooks 应用软件后，可以购买、下载 iBook Store 中的各类书籍。平板电脑为扫描式阅读带来了更大的舒适度，其便利性不亚于传统纸质阅读。有媒体评论说，iBooks 是 iPad 上最美、最好用、对屏幕利用最完全的苹果应用之一，它将音频、视频和流媒体嵌入其中，使互动性、移动性和可读性真正有效结合在一起。动感的影像具有视觉冲击力，用户在解码数字读物内容的过程中，可以获得多维度的、感性直观的即时体验和愉悦。

高速度、高节奏已成为现代生活的标志，人类的知识、信息急剧膨胀，每个人都必须充分运用自己的有限时间，学习、掌握工作和生活所需要的知识、信息，并不断进行更新，才能跟上时代的发展步伐。新一代平板电脑进一步迎合了人们的心理欲求，能够即时掌握外部世界动态，快速获取信息、知识。在信息社会中，人们的阅读取向越来越现实，越来越功利。这个时代的特征是阅读与实用主义相联系，人们渴望获取各种对自己有用的信息，随时掌控外部世界的动态资讯。手机、iPad 等新媒介适应了人们的这一心理。有关调查显示，iPad 用户大多使用 iPad 阅读报刊、图书。iPad 最受人们欢迎的用途是“追踪突发新闻和时事新闻”，其次分别是在闲暇时间阅读报刊、图书，上网，收发邮件。iPad 迎合了现代人的工作和休闲模式，用户可以随时切换工作、娱乐或休闲状态。各种搜索、订阅、聚合、分类、应用工具，能让受众随时找到所需要的或者感兴趣的内容。iPad 为各种目的性、功能性阅读提供了极大便利，移动网络随时可以下载、检索、互动和点击超链接，人们获取实用资讯比以前容易了许多。

技术进步激发了新的理念和产品创意，高科技创意文化产品不断推出，文化与科技创新要素的有机结合，形成新的消费体验。移动智能终端拥有无所不包的内容、无所不能的应用与无处不在的服务，对用户形成阅读的召唤效应。新媒体技术消除了时空的局限，在文本和读者之间搭建起了梦幻般的迷人界面。技术和载体革新也使数字产品有了更多机会去进行新的形式探索，苹果旗下的产品 iPod、iTouch、iPhone 和 iPad 都在强调同一个理念：提供至臻完美的用户体验。作为新贵的 iPad，以其简约化、人性化的设计，征服了无数用户。技术和文化的这种关系，体现了一种崭新的仿真逻辑，阅读的欲望被新载体激发。人们的阅读行为更像体验文化消费，信息、知识更加具体可感、更富流动性，且都被视为可以掌控的、可被消费的。

iPad 是集多种功能于一体的物质设备，它实际上已成了一种复合型媒介。与报纸、书刊、电脑、手机一脉相承，iPad 为内容生产提供了新平台，可视为人类阅读载体与模式在数字时代的新拓展，随身携带、无线下载，即时摘抄、改编、发送等互动功能将极大地改变了人类传统的阅读方式，它让阅读更动感、更契合流行时尚。阅读内容的生产、传播，不再需要依赖于传统的出版发行途径。阅读信息源更加趋向多样化，传统媒体再也不能垄断内容提供和发布，任何人都可以通过电脑、手机和 iPad 来传递、接收信息与内容。传媒的价值越来越取决于用户数量而非对内容的控制。

数字阅读蕴涵着巨大的消费潜力，新媒介技术对传统纸质读物造成了巨大冲击。由广东省委宣传部与中国新闻出版研究院共同开展的《2011 广东省居民阅读调查报告》，对广州、深圳、惠州、茂名、汕尾和湛江 6 个地级市3 000 多名居民进行了调查。结果显示，居民数字化阅读方式的接触率为 70.5%，远高于图书阅读的 52.7% 和报纸的 68.7%，其中手机阅读成为最主要的阅读手段。[①] 另外，中国新闻出版研究院公布的第九次全国国民阅读调查显示，2011 年我国 18～70 周岁国民数字化阅读方式的接触率增长至38.6%，比2010 年上升了5.8 个百分点。调查还显示，41.8% 的 18～70 周岁数字化阅读接触者，能接受付费下载阅读，他们能接受的一本电子书的平均价格为 3.50 元。电子读物在现代人的生活中扮演着越来越重要的角色，纸质报刊、图书阅读量下降是一个不可避免的趋势，平面媒体早已不是获得信息和知识的单一渠道，智能手机、iPad 等的兴起，逐渐培养了新的读者群体，进一步推动着阅读文化、出版文化的多样化。

随着数字阅读的兴起，知识信息传播的载体获得了有力的技术支撑，电子书成为新型出版物的主要形态，其产业链条和环节迥异于传统出版，内容提供商、技术提供商、设备制造商和渠道运营商在电子书领域扮演着

---

① 吴敏，徐丽.《2011 广东省居民阅读调查报告》于世界读书日出炉 数字阅读率超过纸质阅读. 南方日报，2012－04－24.

不同的角色。新兴业态吸引了电信、互联网巨头和运营商的加入，数字出版行业面临重新洗牌。移动智能终端功能的完善，海量内容需求，新的增值服务及利润空间，这些都促使移动网络应用技术及平台升级。中国移动、中国联通等纷纷涉足移动阅读业务，而盛大文学则强势推出了开放式平台，用户可以通过“云中书城”网站、iPhone 手机端应用、iPad 应用、电视等多种平台设备随时随地下载阅读“云中书城”的海量内容。

面对新的竞争和挑战，传统出版机构必须加快数字化转型，推动内容生产数字化、管理过程数字化、产品形态数字化和传播渠道网络化。内容生产与技术融合的商业模式越来越显现出其价值，传统出版机构应该更新观念，超越原有的业务框架和边界，与数字化技术提供商、网络运营商等进行战略合作、利益兼顾，依托各自优势联合搭建电子书内容资源加工、整合以及投送平台。从目前情况来看，实力雄厚的大型出版机构已开始在数字出版产业链上抓紧布局。如中南出版传媒集团股份有限公司与华为技术有限公司签订战略合作协议，合力打造面向全球的专注于数字出版与营销服务的全屏整合运营平台。凤凰出版传媒集团数字出版则进入了赢利状态，凤凰教育网、凤凰学习网、中学学科网三大教育出版网站平台基本建设成型。

然而，众多出版机构在数字化转型中举步维艰。传统的出版人习惯于编、印、发的操作模式，在全流程数字化加工及运营方面捉襟见肘。在 iPad 等移动终端呈现的数字化世界里，书籍内容原创固然是重要的，但还需要进行数字转换、编辑加工、平台投送，原有的销售、流通过程被简化，读者可以从电子书店直接购买图书。iPad 等移动终端阅读需要依赖于硬件、软件、内容以及网络支付的完美匹配，电子书的竞争打破了“内容为王”的单一格局，凸显了内容、运营和服务的整体效应，而传统出版业要整合这一全新的产业链显然要进行深层变革。

顺应数字化阅读的潮流，传统出版业只有重塑运营模式，在内容聚合、技术改造、平台建设、组织结构、人才结构以及出版的硬件设施等方面重新架构，才能赢得新的阵地和商机。

苹果的应用商店构建了一个软件、信息产品的平台和产业孵化器，为传统媒体的资源整合与数字化转型开辟了新路径。新闻出版机构可以将自身的内容资源进行有针对性的整合和深度开发，转换成适合 iPad 的文本，在 APP 应用平台上进行销售，将内容和渠道融合起来。例如，山东出版集团 2011 年推出了 iPad 版《中国名茶品鉴》及《老照片》丛书，在电子书商业模式创新方面做了有益的探索。该集团依托 iPad 移动互联网上的图书业务，下载用户来自全球范围，甚至包括像哥伦比亚、黎巴嫩等国家。如果 iPad 等移动终端产品普及开来成为主流，作为内容提供商的出版机构，在推出数字出版物的时候就必须考虑 iPad 的技术特点及其所支持的产品格式，以更好地对内容资源进行数字化编码、加工，使之更适合在 iPad 上阅读，图片、声音和动态视觉效果在未来的电子书报中会越来越重要。iPad 提供了一个动态的虚拟空间，允许用户自主设置、订制、反馈和分享，这对电子书报的编排者提出了全方位的新要求，必须以新的创意思维推进出版形态的变革。iPad 提供的无限开放式平台，激励内容提供商不断探索新的赢利模式。

新信息服务终端增强了人们选择信息和知识的能力，大众阅读的对象、形式、性质以及心理，都会相应地发生显著变化。在某种意义上说，用户对移动终端产品的认识过程是从感觉开始的，用户的阅读感受，比什么都重要。捕捉用户的需求，丰富用户的体验，在完善产品功能的基础上给用户带来愉悦的心理感受，是产品不断更新的动力。就数字出版产品而言，创造性的融合平台与全新的阅读体验都是必不可少的。进行自主创新，强调用户体验，将是编排数字出版产品内容与页面的关键，也是扩大 iPad 版图书阅读范围与深度的根本手段。使用户体验更丰富，应该成为数字内容生产模式的构成要素之一。主张体验经济的学者认为，最丰富的体验包括娱乐（entertainment）、教育（education）、逃避现实（escape）和审美（estheticism）。这四个领域的组合，使消费者可以抵达体验王国的巅峰。数字技术使多种平台实现了可携化，仿真的虚拟空间可以激发丰富的体验，满足用户“渴望更好的感觉”、“花钱买感觉”的诉求。目前，国内数字出版产品针对用户体验的开发还远远不够，电子书刊的形态相对单一，很多 iPad 版书刊只是原样纸质书刊的 PDF 版。现阶段，iPad 版书刊仍停留在将纸质的内容移植到 iPad 上的阶段，其视觉性、鲜活性、参与性、互动性和服务性的优势没有得到充分发挥。2012 年，由中国新闻网及中国电信天翼阅读发起的“数字阅读用户满意度调查”显示，仅有三成读者对数字阅读表示满意；50.8% 的读者最不满意的地方是“劣质书籍泛滥，质量参差不齐”；认为“阅读资源有限，类别少，更新慢”，“体验不好，缺乏精心排版设计”及“价格不亲民，收费不合理”的人，比例都超过三成。

必须承认，数字出版转型是一个缓慢、艰难的过程，传统出版业在这方面比较欠缺的是“创新”和“创意”。数字出版的下一步发展，必然是实现“把每个人需要的知识内容，以他需要的量，以他需要的时间和阅读方式来推送给他，使他通过电脑、网络、手机、iPad 等任何终端形式随时获得”。“现在几乎每家数字出版企业都会做扫描、加工、转化的工作，当然，在数字出版初期这样做是可以的，但是这带来的是极大的浪费，并且效率低下、质量低下，这绝对不是技术对内容的终极目标。技术对内容的终极目标就是要让内容的产出更加有质量、更加有实效性”，我国台湾数字出版联盟理事长、城邦出版集团 CEO 何飞鹏对于目前数字出版过程中对内容资源形成的极大浪费感到十分惋惜。在他看来，现在的出版商要想在数字出版领域得到更多的读者认可，就必须尊重网络用户的消费需求和消费习惯，而仅仅把纸质内容“平移”到数字平台上是不够的。[①] 数字阅读体验的提升，有赖于丰富的数字产品种类，以及多元化、富有特色的应用功能。在确保现有市场的基础上，出版机构应该针对不同消费群体和领域，积极开展各种数字阅读体验活动，培养新型阅读习惯。根据 iPad 等移动终端的特点，以图文、音频、视频等形式，对出版内容资源进行全方位、立体式、深层次的开发利用，推出不同的数字产品，打造一批深受消费者喜爱、社会认知度广、市场占有率高的电子书品牌，开发增量消费市场。

由于 iPad 等移动终端越来越向高智能、高融合的趋势发展，电子书也必须相应地提高技术含量。出版企业要着力攻克核心技术，实施出版流程数字化再造工程，实现图书出版全业务环节的数字化管理。更值得注意的是，数字扫描、加工、转化工作，不是简单的载体“平移”，而是要使知识信息与高新科技实现完美结合，让内容的产出质量更高、更有实效性，把受众所需要的知识信息，以其最乐意接受的阅读、互动和反馈方式，不受时空限制地推送过去。

---

① 李鹏．数字产业破千亿，“云”上观势．中国图书商报，2011－07－08.

iPad等移动终端能够撬动的数字阅读市场空间到底有多大，最终还是取决于用户需求。传统出版社必须以新的战略思维主动出击，针对新平台研发、设计与原有纸质书刊和网站均不相同的、体验性更强的内容产品，才能在数字出版赛道上不被淘汰。当今时代，内容生产的方式正在发生重大转变：从阅读、解释信息知识，转变为感知、体验、操作文化。出版业要敢于突破苹果商店模式，在平板电脑平台上探索出一条真正有利于品牌延伸和拓展的道路。

四、培养造就大型传媒集团，提升文化传播力

数字出版、媒介融合目前还看不到很清晰的赢利模式，但任何新生事物的成长必定有一个过程。适应媒介技术的变革，紧跟数字化和信息技术的发展趋势，构建出版业在新兴文化产业领域的业务体系，积极发展新媒体、贯彻多元化经营策略，在媒介融合大背景下实现转型升级，势必成为今后新闻出版业的发展趋势。

以受众和市场为导向，加上技术的驱动，新媒体和传统媒体呈融合发展的态势，这给出版版权业提出了更高的战略目标。单一的业务模式是很难继续发展下去的，书、报、刊、网以及其他媒体联动，以新技术系统、新运营方式推动产业升级，是传统媒体在转型过程中做大做强的一个重要突破口。

广东建设文化强省，应当打造出世界知名的出版传媒集团或具备强大国际影响力的出版品牌。新兴业态和骨干龙头企业具有极强的带动作用和辐射效应，大型传媒集团跨地区、跨行业、跨媒体、跨所有制，更能产生广泛国际影响力和强大竞争力。纵观全球，新闻出版业开始被一批跨国传媒集团所控制。美国的兰登书屋、欧洲的古纳亚尔出版公司从属于贝塔斯曼，哈珀柯林斯从属于新闻集团，西蒙·舒斯特、麦克米伦从属于维亚康姆，时代周刊、康泰纳什、梅里迪斯从属于美国在线·时代华纳。它们都是跨国运营的国际文化传媒巨头，其产业链条涵盖了新闻出版、电视、网络等领域，在出版方面重点转向了电子书和数字业务系统。

广东的出版版权业要跟上时代发展潮流，就必须全力推进企业优化资源配置、多种媒体兼营、并购联合重组，最大限度地开发、利用出版资源的多种价值，实现全媒体出版企业产权结构的多样化、投资主体的多元化，充分发挥规模经济的优势。建设新闻出版强国的一个突破口，便是进

行跨媒体、跨行业的资源整合，深入运用高新科技，以市场需求为导向进行多元扩张，延伸产业链，提高内容创新能力和文化传播力。

第五节　演艺娱乐业发展战略

随着社会发展、经济繁荣，人们对精神文化的需求不断增长，演艺娱乐业在丰富群众文化生活、拉动文化消费、增加就业、涵养税源等方面发挥了重要作用，这也一直是检验文化市场管理的标杆所在。演艺娱乐业主要包括歌舞厅、演艺厅、迪厅、KTV、夜总会等娱乐场所的通俗文艺演出和消费，音乐厅、剧院等场所的高雅文艺演出和消费，主题公园、旅游场所等开放式、户外演出和消费，以及相关的策划、导演、演出中介和艺术培训等内容。

经过多年的发展，广东的演艺娱乐消费趋于成熟，健康休闲娱乐成为时尚。“十二五”期间，随着网络数字技术的加速发展和政府管理模式的思维转变，广东演艺娱乐市场转型升级的趋势将加快，不断提供健康向上的文化产品，尽力满足人们日益增长的文化娱乐需求。文化经营方式灵活多样，消费格局兼顾高、中、低档，广东的演艺娱乐业有着广阔的发展前景。

一、释放娱乐经济潜力，提升娱乐创意水平

游戏、娱乐是人的天性，体现了欲望、智慧和技术的统一。在美学研究中，中国和西方便有不少学者持“艺术起源于游戏”的观点。如朱光潜在《谈美》中提出：“艺术的雏形就是游戏。游戏之中就含有创造和欣赏的心理活动”，“艺术和游戏都是臆造空中楼阁来慰情遣兴”。① 通过游戏和娱乐，主体情感转移到外在对象上，忘记了物我、真伪的分别，游戏的幻想既根据现实又超脱了现实，是用臆造世界弥补现实世界的缺陷，是一种欲望的满足。

在现代社会中，人们的收入水平不断提升，闲暇时间不断增加，游戏、娱乐与休闲日益成为人们追求生活意义和实现自我发展的一种生活方式。据科学家统计，原始人平均寿命为 18 岁，劳动时间占其全部生命时间

---

① 朱光潜．谈美，朱光潜美学文集（第 1 卷）．上海文艺出版社，1982. 497.

的33.3%，空闲时间仅占16.6%；农业社会的人均寿命为36岁，劳动时间占其全部生命时间的28.6%，空闲时间占22.9%；大机器工业时代的人平均寿命为70岁，劳动时间占整个生命时间的10.4%，空闲时间占到38.6%；当代欧美一些发达国家，劳动时间已降到整个生命时间的10%以下，而空闲时间超过40%。[①] 第二次世界大战之后，欧美国家的国内生产总值持续增长，科技水平跃上新台阶，民众的教育水平不断提高，个人可支配的自由时间迅速增多。在大量的空闲时间中，年青一代正越来越热衷于寻找更多的方式去打发自己的时光，使自己活得更快乐。

日常生活和工作方式的转变，使得娱乐元素渗透到人们生活中的各个角落，娱乐产品开始形成产业链，娱乐经济方兴未艾。美国学者沃尔夫（Michael J. Wolf）认为，我们正经历从有形消费品到花钱买感觉的转换。如果说20世纪80年代和90年代是“我要更多的家当”的年代，那么今天就是一个“我渴望更好的感觉、更加性感、更多信息，我希望吃得更精致、活得更轻松”的时代，人们正把越来越多的钱花在娱乐上。现代生活带来了新的情感需求，这种需求可以借助于娱乐产品和能带来娱乐的其他产品，在市场上得到最合适的抚慰和满足。[②] 顺应社会生活以及大众文化的发展趋势，娱乐休闲成为人们缓解生存压力、提升生活质量的重要方式，异彩纷呈的娱乐产品、消遣手段方能满足大众心理的多样化诉求。

对于娱乐的价值判断，当然存在不同的尺度。美国学者尼尔·波兹曼（Neil Postman）在他的名著《娱乐至死》中说：“在没有经典的年代，电视随同快节奏律动的社会一起浮躁，一切公众话语都日渐以娱乐的方式出现，并成为一种文化精神。我们的政治、宗教、新闻、体育、教育和商业都心甘情愿地成为娱乐的附庸，其结果是我们成了一个娱乐至死的物种。”而前苏联文艺学家巴赫金（M. M. Bakhtin）的“狂欢化”理论则展示了“娱乐”的颠覆性和创造性，它要解构一切凝固和僵化的秩序、规范和思想。“狂欢化”理论是巴赫金通过研究拉伯雷和中世纪民间诙谐文化（笑文化）而提出的一种诗学理论。巴赫金认为，民间诙谐文化是一股生生不息的毁灭和再生力量。在这里充溢的是人民大众的笑和欢笑的人民大众。

---

① 吕庆华. 文化产业兴起和发展的动力机制论略. 光明日报，2005-09-14.

② ［美］米切尔·J. 沃尔夫. 娱乐经济——传媒力量优化生活. 黄光伟，邓盛华译. 光明日报出版社，2001. 45、49.

笑是民间诙谐的生命所在；笑本身意味着亲昵，它能消除严肃、僵化、刻板，拉近距离，取消等级，促成人们的平等交往。

演艺娱乐与轻松、消遣和欢笑联系在一起，艺术能够提升大众的生活质量和文化水准，而文化产业则是娱乐经济的母体，富有创意的演艺娱乐是取之不竭的金矿。娱乐经济俨然成为新的“世界通货”。据普华永道（Price Waterhouse Coopers）预测，到2015年，全球娱乐和媒体产业的产值将达到1.9万亿美元，并且随着全球经济的复苏，年复合增长率将达到5.7%。全球最大的娱乐市场在美国，其娱乐业每年创造5 000亿美元以上的产值。仅迪斯尼一家公司，年收入就达409亿美元。但全球增长最快的市场却在中国。普华永道在《全球娱乐及行业2011—2015年展望》中提及，2011年中国文化娱乐产业的市场规模达到985亿元，首次逼近千亿大关。2012年其产业规模超过1 200亿元，保持超过20%的复合增长率。伴随着娱乐产业的强劲发展势头，中国娱乐营销也“高歌奋进”。[①] 娱乐营销不等于炒作，而是要以良好的服务意识、行业敏感和专业主义精神，盘活行业资源，深入发掘娱乐行业内在的价值，开创新的商业化模式，引领娱乐风潮。

广东发展演艺娱乐业，要自觉地关注娱乐经济，自觉地探讨娱乐经济的发展规律。广东的演艺娱乐业有着良好的基础，但必须谋求转型升级，形成特色，才能不断满足人民群众的基本文化需求。以广州为例，广州的艺术门类比较齐全、特色鲜明，有粤剧、广东音乐曲艺、歌舞、话剧、木偶、杂技、芭蕾等专业艺术团体以及广州画院、广州雕塑院、红线女艺术中心等艺术单位。近年来，先后成功举办过金狮奖全国木偶皮影比赛、金狮奖全国杂技比赛、羊城国际粤剧节、中国音乐金钟奖、广州国际艺术博览会等国际性和全国性大型文化活动，对繁荣广州演艺和娱乐市场起到了一定的推动作用。[②] 应该看到，人民群众的精神文化消费正由低层次逐步向多样化、高层次转变，由单纯的休闲娱乐向休闲娱乐和求知、求美并重转变。广东的演艺娱乐业要重点研究大众的文化趣味，提供适销对路的、娱乐性强的文化产品。针对当前偏重娱乐文化的消费倾向，文化产品要放

---

① 肖昕，张旻偲．娱乐经济逼近千亿大关 “好莱坞”热钱入囊．南方都市报，2012-06-01.

② 王晓玲主编．中国广州文化发展报告（2008—2009）．社会科学文献出版社，2009. 296.

下架子轻装上阵，在不媚俗、不庸俗、不低俗的前提下，娱乐大众并提升大众的文化品位。在大力发展趣味性、消遣性、休闲性、参与性强的大众文化、休闲旅游、网络服务、城市会展类项目的同时，加大创新力度，创造具有鲜明时代特色、符合当代时尚审美要求的原创产品。[①] 在这个繁华热闹、喧嚣浮躁的娱乐时代，演艺娱乐业特别要防止低水平重复演出，要用新思维、新角度与新创意，通过异质化策略，激发大众的文化消费欲望。

二、培育骨干演艺企业，拓宽演艺娱乐市场

由于社会发展速度、生活节奏加快，媒介技术不断更新换代，信息传播过量或超载的现象越来越明显，受众审美疲劳周期日益缩短，演艺娱乐节目形态更迭的周期也越来越短，导致新生娱乐形态的涌现速度越来越快，文化娱乐日趋多元化。在这样的语境中，广东本土的文化产品自给率便显得不足。这可以从两个方面来找原因：一是总的供给量不足，没有产品；二是被市场接受的产品不多，有效供给不足。很长时间以来，我们对占领演出市场不够重视，认为如果作品不能获奖，就无法证明自己的能力。业内人士提出，文艺评奖的标准要加上作品上座率和市场反响情况，应该鼓励文化院团"既争奖项，又争市场"。如果走不上市场，拿再多的奖也不能让广东的本土文艺真正红火起来。[②] 基于广东丰富多样的文化艺术资源和雄厚的经济基础，要不断扩大演出供给，增强艺术创新和市场开拓能力。加强对演艺娱乐产品创作生产的引导，打造富有岭南特色、中国气派的演艺娱乐产业群。

以广东丰厚的文化资源和独特的战略位置为依托，以海纳百川的视野和求真务实的精神，创新演艺产业的运营模式，促进演艺市场繁荣发展，培育骨干演艺企业。鼓励以资本为纽带、以产业链为支撑的发展模式，引入战略投资者，打造具有艺术创新能力和市场竞争活力的文化演艺企业集团。发展以大型演艺集团为龙头，以广州、深圳两个中心城市剧场为支点，以二三线城市剧场为网络的跨区域演出院线。推动广东星海演艺集团等骨干演艺企业扩大产业规模、建立品牌效应，按照"创新体制、转换机

---

① 张文珍．提高大众文化消费能力．人民日报，2010－01－22.

② 顾作义，杨兴锋主编．文化强省：南粤文化软实力报告，南方日报出版社，2010. 208.

制，从小到大、做活做强”的原则，提高集约化经营水平和产业集中度，逐步发展成为国内拥有自主知识产权和文化创新能力、主业突出、核心竞争力强的文化产业集团。加强成本核算，改进经营方式，建立适应市场竞争需要的艺术生产机制。运用市场手段和资本力量，进行演艺产品及衍生品的创新、生产和营销。大力开发原创性演艺产品，打造具有核心竞争力的知名文化品牌。[①] 在这方面，浙江、云南、四川和陕西等地的演艺界取得了不少成功的经验，出现了一批植根于地域文化的演出艺术精品，对广东是很好的借鉴。如杭州的《印象·西湖》、《宋城千古情》、《西湖之夜》，云南的《印象·丽江》、《云南映象》、《丽水金沙》，成都的《金沙》、《蜀风雅韵》、《芙蓉国粹》，西安的《长恨歌》、《梦回大唐》，开封的《大宋·东京梦华》，承德的《鼎盛王朝·康熙大典》，登封的《禅宗少林·音乐大典》，泰安的《中华泰山·封禅大典》等。这些具有鲜明地域文化特色的作品，赢得了较好的市场反响。

在广东演艺娱乐市场发展的过程中，民营文艺表演团体一直是一支生力军。要继续大力扶持民营文艺表演团体发展，调动社会力量和民间文艺工作者参与文化建设的积极性，鼓励社会资本投资成立艺术表演团体，为其发展打造一个良好的环境，创造一个统一、开放、竞争、有序的演出市场体系。破除演出市场经营主体的所有制壁垒，调整城乡演出市场不平衡的二元结构，建立民营文艺表演团体和国有文艺院团良性互动机制，进一步促进民营文艺表演团体的繁荣发展。政府主办的各类重大节庆文化活动，要鼓励民营文艺表演团体积极参加，并对优秀剧节目和演职员予以表彰和奖励。[②] 尤其是对那些服务农民、服务基层的民营文艺表演团体，要根据实际情况制定相应的鼓励和扶持措施，活跃农村和基层文化生活。

在演艺娱乐消费日益走向大众化和便民化的今天，广东要大幅提升娱乐产品的生产能力，充分释放娱乐经济潜力，开拓演艺娱乐市场。演艺娱乐产品要能够被广大群众所接受，必须使大众充分地了解产品和服务的特色，使之愿意接受。要发展和完善经纪、代理、评估、推介、咨询等中介机构，推行面向演艺娱乐领域的专业化、社会化服务。创新演出营销模

---

① 中共中央宣传部，文化部．关于深化国有文艺演出院团体制改革的若干意见．2009－07－27.

② 文化部．关于促进民营文艺表演团体发展的若干意见．2009－06－02.

式，提高演出经纪机构的经营管理水平。制订长期演出计划，增加演出场次，减少单场演出宣传费用开支。有针对性地培育专业性演出团体和消费群体，促进演出经营与消费的良性互动。利用演出的公众效应，完善演出产业链，实现演出的综合效益。[①] 同时，精心策划媒体宣传，通过新颖别致、具体可行的操作策略来扩大影响、聚集人气，强化地方特色品牌的辐射力，拓展演艺娱乐营销新局面。

目前，广东现有剧场的利用率和演出团体的演出率都相对不高，可以通过信息化的方法，先了解全省对演出的实际需求、各地剧场的使用情况，然后通过管理软件综合安排、合理利用整个资源，以自主经营、租赁经营等方式，盘活国有演出场所资产。完善广东文化票务网，打破条块分割、城乡分离的市场格局，真正把它建设成为一个能够整合票源、覆盖全省、实时在线、方便快捷的以销售功能为主、兼备宣传性质、便于与商家及广大消费者互动、同时发布相关信息的电子网络销售系统。该系统在为大众提供方便快捷、现场选位等个性化购票服务的同时，要尽量节约配送成本，加快出票速度，延长出票时限，扩大市场份额。

三、推动相关产业融合，综合利用高新技术

从演艺娱乐业的发展趋势来看，规模化、连锁化、品牌化、特色化趋势明显，演艺娱乐与旅游、体育等领域融合发展带来了更大的商机。在商业社会里，即便是纯艺术和其他人类活动之间的藩篱也被打破，“诸如商业娱乐、工业技术、时装、设计、政治。它也激励作家、画家、舞蹈家、作曲家和电影艺术家去打破他们专业的边界，在混合媒介的生产和表演基础上合作创作，创造出更加丰富和更加多样化的艺术”。不仅在艺术领域，甚至艺术与其他在传统上作为非艺术的领域也出现了合流混杂的趋势。广告、电影、电视、杂志、报纸等媒介，对艺术也产生了深远的影响。艺术与商业的合流，不仅体现在艺术家的创作之中，而且更广泛地体现在体裁和技法的混杂上，以及艺术自身对时尚法则的屈从上。[②] 演艺娱乐业的跨界发展，拆除各种传统的阻隔和壁垒，寻找多元化的传播、经营方式，有

---

① 国家发展改革委，文化部等．关于构建合理演出市场供应体系、促进演出市场繁荣发展的若干意见．2008－01－04.

② 周宪．审美现代性批判．商务印书馆，2005. 333～336.

助于产生独特的营销力量。

融合型的演艺娱乐业具有很强的行业带动力和影响力，对地方文化、经济和社会效益形成拉动效应。如《哈利·波特》是英国一位失业妇女所创作的小说，这一小说的价值被好莱坞从事娱乐经济的专家所挖掘。好莱坞形形色色的娱乐经济专家除联手起来出版这部小说外，还将之改编为电影、动画片发行，并在此基础上制造和出售卡通人物、儿童用品，在短短数年时间里，《哈利·波特》极大地带动了玩具、文具、服装、儿童用品等相关产业的发展。据统计，其带动的产业经济规模总量达到了 2 000 多亿美元。《哈利·波特》是娱乐经济的一个奇迹，它通过一系列文化产品的开发塑造了一个知名的公共品牌——哈利·波特，再通过这个文化产品品牌带动一大批关联产业发展，极大地推进整个文化产业发展步伐，并由此提升一个国家和地区的产业竞争力。[①] 国外一个成功的演艺娱乐创意，往往可以衍生出歌剧、电影、音乐、唱片、明星等多种产品，环环相扣，每一次产品创新都是一次提升。演艺娱乐业的创新不光是内容的创新，也是营销手法、经营管理手段的创新。广东可以借鉴西方国家在娱乐行业的经营模式，构建完整的演艺娱乐产业链。

演艺娱乐业的发展应该是跨行业的发展，不能在单一的行业内完成。通过旅游胜地迷人的环境和新奇的诱惑、体育运动的活力和号召力、大型节庆或公众娱乐活动的参与和互动、影视明星的个人形象魅力等，演艺娱乐可以获得更多的接受、认同，并融汇成一种整体的文化环境。如演艺娱乐与文化旅游深度融合，可以打造出高品质的旅游演艺产品。从促进旅游发展的角度来看，应鼓励对现有演艺资源进行整合利用，鼓励社会资本以投资、参股、控股、并购等方式进入旅游演出市场，允许适度引进境外资本投资国内旅游演出市场。鼓励运用现代高新科学技术，创新演出形式，提升节目创意，突出地域特点和文化特色，打造优秀旅游演出节目。旅游景区（点）要广泛吸纳文艺演出团体和艺术表演人才，以多种方式灵活参与景区经营，不断提高景区（点）的文化内涵。[②] 要积极开发旅游演出市场、大众化娱乐演出市场、戏剧曲艺类专业小剧场等多场次、低价位的演

---

① 邓红辉，蒋建业．谁来为广东制造业点睛？．南方日报，2003－07－07.

② 文化部，国家旅游局．关于促进文化与旅游结合发展的指导意见．2009－08－31.

出市场，建立结构合理的多层次演出市场供给体系。[①] 通过专业化、多样化、精细化的运作方式，形成全方位的演出空间和市场渗透，满足不同年龄、不同阶层、不同欣赏习惯和不同消费水平的受众的精神文化消费需求。

要将演艺娱乐、旅游、商务和文化消费等整合在一起，有赖于高新技术、文化创意等多种因素。如大型山水实景剧《印象·西湖》、《印象·刘三姐》、《禅宗少林·音乐大典》，多媒体梦幻剧《时空之旅》等，其表现方式新颖独特，都体现了科技创新与文化创意的有机结合。正如沃尔夫所说，数字化技术使娱乐产品从某种特定的媒体上脱钩了。从经济角度来看，每一种新技术都将意味着更新更大的财富之源的发现。[②] 对演艺娱乐业而言，要用声光电综合集成应用技术、基于虚拟现实的舞美设计与舞台布景技术、移动舞台装备制造技术和演出院线网络化协同技术等演艺关键支撑技术，推动演艺作品创作、创意协同、内容编排、活动策划、艺术表现、受众互动和展演展映展播展览等效能，不断提升艺术创作力、感染力、表现力和传播力。

同时，要科学规划，合理布局，根据广东各地的实际确立演艺娱乐业的发展重点。如深圳的演艺娱乐业以高科技、高资金密集、国际化为发展路向，以建设中国流行歌舞娱乐演艺中心为目标，其未来发展的重点方向为：创造出独具特色的流行音乐歌舞，努力将深圳打造成为“中国的百老汇”。[③] 另外，粤港澳三地的演艺娱乐界要加强合作，积极探索和推动在共同创作演艺精品、塑造文化品牌、加强人才流动、推动产业发展等方面的良性互动，形成共赢局面。尤其香港是亚洲的娱乐中心、时尚之都，是亚洲潮流的风向标，广东要借助这个平台，打造具有文化影响力的内外交流通道。

---

① 国家发展改革委，文化部等．关于构建合理演出市场供应体系、促进演出市场繁荣发展的若干意见．2008－01－04.

② ［美］米切尔·J. 沃尔夫．娱乐经济——传媒力量优化生活．黄光伟，邓盛华译．光明日报出版社，2001. 115.

③ 深圳市文化产业发展规划纲要（2007—2020）.

第六节　网络文化服务业发展战略

网络文化服务业是以电子计算机、互联网、无线移动通信、云计算、卫星传输等技术为依托，在网络上生产和传播文化产品、提供文化服务、进行文化经营活动的新兴产业。其特征是：将图像、文字、影像、语音等内容，运用数字化高新技术手段和信息技术进行整合运用，并提供互联网服务。[①] 网络文化服务业所涵盖的范围包括：网络新闻、网络出版、网络广播影视、网络文学、新一代网络游戏、网络音乐、网络动漫以及手机等移动终端业务。作为一个经济和产业的概念，网络文化服务业的重心在于运用产业化方式，通过互联网平台将文化内容生产和传播纳入经济运行轨道，形成产业链条和产业结构。

在建设数字广东的过程中，移动互联网、云计算、物联网等新兴业态快速发展，新的应用模式和商业模式不断涌现，网络文化服务业有了源源不断的发展动力。作为融合形态的新兴文化产业，网络文化服务业代表了未来的一种发展趋势，它能够改造、提升传统文化产业，催生新的文化形态和文化业态，而传统的内容生产利用互联网平台进行运作，可以更具传播力、影响力和便捷性、广泛性。网络文化服务业对提高整体经济运行效率、拉升国民经济指数、提高区域竞争力，都具有重要作用。

一、网络文化服务业发展现状

日益普及的宽带网络和无线应用，推动着文化企业走技术创新和市场开发相结合的产业发展道路，大力发展数字内容、网络文化、手机内容服务等新兴文化产业，促进文化产业结构升级。网络文化服务业的渗透力越来越强，包括网络音乐、网络动漫游戏等在内的新媒体产业，在文化产业中发挥日益显著的“加速器”作用，各种新的文化产品形态和文化服务业务层出不穷，受到人们特别是年轻人的追捧和喜爱，成为文化产业中最具活力和潜力的部分，新兴的网络文化服务业将引领时代潮流。

广东的网络文化服务业发展迅猛，呈现出四大特点：

---

① 祈述裕主编．中国文化产业发展前沿——“十二五”展望．社会科学文献出版社，2011. 261.

一是形成了产业规模。广东的网络文化产业诸如网络音乐、网络游戏、网络动漫等在全国占有举足轻重的地位，成为文化产业中的前沿地带，对投资者形成了巨大的吸引力，具有广阔的市场前景。无论是产业规模、产值收入，还是产品质量、企业形象、品牌影响，广东的网络文化服务业发展势头强劲。

二是涌现出一批领军企业。近年来，腾讯控股、华视传媒、A8 音乐、中青宝网等一批文化企业分别在深圳和境外主板上市。无论是在资产规模、赢利能力方面，还是在经营模式、创新能力等方面，它们都领先于全国同行业的同类企业，成为全国同行业中的领军企业。

三是产业集聚发展态势开始显现。从 2005 年开始，广东重金打造以广州为核心的国家级网络游戏动漫产业基地。经过多年的发展，已经形成了以广州和深圳为两大中心的产业集群。中山以及番禺两地的数字互动游戏产业更是占据了全球超过 65% 的市场份额，形成网络游戏、网页游戏、手机游戏、单机游戏等各类研发、生产、销售一条龙服务的产业集群。广东已成为中国游戏产业的强省，既有优秀的游戏产品、制造游戏产品的著名企业，更有集中展示产业成果、服务文化建设的游戏专业博览会。

四是核心技术出现一系列突破。历经多年的磨砺与积累，广东已形成了技术研发、内容创意、平台运营、衍生产品相结合的完整产业链和成熟的赢利模式，建立了广泛的国际合作网络，直接对接世界顶尖科技与资本市场。在网络文化产品原创设计和关键技术、核心技术、共性技术的研发上取得明显突破，已成为全国著名的技术开发中心、产品设计制作中心和市场辐射中心。① 尤其在网络游戏产品等的生产研发领域，广东凭借改革开放前沿、毗邻港澳、经济基础雄厚、高科技企业集中、资本市场庞大等优势，一直走在全国的前列。如深圳华强文化科技集团有限公司自主开发出的多款三维仿真游戏、金山公司研发的 3D 网络游戏，都达到了一流水平。此外还有广东省广晟资产经营有限公司研发的多声道数字音频编解码技术项目，具有显著的创新优势，拥有自主知识产权，对保护数字电视产业、带动相关产业发展，具有十分重要的意义。

同时，广东的网络文化服务业发展也存在着一些不足：互联网新闻宣

---

① 窦尼．春风化雨　竞发新枝——地方文化发展改革巡礼（二）．中华魂，2012－04（下）．

传整体实力还不够强，缺乏有影响力的新闻网站；网络文化创作尚处于初级阶段，精品力作较少，经济社会效益尚未完全显现；网络媒体的国际国内舆论传播能力有待进一步提高，“走出去”的实力仍须加强。① 在网络内容建设方面，适合互联网和移动终端传播的精品佳作不多。因此，必须加快实施网络内容建设工程，提高网络文化产品和服务的供给能力，推动健康有益、形态繁多的精神文化产品在网络上传播。

二、提升网络文化服务供给能力

作为文化产业的新领域和重要组成部分，网络文化产业在各国政治、经济、文化和人们的生活领域正发挥着越来越重要的作用。网络技术、数字化技术和多媒体技术等高科技的运用，正全方位地影响着全世界文化产业的发展。国务院新闻办公室2010年发表的《中国互联网状况》白皮书指出：在经济领域，互联网加速向传统产业渗透，产业边界日益交融，新型商务模式和服务经济加速兴起，衍生了新的业态。包括互联网在内的信息技术与产业，对中国经济高速增长作出了重要贡献。互联网与实体经济不断融合，利用互联网改造和提升传统产业，带动了传统产业结构调整和经济发展方式的转变。而网络文化产业是文化产业的一支生力军，拥有巨大的包容性和生命力。

面对新的科技文化潮流，广东要不断提升优质网络文化产品的供给和服务能力。《广东省建设文化强省规划纲要（2011—2020年）》对网络文化精品创作给予了大力支持，突出强调“广东特色”和“网络原创”。按照《广东省建设文化强省规划纲要（2011—2020年）》的要求，要进一步提高重点新闻网站的技术装备水平、网络文化产品供给和信息内容生产能力，以满足人民群众多样化、多层次、多方面的文化需求。积极鼓励扶持民族原创的、健康向上的网络文化产品的创作和研发，推动各类网络文化企业主动参与网络文化建设，创造、提供更多的优秀网络文化产品和服务。大力推动电子商务、教育类网站的发展，积极培养健康向上的网络消费模式，运用网络新技术和创新成果积极吸引网民、服务网民。② 网络文化消费抹平了高雅与通俗的鸿沟，带来了文化消费的世俗化、民主化和常

---

① 林雄主编．广东省建设文化强省规划纲要辅导读本．南方日报出版社，2010. 155.

② 林雄主编．广东省建设文化强省规划纲要辅导读本．南方日报出版社，2010. 159.

态化。文化消费的范围也更为广泛，网络音乐、网络美术、网络游戏、网络视频、网络阅读、网络购物等形态交错杂陈，消费内容也必须进行相应革新，以更好地适合新载体即时性、互动性的特性。

在网络内容生产、传播方面，创意性和内容性是网络文化服务业的先导，要深入挖掘文化创意内涵，注重社会效益。要推动优秀传统文化瑰宝和当代文化精品的网络传播，提高网络文化产品的原创能力和文化品位。以网络游戏产业为例，要防止文化品格萎缩，不能一味追逐市场效益而忽视文化内涵。网游产业在发展过程中，要尽力避免创作题材狭窄、主题单一、开发方式雷同等弊病，摒弃暴力、情色、凶杀等元素。事实上，从网游诞生之日起，人们就没有简单地将其看作以现代互联网技术为载体的纯粹游戏，而是将其纳入了包括文学、绘画、雕塑、舞蹈在内的艺术行列，成为与人的精神创造活动直接相联系的现代艺术类型之一。[①] 网游只有将艺术与人文相结合，通过创意画面、优美的音乐等构成要素营造视听盛宴，才能让整个行业朝着正确的方向发展。

网络文化服务的产业形态具有多样性，不同的形态满足着社会各个阶层不同的需求。中国互联网络信息中心（CNNIC）发布的第 31 次《中国互联网络发展状况统计报告》显示，用户规模、网民使用率排名前十位的网络应用分别是：即时通信、搜索引擎、网络音乐、博客/个人空间、网络视频、网络游戏、微博、社交网站、电子邮件、网络购物。这种应用的多样性既是网络文化服务业日趋成熟的表现，又是网络文化服务业的价值所在。如网络文学的影响力不断增强，更多的传统文学作家借助互联网发表和传播作品，根据网络文学改编的电影电视剧持续热播。网络视频的用户猛增，已经发展成为人们获取电影、电视、视频等数字内容的重要媒体，在互联网行业中的地位不断凸显。以手机为平台的新兴媒体如手机报、手机音频、手机视频、手机电视、手机小说、手机网站等的使用范围和影响力不断扩大。网络文化服务业不是传统媒体的网络翻版，只有提升创意水平，提供差异化、个性化的产品，才能提高网络文化产品的竞争力。[②] 要鼓励文化内容与网络技术相结合，不断创新文化业态，丰富文化

---

① 郭国昌．提升网游产业的文化品格．人民日报，2012－09－21.

② 徐伟群．规范和促进江苏网络文化服务业发展研究．http://www.jsca.gov.cn/zxzx/hygc/dcyyj/201012/t20101210_36519.html.

表现形式，推进文化产业的结构调整。[①] 实行自主创新战略，通过技术与文化的融合来创造新的网络文化形态，化解无效供给，创造性地提供更多高品质的产品与服务。

三、促进跨行业的融合发展

跨行业融合是数字时代文化产业发展的一个重要趋势，越来越多的领域正在突破传统行业的界限。融合将是创新的催化剂，更是网络文化服务行业格局变幻、企业战略调整的重要因素。因此，要着力促进网络文化产业链相关环节的融合与沟通，创新营销推广模式，研究建立更规范、合理的分成模式。鼓励和支持数字技术企业、网络技术企业、计算机硬件企业和通讯企业参与网络文化内容产品的生产和经营。[②] 推动跨行业企业集团间的业务合作，共同开发产品、拓展市场，形成共生、共赢的跨行业业务融合机制。要在未来市场谋求更大的生存发展空间，就必须充分重视产业融合趋势所带来的机遇与挑战。

面对跨界融合的潮流，网络文化服务业要做好内容整合和技术连接的过渡，打造并完善新的数字文化产业发展平台，支持文化产业顺利转型。有专家建议，广东要推动南方广电传媒集团、南方报业传媒集团、南方出版传媒集团、珠江电影集团与省广电网络公司等合作建设面向全省的文化新业态数字内容集成制作综合平台，为广大中小文化企业提供服务，提高数字内容的附加值，提升与电信运营商合作中的地位。同时，还要推动数字出版、数字影视、网络音乐、流媒体动漫等探索建立清晰、合理的赢利模式，并且借鉴境外成功经验，探索建立网络运营商和内容提供商之间更公平的合作体制，实现内容制作商可持续发展。[③] 通过区域内的产业合作、联动发展等方式，建设先进发达的网络文化创作生产体系和传播体系，推动岭南优秀文化产品的数字化、网络化，占领更大的市场空间。

伴随着移动生态系统的开放与发展，互联网和电信业迫切地需要转型创新。像谷歌、苹果、Facebook 等企业，无一例外都通过技术创新与商业模式创新的有机融合，赢得了不可复制的市场领先优势。在电信领域，到

---

① 文化部“十二五”时期文化产业倍增计划. 2012-02-23.

② 文化部“十二五”时期文化产业倍增计划. 2012-02-23.

③ 赵琦玉. 像扶持科技企业一样扶持文化企业. 南方日报，2011-11-29.

2009年年底，全球移动的数据流量、增值服务内容已经超过了语音服务。目前全球电信企业基本上都成为媒体公司，中国三大电信运营商也已经逐步在向数字内容产业方向发展。今天，数字化发展过程中的一个非常重要的转型，就是文化产业会慢慢从广电、出版转型到电信的平台上面来。[①] 随着三网融合的推进，各类信息网络设施的文化传播作用将充分发挥出来。在加强监管的前提下，符合条件的国有电信企业可从事除时政类节目之外的广播电视节目生产制作、互联网视听节目信号传输、转播时政类新闻视听节目服务，以及除广播电台电视台形态以外的公共互联网音视频节目服务和交互式网络电视（IPTV）传输服务、手机电视分发服务。[②] 据统计，我国通信业三大运营商的移动流量数据收入占总收入的比例越来越大，总体比例占30%以上。从2009年开始，移动流量数据的收入就已经超过了话费业务收入，专家预测2015年全世界移动数据业务将会比2010年增加26倍。新浪微博和QQ是消耗我国手机流量的"大头"。专家指出，传统的互联网和传统的移动通信，价值链是比较短的，运营商占了70%左右的利润。现在的互联网时代，特别是移动互联网时代，价值链拉长，运营商的利润被分流了，如今利润从运营商转移到终端，iPhone、iPad的出现改变了游戏规则。[③] 移动互联网产品服务价值链的构成是非常复杂的，各个环节的竞合关系处于动态演变之中，规则的重构带来了新的机遇，只有抢占价值链的关键位置，才能应对不同领域巨头的跨界冲击。

任何产业，如果孤立地发展，都很难有持续的生命力。发展融合业务，能够带动产业链协同推进。如网络游戏是通过信息网络传播和实现的互动娱乐形式，是一种网络与文化相结合的产业。网络游戏中所指的"网络"，不仅仅包括我们通常所说的计算机国际互联网，它所指的信息网络是包括电信网、移动互联网、有线电视网以及卫星通信、微波通信、光纤通信等各种以IP协议为基础的能够实现互动的智能化网络的互联。因此，网络游戏是网络产业与游戏产业、信息产业与娱乐产业的融合和跨越发展

---

① 陈少峰．走向文化产业强国的对策思考．福建论坛，2011（4）．

② 蔡赴朝．发展现代传播体系提高社会主义先进文化辐射力和影响力．人民日报，2011－11－07．

③ 武威．手机网民3.88亿．广州日报，2012－09－12．

的产物，既是文化产业，又是信息产业。[①] 从目前的状况来看，网络游戏产业与其他文化娱乐产业呈现融合式的发展，出现诸多根据电影、电视剧、小说改编的网络游戏，同时一些网络游戏也在尝试改编成电视剧和电影。网络游戏与文学、影视、旅游、音乐等其他文化内容产业的合作正在成为一种大趋势。盛大网络发展有限公司、完美时空网络技术有限公司等企业，几年前就开始在相关的文化内容产业进行投资布局，其中借助影视节目推广网络游戏更是成为业内通用模式。2010 年 4 月，盛大网络发展有限公司与湖州市政府签署了旅游领域战略合作框架协议，盛大公司将重点投资旅游景区、休闲度假、主题公园、玩家体验等创新旅游产品，5 年内投资总额达30 亿元。同时，网络游戏对相关产业具有明显的带动作用。广东要深入开发网络游戏周边产业，促进网络游戏衍生产品的开发，包括图书期刊、音像制品、玩具文具、食品、服饰、娱乐设施、动漫产品、游戏展会等。通过游戏衍生产品的综合开发，扩大和增加网络游戏产业规模，真正形成网络游戏产业再生产的良性循环机制。[②] 积极建设技术开发、动漫创意、作品制作、版权交易、网络运行、人才培训、衍生产品开发等功能齐全的动漫网络游戏技术创新基地，提高网络文化产业的规模化、专业化、国际化水平。

四、技术升级及产品形态创新

在产业交叉、跨界营销、融合制胜的大趋势下，网络文化服务业应在技术上、产品形态上进行创新。

信息通信技术的发展成为推动文化产业发展的巨大动力。据工业和信息化部的研究成果，近几年来，在新技术、新业务的强力带动下，我国宽带网络、移动互联网、新一代移动通信、云计算、物联网等新业态的发展正在推动信息通信业加速转型，行业纵向整合、横向渗透的态势进一步加剧，大发展、大变革、大融合成为行业主旋律。信息通信技术的创新和扩散，特别是与传统产业生产组织和制造流程的深度融合，正推动以数字化、网络化、智能化、服务化为核心的新的产业变革，促使实体经济迈向

---

① 《文化部信息产业部关于网络游戏发展和管理的若干意见》解读. http://www.ccnt.gov.cn/xxfb/zwxx/zcjd/200509/t20050916_9375.html.

② 文化部信息产业部关于网络游戏发展和管理的若干意见. 2005－07－12.

新的发展阶段。

广东应当加强信息通信技术领域的科技研发、成果应用，建设数字广东，占领网络文化服务业的制高点。作为在国内通信市场有举足轻重地位的省份，广东在通信领域的发展一直领跑全国。早在2008年6月，广东省委、省政府作出《关于争当实践科学发展观排头兵的决定》，强调加快信息技术在经济社会发展各个领域的推广应用。全面运用信息技术提升产业优势，推进产品开发、设计及生产过程的信息化与自动化。实施网络民生、网络创新创业、公共服务在线化三大工程和数字家庭普及计划。普及中小学信息技术教育，加快农村信息化，缩小“数字鸿沟”。支持建设国家南方现代物流公共信息平台，率先推进“物联网”的发展，打造全国电子商务中心。加大综合信息基础设施和信息高速公路的建设力度，在全国率先推进电信网、有线电视网和互联网“三网融合”，打造无线宽带城市群等。广东还提出了“十二五”期间推进下一代互联网发展的一系列目标：全省要进一步提升光纤网络覆盖率，用户接入带宽平均每年翻一番，力争在网络覆盖、网络速率和应用水平方面达到先进国家水平；到“十二五”末期，广东省要实现城市和农村人均接入带宽能力分别达到50M和20M以上；宽带应用进一步推广和普及，固定宽带普及率达到30%，宽带用户超过3 000万户。[①] 到2015年，珠江三角洲地区信息化水平进入世界先进行列。

除了下一代互联网外，还要重点发展新一代移动通信、三网融合、物联网、云计算等新一代信息技术。在云计算应用开发方面，突破云计算协同技术、中间件与平台、云安全等核心技术，掌握自主知识产权，提升产业自主创新能力和水平。加快建设国家级、省级和地市级的云计算中心、超算中心，以及基础服务设施和服务平台。创新云计算新型信息服务模式，发展电子商务、电子政务、企业信息化、制造业等行业领域的云计算应用。[②] 云计算是文化产业核心技术的重点方向之一，它不仅可以帮助企业减少IT投入，还可以带来更多创新应用的可能。云应用带给人们更多的想象空间，也带来了更多的机遇与创新。

---

① 叶丹．通信精英热议“下一代互联网”．南方日报，2012-05-16.

② 广东省战略性新兴产业发展“十二五”规划．2012-03-06.

信息技术与文化产业的融合不仅催生了众多的产品形态，而且创造了全新的文化传播渠道。信息技术能够促进网络文化产业链相关环节的融合与沟通，创新营销推广模式。网络原创文学、微博、网络剧、微电影等新兴网络文化形态不断涌现，网页游戏、手机游戏等令人目不暇接。亨利·詹金斯（Henry Jenkins）注意到，新一代游戏有可能将视频游戏作为一种新型流行艺术形式合法化，正如20世纪前十年的后期以及20年代的电影将尚处于襁褓中的电影院合法化一样。[①] 利用信息技术发展娱乐产业可以打造全新的生活方式，新技术和文化艺术的结合拓展了产业实践，让大众在随时随地的娱乐当中来感受数码时代的人文魅力，文化的平民化、普及化和多样性成为可能。沃尔特·艾萨克森（Walter Isaacson）所写的《史蒂夫·乔布斯传》提及，在做艺术的时候需要技术，做技术的时候需要艺术。必须同时精通这两个方面，才能达到真正的跨界融合。乔布斯曾说苹果之所以能够创造出iPad这样的产品，是因为苹果一直努力融合科技和人文艺术。利用技术可以大大提升文化元素与艺术的表现力，也可以提升人们对文化艺术感受的丰富性、体验性与深刻性、敏锐性。与此同时，技术跟艺术之间也是可以相互转换的。源于艺术的价值，使得苹果电子产品被很多人收藏。产业高端化的方向之一，便是将物质产品变成艺术品，技术与艺术之间的界限变得模糊。

技术升级、产品创新是企业发展、经济腾飞的原动力。广东的网络文化服务业已形成一定规模，行业间的融合交流程度也较高。今后，还要加强知识产权保护体系的建设，进一步完善和落实鼓励自主创新的法制保障、政策体系、激励机制和市场环境，尤其是运用新的科技手段加强对网络文化作品的保护，从而破解“谁创新谁倒霉”的魔咒。

第七节　文化旅游业及文化会展业发展战略

文化旅游业、文化会展业是构建现代文化产业体系不可或缺的重要组成部分。促进旅游业、会展业与文化结合，发展“大文化”经济，有利于广东形成文化产业各行业百花齐放、共同繁荣的良好局面。

---

① ［英］大卫·赫斯蒙德夫．文化产业．张菲娜译．中国人民大学出版社，2007.251.

一、文化旅游业发展战略

广东有着悠久的历史，岭南文化独具特色。近代以来，洪秀全、康有为、梁启超、孙中山等一大批杰出人物，均从广东登上中国历史的大舞台。而历史文化名城广州、佛山、潮州、梅州、雷州等有着厚重的人文积淀，文物古迹不胜枚举。广东的旅游资源十分丰富，旅游消费热点不断增加。休闲度假旅游、乡村生态旅游、温泉旅游、滨海旅游、邮轮旅游、游艇旅游、健康旅游、会展旅游等新兴业态快速发展，电子商务、网络营销、品牌经营、集聚开发等旅游商业模式创新加快，一批精品品牌和中高端产品正在快速形成，全省涌现了一批旅游集聚区、旅游综合体、旅游产业园区。2011 年全省实现了旅游总收入 6 443 亿元、增长 20%，旅游增加值达2 746 亿元、占全省 GDP 的 5. 18%。旅游业已经成为广东经济支柱产业之一，旅游业主要指标继续保持全国第一。① 广东在转变经济发展方式的过程中，要推动文化与旅游深度融合，通过旅游业的发展为文化产业提供改革创新的平台，通过文化的繁荣为旅游业注入持续发展的动力。

以文化价值为切入点，这对旅游资源的开掘和提升有着重要意义。广东要重点发展文化旅游业，让游客在参观、赏玩的过程中体验文化的无穷魅力。旅游资源与文化、艺术、影视等结合之后，对游客的吸引力将大为增加。如《指环王》在全球公映后，由此开发出了一个产业链，创造了巨大的产值，新西兰的旅游业就因此蒸蒸日上，大批游客去新西兰看《指环王》的拍摄外景地。这就等于是把文化注入风景，为自然风光增加了含金量。而且，这种文化含金量不会消耗能源，不会制造污染。在今天自然资源濒临枯竭、生态环境不断恶化的情况下，通过文化资本创造产值是人类社会的最优选择。② 促进文化与旅游融合发展，使旅游景点、设施、产品和丰富的文化内涵融为一体，有利于形成文化消费新热点，推动旅游业的转型升级。

（一）以文化提升旅游的内涵和魅力，以旅游激发文化的体验和活力

文化是旅游的灵魂，它可以提升旅游的内涵和魅力；旅游是文化的载

---

① 蔡华锋，周人果，东田．坚定不移推进产业发展　全力以赴建设幸福旅游．南方日报，2012 - 03 - 02.

② 叶舒宪，黄湘．符号经济·文化资本·文化情怀——叶舒宪访谈录．博览群书，2007(4)．

体，它能激发文化的体验和活力。广东要大力提升旅游的品位、精神价值和人文含量，增强文化的传播力，为旅游插上文化创意的翅膀，将历史文化、自然景观与休闲娱乐等有机结合。

发展文化旅游，首先要强调文化个性，突出地方文化元素，走差异化发展的路子。广东省内景点众多，文化形态各异，在推动旅游产业集聚示范区建设、促进旅游要素集群化的同时，要将各自的个性、差异呈现出来，避免同质化竞争。《广东省旅游发展规划纲要（2011—2020年）》提出“五区”的空间布局，即珠三角广府文化旅游区、粤东潮汕文化旅游区、粤东北客家文化旅游区、粤西百越风情滨海旅游区、粤北南岭生态休闲旅游区。旅游的过程实际上是感受当地文化价值、体验各地文化差异的过程。“旅游业将文化变成了可展示的物件和可参观的场所。”① 广东要依托自身的历史文化、自然生态优势资源，用广府文化、客家文化、潮汕文化、百越文化、雷州文化、海洋文化、华侨文化、禅宗文化、武术文化、名人文化等多元文化开发旅游产品，丰富游客的精神体验。通过文化创意增强广东旅游业的吸引力，用旅游来展示、承载、传播文化，从而使文化与旅游各擅胜场、相互渗透，获得更加持久的生命力、辐射力。

旅游业的文化展示具有动态性、开放性等特点，文化本身也是处于不断变化、发展之中的。打造广东文化旅游品牌，要深入开掘岭南传统文化精髓和时代文化元素，将两者熔铸为新的文化旅游精品。在时尚文化、娱乐文化、休闲文化旅游方面，珠三角地区占有很大的优势。如文化主题公园，珠三角已经占据这个领域的制高点。从发展历程来看，珠三角的文化主题公园经历了三代发展：第一代，以深圳锦绣中华为代表，其特征是静态陈列观光型；第二代，以深圳世界之窗、番禺香江野生动物园为代表，其特征是为游客提供历史、文化和回归自然的体验；第三代，以华侨城欢乐谷为代表，其特征是为游客提供新型业态的复合型现代游乐体验，成为我国文化主题公园行业的领导者。② 珠三角尤其是深圳等地的主题公园、文化创意产业园区、文化场馆、文化活动，以其现代都市风情、时尚文化

---

① ［英］贝拉·迪克斯．被展示的文化：当代“可参观性”的生产．冯悦译．北京大学出版社，2012.44.

② 文化部文化产业司编．国家文化产业课题研究报告（2010年度）．云南大学出版社，2011.190.

消费等特点，吸引着大量游客。时尚文化旅游业的带动能力强，富含文化科技与时尚体验元素，珠三角要继续大力发展娱乐、休闲旅游，形成文化旅游业的新亮点。

广东自古就有“岭海”、“粤海”之称谓，滨海旅游资源众多，要大力挖掘地域文化的内涵，整合开发滨海旅游文化资源，形成富有时代特征、创意独特的滨海旅游文化品牌：

挖掘滨海地区独特的民俗文化资源，形成旅游观光产品，吸引游客身临其境、深入细致地了解当地的民风民俗，体味滨海文化的独到之处。以粤西、粤东地区已有的妈祖旅游产品为基础，开发妈祖文化旅游节、妈祖文化广场、妈祖主题园等妈祖文化旅游产品。以阳江海陵岛“南海Ⅰ号”、海上丝绸之路博物馆和徐闻海上丝绸之路始发港为依托，结合徐闻珊瑚礁、大汉三墩等丰富滨海自然及人文资源，打造海上丝绸之路文化旅游精品线路。整合广州南海神庙、黄埔古港古村、十三行、太古仓、沙面等历史文化资源，加强历史风貌的保护，做好海上丝绸之路文化宣传推广和旅游线路产品开发，积极推进申报世界文化遗产工作，提升海上丝绸之路文化的国际国内影响力。依托千年雷州古城文化，保护和发扬各类独具特色的雷州传统文化、特色文化资源，以此为中心南连徐闻、北接湛江，打造独具特色的雷州文化旅游带，形成南中国文化的重要组成部分和景观。[①]

海洋文化与滨海旅游的高度融合进而一体化发展，是推动蓝色经济区的旅游产业发展的必由之路。要将渔家民俗文化、海洋渔业文化、海洋美食文化、海洋体育竞技等多样化的文化形态融入到旅游产品之中，形成多元化、高品质的滨海文化旅游产品体系。

（二）打造旅游演艺品牌，延伸旅游产业链条

作为一种旅游营销的新范式，旅游演艺实现了演艺文化和旅游产业的结合，它在吸引游客、强化景区文化内涵、提供休闲娱乐、推介旅游品牌、拉动地方经济发展等方面具有重要作用。有专家提出，旅游演艺应分为六部分：第一，地域性的文娱演出。第二，相匹配的多功能综合型娱乐

---

① 广东省滨海旅游发展规划（2011—2020年）.

剧场（剧院）。第三，以演出为核心产品之一的主题公园，作为项目收益的保障点。第四，项目周边的旅游休闲综合配套区，这是产业链的延伸部分。第五，围绕演艺项目构建历史文明的话语体系，则属于营销和推广部分。第六，产权质押和股权交易，此为最关键的融资和流转部分。比如，云南丽江的“丽江千古情”旅游演艺项目，包括《丽江千古情》室内演出、丽江千古情剧院、主题公园及旅游休闲综合配套区“茶马古城”。[①] 这一划分从产品、设施、运作和经营模式等方面，对旅游演艺所涉及的领域作了界定，指出旅游演艺并非简单的文娱演出。综合各类旅游演艺的特色，其基本特征大体上可以概括为：编演阵容庞大、艺术叙事宏观、音乐舞蹈原创、舞美声光时尚、服装道具华美、演出场地自由、观众层次广泛、观赏效果逼真、市场需求稳定、经济效益明显等特点。[②] 一些实景演出更是与旅游产品本身捆绑在一起、相映成趣，两者联动合作激发活力，让游客置身于特定的演出环境之中，改变了传统的被动观赏方式。

随着国内旅游业的快速发展和大众休闲娱乐意识的增强，旅游演艺产品的市场需求迅速增长。演艺娱乐业作为新型创意文化产业融入到旅游之中，丰富了广大游客的文化生活，延伸了旅游产业链条，调整了产业结构，助推了旅游经济。如今，很多旅游演出不再是单体项目。比如河北承德的大型皇家文化实景演出《鼎盛王朝·康熙大典》，被视为是产业集群发展、复合赢利模式的代表。该剧自 2011 年 6 月正式公演以来，好评如潮，产生了良好的经济效益。而其投资方并不是以演出作为市场运作的主体，而是投资 20 亿元，以演出为核心，规划建设了一座超大型独立主题性产业园——中国·承德《鼎盛王朝》文化产业园。该项目以推动文化产业为本，以不同门类、不同形式、不同层次的互动交流为载体，将旅游、演艺、影视、鉴赏等多功能融合为一。[③] 相关行业携手合作、整合发展，通过优势互补、产业联动的方式建立起了价值共同体。

广东的旅游演艺活动独树一帜，已经发展成为地方文化的一道自然人文新“景观”，成为文化旅游业可持续发展的强劲助力。如华侨城集团深度挖掘、利用中国传统文化资源与世界各国文化精粹，在深圳这个新兴的

---

① 裴钰．旅游演艺的谜底．中国青年报，2012－02－17.

② 旅游演艺的丛林法则．http://www. dayanzhiyong. com/caselysxyy. htm.

③ 梅洪．旅游演艺迎来发展新空间．经济日报，2013－03－01.

移民城市上演了文化旅游“盛宴”，创新推出欢乐谷、锦绣中华、民俗文化村、世界之窗、东部华侨城等系列主题公园，将文化旅游业做得风生水起。华侨城集团借助主题公园的平台，整合内部演出资源，对各景区输出演出产品，不仅增设了晚会式、巡游式、歌舞史诗式等表演方式，而且已经搭建起与设计、演出设备生产等多种产业紧密关联的演艺产业链条。华侨城集团精心营构文化旅游、文化节庆、文化演艺、文化艺术、文化科技等业务板块，形成了以文化为核心、以旅游为主导的“大服务”产业格局。

华侨城集团的成功经验启示我们，今后广东要不断调整旅游结构，延长文化旅游的产业链，实现文化旅游产业结构的优化升级。借助现代化、艺术化、科技化等手段，创新旅游演艺产品开发模式，探索新的艺术表现形态与营销方式，重点开发大型旅游演艺精品，增强旅游演艺产品的参与性、互动性、感染力和影响力，传播幸福和快乐，使游客获得慰藉心灵的文化感受。

（三）深度开发文化旅游工艺美术品

文化旅游的体验越来越注重多元化、立体化，不同种类的参观空间、文化体验能够带给游客新奇的感受。旅游与文化消费相结合，让人们在景区可以挑选多样化的旅游产品。如一件珍贵的旅游工艺美术品，可以被旅游者长久保存。“工艺美术以雕塑、髹饰、锻铸、绘画、编织、缝纫、印染、烧造、剪刻、裱扎、木做、琢磨等工艺为基本手段，生产实用或陈设工艺美术品。”① 广东发展文化旅游业，要合理开发传统手工技艺类和表演类非物质文化遗产，深度开发文化旅游工艺美术品，把岭南文化元素融入到旅游产品的设计和包装之中，开发一批文化品位高、地方特色浓、包装精美的文化旅游工艺品，丰富文化旅游商品市场。

富有独特文化创意的工艺美术和传统手工制作，既延伸了旅游产业链，又有利于构建地区性旅游品牌。如潮州和佛山的陶瓷，潮州的嵌瓷、木雕和潮绣，肇庆的端砚，惠州的龙门农民画，江门的“白沙茅龙笔”，揭阳的木雕、石雕、剪纸、漆画以及阳美翡翠玉雕，茂名的玉雕、角雕、

---

① 祈述裕主编．中国文化产业发展前沿——“十二五”展望．社会科学文献出版社，2011. 249.

贝雕和竹编艺术，阳江的漆器、根艺雅石、风筝，云浮的石雕石刻艺术等，都是具有浓郁地域特色的工艺美术、手工制作或民间艺术，体现了岭南的文化特征、民情风俗和生产生活方式。广东要引导和推动旅游工艺美术品与文化创意的嫁接，积极搭建平台以促使其尽快实现新的突破。在充分体现岭南文化的同时，要强调科技、时尚、品质，使本土文化与现代工艺完美融合，尽可能让旅游工艺美术品具备纪念价值、工艺价值、功能价值、文化价值，同时要让旅游者方便携带。

二、文化会展业发展战略

会展业是指提供会议和展览的新兴服务行业，它是国家和地区经济发展的“晴雨表”，对促进经济、社会发展和国内外信息交流具有重要作用。会展业是经济发展的一个“引擎”，它对调整经济结构、壮大服务业、促进就业、提升软实力等有着重要意义。会展业对经济的强势拉动，国际上有“1:9”的说法，即会展业的直接收入是1的话，其带动交通、物流、旅游、餐饮、住宿、通信、广告等国民经济相关产业的收入将达到9。另一方面，会展业所带来的潜移默化的社会效益则难以估计，一个有创造性的会展活动可以提高主办城市知名度、美誉度，从而吸引更多投资，带动地方发展。① 作为一种低投入、高产出、无污染且效益极高的经济形式，会展业是一种综合服务，它不仅表现为熙熙攘攘的“人来人往”，还能凸显“以一业带百业”的效应。

随着文化产业的迅猛发展，文化会展业作为一个新的分支顺势而起，成为一种新的文化经济形态。文化会展是以高科技产品、文化艺术品展示和人文与经济信息交流为基本内涵，按照市场经济机制来运作的各类展览和会议的文化服务业。从活动类型来看，文化会展主要包括电影节、电视周、艺术节、双年展、博览会、交易会、文化节、狂欢节、文化展览等内容。② 作为南中国改革开放的前沿阵地，广东发展文化会展业有着自身的经济基础、地理优势和资源条件。广东市场经济的充分发育，为文化会展业的发展提供了基础。毗邻港澳的地理位置，以及良好的交通、通信、银

---

① 何光锐，李小玲．文化会展业：不可限量的新“引擎”．福建日报，2010－12－07．

② 邢树森．北京市文化会展业发展与改革的思路和政策选择．2006首届中国会展经济研究会学术年会论文集．

行、咨询、信息、餐饮、住宿等相关条件，使得广东文化会展业能产生强大的号召力和辐射力。

（一）加强文化会展业规划布局

拥有“中国第一展”——广交会的广东，其会展业一直保持着蓬勃发展之势。由中国国际贸易促进委员会广东省分会发布的《2012 年广东会展业发展报告》显示，2012 年，广东展览面积（展览馆举办展览面积）近 1 400万平方米，以一个省区计算，规模位居全国第一。广东共有展馆 30 个，共有展览面积 220 多万平方米，也位居全国第一。同时，广东还是全国唯一一个拥有单个室内展览面积超过 100 万平方米的省份。数据表明，广东省已成为全国的会展大省。然而，从国内的城市群来看，长三角地区是中国会展业发展最为繁荣的区域，在展会数量和展会面积上，长三角地区在全国均位居第一。长三角的迅猛崛起，最重要的是上海的率先崛起，上海服务业的快速提升，辐射和带动了周围地区的发展，形成了以上海为中心的“雁阵式”区域经济格局。

文化会展业有其自身的发展规律，广东要科学规划区域内文化会展业布局，避免低水平重复建设和同质化竞争。对省内城市文化会展业的发展目标准确定位，以取得良好的会展效果。重点优化珠三角区域的文化会展业布局，提升产业结构，使城市间相互交错、融为一体，形成广泛的协作关系。产业链条越长，城市群的价值空间就越大，聚集和辐射能力也就越强。在文化会展业快速发展的宏观环境下，广东要着力打造以广州和深圳为龙头，包括珠海、佛山、东莞、中山、江门等在内的珠三角文化会展产业带。如广州的文化产业展示与交流平台，不仅包括国际知名的广交会，还有广州国际设计周、广州国际艺术博览会、中国国际漫画节、广州大学生原创动漫大赛、中国（广州）国际纪录片大会、声响亚洲（广州）文化节、中国音乐金钟奖、羊城国际粤剧节、广州民俗文化节及广州日报华文杯报纸优秀广告奖等展览会和大型活动，文化产品展示和交易、设计师和创作人员交流的平台初步形成。[①] 广州要依托区域中心城市优势和产业发展优势，立足珠三角、服务全国、面向海内外，大力发展多门类、高档次、强辐射的现代会展，通过“展、会、节联动”，实现文化会展业的一

① 甘新主编．广州文化创意产业发展报告（2012）．社会科学文献出版社，2012. 21.

体化发展。不断创新会展形式，力争建成一批全国甚至世界性会展品牌，确立广州的华南地区会展业中心地位。

与广州一样，深圳也是珠三角文化会展产业带的龙头。《深圳文化创意产业振兴发展规划（2011—2015年）》提出，要学习借鉴国际会展的先进管理经验，积极探索商业化运作模式，增强文博会的市场开发与运营能力。推动文博会博览项目和文化产业自主创新成果产业化，打造“永不落幕的文博会”。做强深圳创意设计奖、深圳·香港城市/建筑双城双年展、中国（深圳）国际工业设计节、中国（深圳）国际工业设计博览会、中国（深圳）国际创意·设计·品牌博览会、平面设计在中国、深圳国际室内设计文化节、深圳服装节、深圳市公益广告大赛等创意设计节展和赛事活动，借助其品牌推广优势，高起点展示和向全球推介深圳的创意设计业。以创新的理念办好中国国际新媒体影视动漫节、中国国际新媒体短片金鹏奖、中国流行音乐金钟奖、中国（深圳）大芬国际油画博览交易会暨大芬国际油画节、深圳动漫节、华侨城旅游狂欢节、国际杂技节，以及国际珠宝展、工艺品、礼品、家庭用品、玩具展等一批文化创意产业节展和赛事活动，使深圳成为专业会展云集、影响和辐射广泛的国际文化会展中心城市。[①] 深圳具备一流环境，在城市管理、旅游服务、软硬件设施建设、人员素质等方面都逐步和国际接轨，其文化会展业与广州形成错位发展的经营思路，是广东文化会展业发展的重要推动力。

粤东、粤西和粤北地区则要根据自身实际，紧贴本地的产业优势和区位特点，与珠三角地区共建展览业会展联盟，重点举办各类专业文化会展。区域性文化会展要逐渐向细分产业延伸、向地方特色延伸。如珠海要继续做大做强中国国际航空航天博览会、国际打印耗材展、国际赛车会和游艇展，着力在航空文化、赛车文化、游艇文化上做文章。同时，利用横琴开发的机遇，将文化会展业与澳门衔接，打造珠澳一体化的会展服务产业。再如，汕头要立足于自身的印刷包装、音像制品、工艺玩具等产业优势，整合好全市的会展资源，重点培育澄海国际玩具礼品博览会、中国玩具礼品城澄海展示交易会、汕头文具博览会、中国（汕头龙湖）书画艺术产品交易会等大型会展。

---

① 深圳文化创意产业振兴发展规划（2011—2015年）.

文化会展业的发展要持开放、合作的心态，更多地参与国际会展活动，具备前瞻性和长远的战略目标。广东要着力促进与港澳文化会展业的全面合作与融合，建立良性的合作机制，全面释放粤港澳文化经济能量，促进区域内文化会展业的发展。

（二）打造文化会展重点品牌，带动产业整体发展

文化会展业的可持续发展及集聚效应，在很大程度上要依靠重点品牌的带动。品牌展会是指具有一定的规模，能代表和反映该行业的发展动态和发展趋势，对该行业具有较强的指导和影响力的展会。从国外的成功展会来看，树立品牌展会的基础要素主要有以下几个：权威协会和行业代表的坚强支持；代表行业的发展方向是品牌化展会的重心；配合强势的媒体宣传；获得国际博览会联盟（UFI）的资格认可；坚持长期的品牌战略。[①]会展经济是现代开放经济的一个重要载体，尤其品牌展会在经营城市、推销城市方面的功能十分显著，品牌战略是整个行业参与市场竞争的有力手段。

经过多年的发展，深圳文博会已成为广东文化会展的重点品牌，对推动文化消费和文化贸易起到了巨大作用。目前，国内已形成了被业界称为“南深北北（即南有深圳文博会，北有北京文博会）”的遥相呼应局面。作为集展览交易、项目推介、洽谈合作、信息发布等功能于一身的综合性平台，“南深北北”两大文博会在全面展示我国文化产业发展的最新成果、通过平台搭建为国内外客商提供交流合作、共谋发展的商机方面作用显著。[②]今后广东要继续大力塑造文化会展的知名品牌，积极开发和培育具有国内国际竞争力和影响力的文化会展品牌，以品牌扩大影响、吸附资本，开拓市场，带动产业的整体发展。

除了办好深圳文博会之外，广东还要重点培育中国（东莞）国际影视动漫版权保护和贸易博览会、广东国际广播影视博览会、中国（中山）国际游戏游艺博览交易会、广东国际旅游文化节、南国书香节、中国（广州）国际纪录片大会、广州国际艺术博览会、中国国际漫画节、中国（广东）国际印刷技术展览会等，推动其向国际化、专业化、品牌化方向发

---

① 展文．树立品牌展会的六大基础要素．青岛日报，2012－07－12.

② 于帆．文化会展：文化产业的新窗口、新平台．中国文化报，2012－06－01.

展。[①] 应该看到，培养一个文化会展的重点品牌，需要精准的战略定位和长远的眼光，只有精心呵护、合力推进，才能在激烈的市场竞争中找到合适的发展道路。

（三）不断改善城市软环境，提升会展服务质量

文化会展业的发展要提速，还依赖于城市软环境的不断改善。软环境包括政务环境、政策环境、法治环境、舆论环境、人文与生活环境、市场环境、城市综合配套设施等。软环境代表着一座城市的内涵底蕴和发展潜力，文化会展业与城市文化形象是紧密联系在一起的。广东要以全球视野高端谋划城市软环境建设，在确定各个城市发展定位和战略的同时，以系统、整体、协同性的改革思维推动文化会展业发展。从挖掘城市文化底蕴、完善制度建设、强化人文关怀的舆论环境、打造城市人文活动基层网络等方面入手，为文化会展业的发展营造良好的软环境。

同时，要创新文化会展业的运营机制，推动会展活动服务商优化服务流程、规范服务内容，不断提高会展服务质量。尤其是国际性的会展，要熟悉国际规则，在翻译支持、展位搭建、咨询服务等方面要提供“保姆式”优质服务。

就全球文化会展业的发展趋势而言，多元化的态势越来越明显。在会展理念、内容、产品类型等方面，细分化、专题化、专业化、生态化、经营领域的多元化成为主流；在会展形式上，传统的静态陈列正逐步转向融商务洽谈、展会参观、旅游观光、文化娱乐等多项目于一体的立体化、复合式文化会展。广东要适应世界文化会展业的发展潮流，不断开拓海内外文化会展市场。

---

① 广东省文化产业振兴规划（2011—2015年）. 2012-07-30.

第七章　战略保障：制度创新与人才支撑

广东文化产业总体发展较快，但是也存在诸多瓶颈和障碍，特别是一些深层次的体制机制的制约，必须通过制度创新来加以消除。体制机制的变革，能够促进文化生产力的解放和发展，充分释放文化活力与创造能量，为各类文化人才的竞相涌现提供基础。

文化产业发展到一定的阶段，会更加依赖良好的制度环境，只有制度创新方能为文化产业可持续发展提供根本保障。美国经济学家西蒙·库兹涅茨（Simon Smith Kuznets）在关于经济增长源泉的分析上，强调了制度的重要性。他在大量的统计资料的基础上，对促进经济发展的各种因素诸如知识存量、资本积累、产业结构、制度结构等进行综合分析，认为促进一个国家经济增长的基本要素包括：人们所需要的各种各样的经济商品的生产能力有着长期的提高；生产能力的提高是建立在先进基础之上；先进技术所需要的制度和意识形态能够进行适时的调整。西蒙·库兹涅茨还指出，“先进技术是容许经济增长的源泉，但它本身只提供一种潜在的可能性，是一种必要条件，而不是充分条件。如果要有效而广泛地使用技术，并且如果这种使用确实促进了它自己的发展，那就必须有制度和思想意识的调整，以便有效地正确使用人类先进知识宝库之积累所产生的创造革新。”① 从这个意义上说，促进文化产业快速发展，需要通过制度给予有力保障。

第一节　以市场化改革为核心推进制度创新

文化产业的制度创新，是中国社会转型期制度变迁与经济增长关系在

① ［美］西蒙·库兹涅茨．现代经济的增长：发现和反映．现代国外经济学论文选（第二辑）．商务印书馆，1981.21.

文化领域的反映。经过多年的发展，文化体制改革取得了很大成绩，但仍然存在不少弊端，诸如市场化运作不够，政府部门职能交叉、多头管理、缺位与越位并存，体制不顺，职责不清，条块分割、地区封锁、城乡分离的市场格局未彻底打破等。管理部门对文化企业经营管理干预过多，不但统管各项文化产业，还直接干预、控制文化产业的运行，文化企业缺少经营自主权。在管理手段上，“重行政，轻法律，重管理，轻市场”，善于通过发布命令、指示、规定、决议、条例等干预文化经营活动，而不是按照市场法则和文化产业发展规律来管理。在资源配置上忽视市场原则，资源和文化市场被管理部门人为割裂。① 对于广东而言，应该进一步探索，加强试点，寻找路径，完善区域文化产业的政策、制度和法规。

制度因素对文化产业的成熟和扩张有着至关重要的作用，特定的社会制度结构决定着具体的产业生态及其运行空间。制度结构就是立法机关、行政机关对于文化产业运行在体制、规则和程序上的框架安排。从理论上讲，一定制度结构的规则、体制、程序，实际上设定了人们在经济、科技、政治、文化等方面的利益结构（产权关系、分配关系）、活动框架（法治秩序和社会信用搭建的自由创造的平台）、活动空间（人们社会竞争、合作的广度和深度），从而决定了人们创造力的发挥、发展，集成动力的大小与可能实现的程度，也就决定了社会生产力发展的空间。② 因此，要通过文化产业制度创新来拓展文化产业的发展空间，形成文化产业结构的战略性调整与经济结构的战略性调整的互动效应，拉动社会对文化产品和文化服务的有效需求，把经济体制改革的巨大成果转变为文化产业发展和经济绩效增长的强大动力，消解经济和文化两种不同形态体制改革之间的制度鸿沟，以及由于改革成本转移而可能带来的边际报酬的递减。③ 面对全球文化竞争日益加剧的格局，我们的优势和资源不能只依赖于内容和渠道，更重要的还在于制度创新。

必须看到，制度创新是一场综合性的改革，不仅包括经营性文化单位转企改制工作，还包括提高公共文化服务效率、转变政府职能等多个方面，其关键环节是文化体制改革。改革的深入进行，对综合配置和顶层设

---

① 张建．文化事业单位转企改制需要“顶层设计”．中国报业，2012（7）．

② 向东．论制度创新对文化产业扩张的市场价值．理论与改革，2006（6）．

③ 胡惠林．论文化产业结构的战略性调整与制度创新．思想战线，2003（4）．

计都提出了新的要求。也就是说，文化体制改革要实现跨越式发展，要害在于机制体制，解决这些问题，出路在于深化改革。[①] 要通过改革把各方面的文化力量更充分地调动起来，以服务于提升文化生产力和软实力的战略目标。

制度创新是通过创设新的、更能有效激励人们行为的制度、规范体系来实现社会的持续发展和变革，其核心内容是社会政治、经济和管理等制度的革新，是支配人们行为和相互关系的规则的变更，是组织与其外部环境相互关系的变更。文化产业的制度创建涵盖了方方面面，包括土地使用、税收优惠、基础设施建设、融资体系构建、扶持资金配套、创新成果保护等。加强文化产业基础制度的建设，无疑是产业做大、做强和健康发展的福音。[②] 推进文化产业的市场化改革是制度和体制创新的核心任务。文化产业飞速发展的现状要求以更新的观念推进制度与体制创新。只有在市场中才能完善文化企业的微观机制，建立起真正的产业链，实施有效的宏观调控政策。

文化产业作为一种新的经济范式，市场化发展是其必由之路。市场机制是一切经济活动中最突出的要素，其作用表现为：一方面，它可以使文化资源转变为文化资本；另一方面，它可以促进文化产业结构的完善。文化资源自身的价值可以使它变为文化资本，但文化资源转化为文化资本需要通过市场的作用。换言之，文化资源只有在市场中才能生成文化资本。文化产业的结构包括诸如组织结构、产业形态、管理机制、融资渠道等，而这些都要通过市场作用才能有效运作，只有市场机制才能使它们达到最优的状态。[③] 因此，制度创新最重要的就是将以政府支持为主转化为以市场支持为主，发挥市场在资源配置上的基础性作用。当然，发挥市场在资源配置上的基石作用，并不是否定政府的作用，政府应该和市场这只“看不见的手”结合起来。政府的作用主要体现在立法、制定政策、培育市场、建立包括信息系统和硬件条件等在内的支撑体系。[④] 文化企业发展壮

---

① 夏芳．大力发展文化产业对顶层设计提出新要求．证券日报，2012－03－13.

② 段冉．用制度创新为文化产业发展护航．艺术教育，2011（1）．

③ 李康化．我国文化产业市场化发展的路径选择．福建论坛，2009（10）．

④ 成思危．文化产业发展需要技术管理及制度创新．向勇主编．全球视野下的产业融合与文化振兴．金城出版社，2011. 7.

大通常是市场选择的结果，政府不能干涉太多。迈克尔·波特针对政府角色定位曾有这样的评论：“环视各国，若是政府强力介入的产业，绝大多数无法在国际竞争上立足。在产业的国际竞争中，政府固然有它的影响力，但决非主角。”① 文化发展具有探索性、实验性的特点，其生命力源于开拓性的实践，体制性和政策性安排要充分认识到文化发展的这种特殊规律。广东要继续先行先试、积累经验，在“宏观可控、微观放活”的原则下，赢得体制机制上的先发优势，激发文化产业发展的内在动力和创造活力。

文化产业的制度安排，必须把培育市场放在优先位置，深化文化体制改革，确立“市场主导、科技引导、政府因势利导”的原则。如美国文化产业始终坚持的一个基本原则是：在市场竞争机制下，依靠商业运作，让最好的文化产品流行于市场，为社会所认知和接受，继而影响民众。把文化作为一个产业来发展，让文化企业通过市场证明自己存在的价值，这是美国一开始就十分明确的文化产业管理模式。美国的文化产业管理和经营者深知市场的重要性，他们严格按市场规律办事，通过产品开发、建立全球销售网络、宣传促销和捆绑销售等多种手段和方法，以实现利润最大化。迪斯尼可以说是这方面的行家里手，在全球大规模的广告和促销攻势的配合下，迪斯尼一般分五步获取最大赢利：票房收入是第一轮收入；发行录像带、DVD 是第二轮收入；迪斯尼主题公园的推广是第三轮收入；特许经营和品牌专卖是第四轮收入；最后，通过电视媒体获取最后一轮收入。据统计，在迪斯尼的全部收入中，电影发行加上后续的电影和电视收入只占 30%，主题公园的收入占 20%，其余的 50% 则全部来自品牌销售。② 这种“轮次收入”模式启示我们，只有利用现代化的企业管理手段、经营方式和销售手段，才能形成强大的文化产业运营网络，使得文化产品按照一定的商业模式运作并获得市场价值，达到产业链内资源的最优化配置和使用，实现企业利益最大化的最终目标。

无论是企业的发展还是行业的发展，其生命力始终来源于市场，如果市场是不可持续的，行业也不可持续，并非政府花了多大力度、注入多少

---

① ［美］迈克尔·波特．国家竞争优势．李明轩，邱如美译．华夏出版社，2002.4.

② 方彦富．国内外文化产业管理若干模式探究．亚太经济，2009（6）．

资金就可扭转乾坤。因此，政府最主要的工作应是研究市场，引导企业前瞻性地适应市场。[①] 同时，加快政府职能转变，推动政企分开、政事分开、政资分开、管办分离以及政府与市场中介组织分开，强化政府在市场监管、公共服务等方面的职能。[②] 在深圳龙岗的文化产业规划中，大芬油画村作为起航之作，经历了企业自发形成、政府扶持引导、市场自主运营等发展阶段。由政府主导的深圳文博会发挥了出人意料的传播效果，大芬油画村一举成名，真正进入大发展时期，大量的游客和买家前来，属地产值和整个行业产业链产值迅速飙升。大芬油画村产业的发展历程，说明了在产业品牌生成过程中政府的托举力量非常强大。对文化产业主体的培育，关键是要充分发挥企业的主动性与创造性。深圳市政府不把文化产业完全推向市场，但也不直接介入产业园区的投资和运营，政府在文化产业发展中的作用是引导和推动。正是政府宏观指导、协会自治运作、企业自主运行，吸引了众多文化产业项目在龙岗生根。[③] 政府引导要遵循文化发展规律，创新扶持思路，将重点放在文化市场失灵的领域。完善服务机制，发挥杠杆作用，着力引导文化特色鲜明、发展潜力较大、竞争基础和关联作用较强的产业领域率先突破。从长远来看，文化产业实践不能成为一种短期投机行为，而是要更多依赖于时间积淀和市场竞争。

文化产业的制度设计，还需进一步优化政务环境，不断深化行政审批制度改革，简化行政审批手续，完善项目服务运行机制，推动管理内容、标准和程序的公开化、规范化。目前文化领域的投资、建设活动涉及众多的行政审批环节，劳神费力，早已为人诟病。仅以举办一场涉外演出为例，其审批的环节就涉及公安、消防、文化、版权、外事、海关等，没有几个月的奔走，演出批文根本就没有办法落实下来。文化投资领域的管理体制改革明显滞后于其他各项经济体制改革，已经有碍于文化产业成长为国民经济支柱产业的发展要求。因此，应该压缩文化投资与经营项目的审批范围，推进项目登记备案管理。作为渐进的改革过程，文化领域的政府投资应继续沿用审批制，非财政投资则应以普通商业行为对待，严格限制审批环节，避免不必要的行政干预。减少审批环节，推进备案登记，有利

---

① 马莹．六问数字出版基地建设“要害”．中国图书商报，2011－07－08.

② 广东省文化产业振兴规划（2011—2015 年）．2012－07－30.

③ 萧波．激活非遗——深圳龙岗文化产业发展启示．人民日报，2011－06－10.

于提升企业经营的灵活性和自主性，在文化产业管理方式方面实现以行政手段为主向以经济和法律手段为主的转变。[①] 文化产业发展需要有刚性的制度来保障，“以制度促发展、以管理促发展”，通过法律、法规和规范性文件来构建长效的激励和约束机制，同时防止出现文化政策执行成本高、执行效率低等问题。

广东作为全国文化体制改革先进地区，要坚持以深化体制改革作为发展文化产业的强大动力，大力塑造合格的文化市场主体。按照党的十七届六中全会要求，科学界定文化单位的性质和功能，区别对待、分类指导，循序渐进、逐步推开，推进一般国有文艺院团、非时政类报刊社、新闻网站转企改制，拓展出版、发行、影视企业改革成果，加快公司制股份制改造，完善法人治理结构，形成符合现代企业制度要求、体现文化企业特点的资产组织形式和经营管理模式。推动党报党刊、电台电视台进一步完善管理和运行机制。推动一般时政类报刊社、公益性出版社、代表民族特色和国家水准的文艺院团等事业单位实行企业化管理，增强面向市场、面向群众提供服务能力。[②] 在深化出版传媒集团体制改革方面，完善法人治理结构，通过有效的制度安排，提高企业的市场竞争能力。健全董事会、监事会和经营管理层，探索建立职业经理人制度，明确所有者、经营者各自职责，形成符合现代企业制度要求、体现文化企业特点的资产组织形式和经营管理模式。引导和规范国有出版传媒集团与非公有文化企业开展产品合作、项目合作、资本合作等。[③] 针对文化产业发展中出现的新情况、新难题，要加快制定相应的政策与法规，提供良好的政策环境和法制保障，充分释放区域文化优势，着力构建充满活力、富有效率、有利于科学发展的文化产业促进机制。

政府还应该加大对民营文化企业、民办文化机构、民间文化组织等的服务力度，促进民间资本健康发展。落实国家关于非公有资本、外资进入文化产业的有关规定，创造良好的就业环境和平等竞争机会，鼓励引导资本进入文化领域。针对不同领域，研究制定具体扶持办法，加大财政、税

---

① 贾云平．文化产业成为国民经济支柱产业的几点思考．南方日报，2011－11－07.

② 中共中央关于深化文化体制改革、推动社会主义文化大发展大繁荣若干重大问题的决定．2011年10月18日中国共产党第十七届中央委员会第六次全体会议通过．

③ 新闻出版总署．关于加快出版传媒集团改革发展的指导意见．2012－02－27.

收、金融、用地等方面的扶持力度，完善民间资本进入文化领域的政策保障机制，切实保护民间资本的合法权益。依照有关法律法规要求，加快建立和完善管理制度和征信体系，综合运用政策指导、资质认定、业务培训、监督检查等措施，加强和改进对民间资本进入文化领域的服务和管理，引导其在依法投资、依法经营的同时，不断提高自身素质和能力，树立诚信意识和责任意识，主动承担和履行相应的社会责任。① 广东省政府出台的《鼓励和引导民间投资健康发展实施细则》明确提出：

> 鼓励民间资本参与发展文化、旅游和体育产业。引导民间资本参与文艺院团改制，推动建立健全公共财政对民间文化资本资助和奖励机制，吸纳民间资本对文化交流的公益性和商业性投入，加大对民营博物馆、非遗场馆建设的扶持力度。推动制定动漫游戏等文化产业新业态的专业人才职称评定办法，探索开展民间文化人才职称评定。支持民间资本在党报党刊出版单位实行采编与经营“两分开”后，在报刊出版单位国有资本控股51%以上的前提下，投资参股报刊出版单位的发行、广告等业务。鼓励和引导民间资本投资广播电视节目制作及电影制片、发行、放映等领域，建设、改造电影院。民间资本可利用社区内有线电视分配网，控股从事除广播电视节目集成、传送业务以外其他业务的企业。民营企业制作的影视节目在参加相应政府奖评奖、向海外推销等方面享有与国有影视节目制作机构同等权利，享受同等扶持政策。鼓励和支持民间资本通过公平竞争方式参与旅游重大项目开发、景区景点建设、旅游装备制造、旅游休闲产品研发等，并在旅游市场推介、申报国家旅游发展基金等方面给予扶持。支持民间资本进入体育用品生产、销售领域，鼓励具有实力的民间资本投资职业竞赛市场及体育场馆的建设和经营管理。②

文化产业的快速发展，离不开政府进行政策扶持，构筑良好市场环境。如研究出台的《广东省文化产业促进条例》、《关于加快文化强省建设若干文化经济政策的意见》，从财政、税收、工商、土地、出口、劳动人

---

① 文化部．关于鼓励和引导民间资本进入文化领域的实施意见．2012－06－28.

② 广东省政府．鼓励和引导民间投资健康发展实施细则．2012－08－27.

事、人员分流安置、社会保障和人才培养等方面加大对文化产业的扶持力度，最大限度地发挥政策效应。同时，完善文化产业统计制度，每年定期发布文化产业统计报告等。[①] 政府管理文化产业的目标，就是要创造条件，为各类文化企业提供公平竞争的环境，提高文化产业政策的科学性、合理性和有效性。国家和地方政府出台实施了一系列促进文化产业发展的政策措施，这些政策措施的执行也非常重要，已出台的推动文化产业发展的政策措施一定要落到实处。离开了政策和制度的实施机制，任何制度尤其是正式制度便如同虚设。因此，要建立健全文化产业发展的组织领导和协调工作机制，建立相关的考核、评价和责任制度，确保文化产业各项工作落实到位。

随着网络文化服务业、新媒体产业等的快速发展，知识产权保护一定要跟上，法规滞后就会涉及版权、利益分配等一系列问题，如果不解决，管理模式、运营模式、收费标准、利益分配等都无据可依。[②] 要遵循文化自身的发展逻辑，以提高发明专利拥有量、增强创意策划能力、增加自主知识产权为主攻方向，把文化创作、创意产品及时地形成自主知识产权和自主文化品牌。有些文化创意产品，如文化产品的制作技术、营销手段，以及动漫设计并不能直接形成知识产权，需要通过申请专利，才能获得知识产权并得到保护。可以说，文化产业的发展与知识产权保护息息相关。如果能做大做强文化产权、产品展示交易市场，就能在权利人和产业部门之间搭起合作的桥梁。那么权利人的文化成果就能顺利突破应用范畴和地域限制，及时转化为市场需求，从而大大减少侵权行为的发生。针对网络侵权高发的现象，要强化视频网站、电子商务网站的经营责任，严格互联网发行单位实名注册和证照公示制度等准入条件。[③] 文化产业发展，只有真正纳入制度化、法制化的轨道，才能最终实现其目的和价值。

除了政策制度体系外，社会氛围、文化取向、价值观念等非正式制度对文化产业的发展也有着持久的作用。要通过一切可以利用的渠道、采取多种形式，宣传、普及鼓励创新、包容个性、容忍失败的社会观念，建立完善的“自我纠偏机制”和配套机制，确保文化市场持续繁荣。如美国创

---

① 林雄．广东发展文化产业的有益探索．深圳特区报，2011－05－14.

② 马莹．六问数字出版基地建设“要害”．中国图书商报，2011－07－08.

③ 戎明昌，林劲标．七成知识产权纠纷涉文化领域．南方日报，2012－02－08.

意产业的模式是一个独特的生态系统，所有的参与者既各自独立又相互关联，这就使得既存的行业规则以及相关的制度能够正常实施并努力纠正那些偏离轨道的行为。① 文化产业的发展最能体现一个地方、一个城市的文化制度氛围和居民的创造力、创造风格，因而也最终体现了发展的活力和持续力。创意是一种文明生态、一种生存风格和价值取向。约翰·霍金斯指出：看一个城市是否是创意城市，重要的是看这个城市的居民的生活环境和精神状态。因此，我们必须高度重视构建有利于创新、有利于激活创意的精神文化氛围和制度环境。② 推崇创新、崇尚创意的社会文化语境，将进一步活跃文化产业从业人员的思维方式，激发他们的创造力。

第二节 创新文化产业投融资体系

文化产业要发展，除了政府重视、制订战略规划、出台法律法规及扶持措施之外，还有赖于金融的支持。没有金融的支持，文化产业是很难发展的。要加大金融支持文化产业发展的力度，构建起两者积极互动和良性循环的机制，解决产业发展的投融资瓶颈，建立以国有资金投入为主导，投资主体多元化、投资方式多样化、投资机制市场化的文化产业投融资体系。

文化产业是资金密集型和知识密集型的复合产业，具有前期投入大、投资风险高、投资回报率更高的特点，文化产业的繁荣与发展需要大量的资本投入。近年来美国好莱坞影片的制作成本越来越高，大制作影片的投资甚至达到了天文数字，而这必须依靠强有力的金融市场来支撑。2010年，电影《阿凡达》在全球热映，赚大钱的并非出品方20世纪福克斯，而是两家默默无闻的风险投资公司 Dune Entertainment 和 Ingenious Media。金融业对于文化产业的支撑作用日益凸显，投融资体系建设的紧迫性、重要性成为了焦点。加拿大经济学家指出，如果某国实际文化分数比国际平均水平高出1%，就意味着最终劳动生产率提高2.5%，人均国内生产总值（GDP）提高1.5%（这两者也都是相对于国际平均水平而言）。他们总结

① ［法］弗雷德里克·马特尔．主流：谁将打赢全球文化战争．刘成富等译．商务印书馆，2012. 371.

② 梁桂全．自立自主　走向创新——四论解放思想．南方日报，2008－02－21.

出，文化投资的增加和国家 GDP 的增长和生产率的提高有着紧密关系。[①] 发达国家在通过金融支持文化产业发展的过程中，充分尊重市场和政府相结合的原则，实现了投资主体多元化、融资渠道多样化和资金效率最大化的组合目标。一是投资主体多元化。以美国和日本为代表的文化产业大国基本取消了国内大部分投资主体的市场准入限制，实现了公平竞争、有序开发，进而从根本上解决了文化产业发展中的金融支持不足问题。除了业界企业和公共资金之外，这些国家还广泛开发了文化产业的外部投资主体，使文化产业外部的各类金融机构和其他各类具有投资能力的社会团体、个人都成为文化产业的投资者。外国投资，尤其是来自海湾国家、印度以及中国香港的投资，在美国重要的传媒集团中仍然占有举足轻重的地位。美国境外的资金和公司的加入，更使得其文化产业发展如虎添翼。在音乐制作领域，在四家主要的国际公司中，只有一家是美国的，其余的是英国的百代唱片公司、法国的环球音乐集团和日本的索尼集团。出版界的情况更加复杂：兰登书屋为德国贝塔斯曼公司所有，时代华纳出版集团被法国拉加代尔集团收购。因此，如果简单地认为这些创意产业只属于美国，那就大错特错了。[②] 全球化的资本市场融资，使得美国的文化市场吸纳了巨额资金。二是融资渠道多样化。文化产业的持续发展必须伴随着金融管制的放松，让合理的金融活动和善意的金融业参与者得到合法的空间。虽然美、日等国的金融体系存在较大差别，但这些国家的文化企业基本都通过多样化的融资渠道满足了自身的资金需求。除了传统的商业银行贷款，各国还开发出了一系列创新性的融资渠道，包括风险投资和私募股权投资融资、资产证券化融资、产业基金融资、资本市场融资等。三是资金效率最大化。资本具有逐利的天性，因此要实现营利性文化产业的良性发展，必须追求投资资金效率的最大化，在投资回报最大化的同时，将投资风险降至最低。[③] 为了让资本在文化产业发展中发挥充分的效用，利用资本创造更大的经济价值和社会价值，都需要不断地创新投融资模式，开

---

① ［美］理查德·弗罗里达．创意经济．方海萍，魏清江译．中国人民大学出版社，2006. 34.

② ［法］弗雷德里克·马特尔．主流：谁将打赢全球文化战争．刘成富等译．商务印书馆，2012. 369.

③ 袁江．中国文化产业发展与金融支持政策研究．农村金融研究，2012（1）．

发适用于文化产业投融资需要的金融产品，建立能为文化产业提供多层次、多渠道、多元化投融资服务的大平台。

目前广东文化产业的投融资环境有所改善，但总体仍有不足。文化产业的快速发展，导致文化产业投融资的工具、结构、规模、效益、产业促动力等方面都面临着前所未有的挑战。据调查，目前企业主要的融资渠道包括银行贷款、经营性融资和风险投资。然而，文化企业能申请到的银行贷款数量有限，风险投资的范围和尺度也远未达到产业化的要求。以深圳为例，至少有九成以上文化企业存在融资难的问题，一些企业反映除了银行几乎找不到其他融资渠道。之所以出现这种困境，是由于文化产业自身，带有很强的不确定性，难以进行有效的资产抵押，金融机构投资文化产业具有一定的风险性。此外，一些文化公司规模偏小，业内又缺乏专业的资信评估机构和科学的文化产业知识产权评估体系，这些都阻碍了文化界与金融领域之间的信息畅通流动。[①] 由于文化艺术产品不是标准化生产的商品，对其价值的评估鉴定一直困扰着产品交易。在当前诚信体系普遍匮乏的背景下，加上文化产业知识产权评估体系不完善，政府往往成了企业信用的担保方。在文化产业专项资金评估的过程中，能够得到政府文化产业转用资金资助的项目，可能更容易得到金融业的关注，政府成为企业信用的担保方。[②] 政府的任何资金投入的作用都非常巨大，它是一种信号，将作为撬动杠杆，产生良好示范效应，增加投资信心和投资保证。

应该如何对文化产业的资产进行评价呢？成思危提出要从三个角度来评价：第一个当然是有形资产；第二个是无形资产，包括文化企业多年来形成的品牌、市场效应等；第三个是动态资产，就是说如果投资了五年以后，它能够变成什么样子。这是现在国外研究资产定价中最重要的方面，要动态来看，要看长远，看到五年以后是个什么样的景象。[③] 目前广东乃至全国对非物质形态资产都缺乏通用、权威的价值评估体系、版权评估制度和系统的评估标准，无形资产评估带有一定的随意性，且区域差异大。无形资产的转让、抵押市场零星散乱，缺乏公正性和权威性，非物质资产

---

① 邓翔，谭冰梅，张西陆．文化企业亟需金融机构“输血”．南方日报，2012-05-20.

② 邓翔．资本与文化产业：“相见恨晚”．南方日报，2012-05-22.

③ 成思危．文化产业发展需要技术管理及制度创新．向勇主编．全球视野下的产业融合与文化振兴．金城出版社，2011.8.

的评估、转让、抵押市场尚未形成。公众对带有文化属性的产品价值估计存在分歧，无形资产流通机制不畅，导致这类文化企业或项目融资存在较大的资产抵押制约。因此，要推动建立无形资产评估、转让、担保体系。建立由政府部门、担保公司、评估公司等专业人才组成的评估机构，对无形资产的评估、转让、入股等提供专业服务。积极培育无形资产的流转市场，完善知识产权抵质押登记、托管、担保及保险等方面的协作机制。① 在文化和金融对接过程中，还要积极发挥中介机构的作用，鼓励银行、担保机构、中介组织开发适合文化创意产业的评估模式，在锁定未来收益权前提下，鼓励开展实施知识产权质押、应收账款质押以及信托质押等信贷模式。② 同时，地方政府要做好文化企业和文化产业项目储备工作，开展针对文化企业的信用信息征集和评价工作，推进文化企业信用制度建设。

为解决中小文化企业融资难的问题，广东在文化产业投融资体制方面进行了探索和创新，从财政支持破题改革文化产业的投融资体系。广东从2009年开始设立“广东省文化产业发展专项资金”，到2015年专项资金规模将达到4亿元。财政支持只是杠杆，为的是“抛砖引玉”，带动金融机构向文化企业投融资。政府的评估和支持起到了“风向标”的作用，引导社会资金的投入。③ 广东省文资办等文化单位与有关金融机构签订了授信总规模达1 340亿元战略合作协议，另外还组建了广东文化产业投资基金，致力于重点培育一批有市场前景、有重大影响的创新型文化企业和项目，推动广东文化精品建设，构筑文化产业投融资渠道和平台，激活文化市场。

今后，广东要进一步健全文化产业投融资体系，深入贯彻落实《关于金融支持文化产业振兴和发展繁荣的指导意见》，建立健全多元化、多层次、多渠道的文化产业投融资体系。加大对文化渠道建设、文化孵化平台、金融保险、投资基金的支持力度，通过加大对文化产业链中间环节的支持力度，实现对文化产业关键发展路径的政策引导作用，吸引更多机构和投资人共同创造多元化的投融资服务体系。促进文化产业与金融业全面

---

① 中国人民银行金华市中心支行课题组．金融支持文化产业发展的政策措施研究．浙江金融，2012（1）．

② 邓翔，谭冰梅，张西陆．文化企业亟需金融机构“输血”．南方日报，2012－05－20.

③ 邓琼，何嘉嘉．粤拟试点“文化消费补贴计划”．羊城晚报，2011－03－30.

对接，鼓励各类金融机构创新金融产品，改善提升文化产业金融服务，引导和鼓励社会资本投入文化产业。创新文化产业授信模式，打造文化产业全产业链信贷融资体系。积极开展文化产业资产托管、投资理财、支付结算等配套金融服务。鼓励银行机构积极开展文化产业消费金融业务，提升文化消费层次，扩大文化消费规模。鼓励非银行类金融机构综合利用多种金融业务和金融产品与文化企业对接。[①] 积极倡导鼓励担保和再担保机构大力开发支持文化产业发展和文化企业“走出去”的贷款担保等业务品种，鼓励金融机构对中小文化企业开展“捆绑式”融资业务。[②] 同时，要想方设法把闲置的社会资本吸引到文化产业中来，通过成功的和有说服力的文化产业投资案例来吸引、争取社会投资，使投资者增强信心。

针对文化产业和资本市场之间存在的障碍，广东要继续担当起中国文化产权交易探路先锋的角色，推动深圳文化产权交易所、广东省南方文化产权交易所进一步开拓发展，力争建成全国最大、最具影响力的文化版权产业集聚区和示范基地，打造成为立足南方、连接港澳台、服务全国、面向世界的文化产业权益性资本市场。由于文化产权交易所具有较强的市场公信力，它所挑选出来的项目，容易得到资本市场的信任。文化产权交易所建设的核心任务是“金融对接文化，资本助推产业”，其运作要规范、理性，划清业务边界，并逐步具备自我发展、赢利、造血功能，探索成长与壮大的新模式。

目前，广东已建立重点文化企业档案，要进一步引导有条件的优质文化企业通过公开发行股票直接融资，完善文化市场主体。加强文化企业上市的培育储备和推荐机制，积极推进南方出版传媒股份有限公司、南方报业传媒集团、南方广播影视传媒集团、珠影集团以及一批民营文化企业上市融资。

国际经验表明，文化产业投融资的关键是风险管理。良好的风险管理和专业化的保险机制支持，对文化产业繁荣起着重要作用。广东还要完善文化产业投融资配套服务，推动文化产业保险市场建设，创新文化产业保险产品和服务方式。努力开发相关政策的利用空间，并加强与保险部门的

---

① 文化部“十二五”时期文化产业倍增计划. 2012 - 02 - 23.

② 广东省文化产业振兴规划（2011—2015 年）. 2012 - 07 - 30.

合作，探索开展知识产权侵权险、艺术品综合保险、文化活动公共安全综合保险、演艺人员意外和健康保险、动漫游戏企业关键人员意外和健康保险等文化产业专属产品的研发，探索符合文化产业特点的新型保险模式。保险机构可与信贷、债券、信托、基金等多种金融工具相结合，为文化企业提供一揽子金融服务。鼓励保险公司探索开展信用保险业务，弥补现行信用担保体制在支持文化产业融资方面的不足。[①] 目前，广东文化企业的风险意识还有待提高，文化产业风险管理制度也需要进一步完善，要从政策平台、项目筛选平台、保费支持和风险保障方面建立一整套机制，吸引多方共同支持文化企业参保。而文化产业的风险不同于其他行业，需要有专门的产品、专门的风险管理解决方案，或者为文化企业量身定做承保方案。只有建立文化产业投融资风险预警管控机制、分担机制，才能有效化解文化产业项目中的运营风险，为文化产业繁荣保驾护航，同时促进保险业的细分与专业化发展。

文化产业投融资体系建设是一项系统工程，解决文化企业融资难的问题，需要多方联动形成合力，政府、银行、专业的文化产业投资基金和市场研究机构、保险公司共同合作，在多元多重结构的路径选择和制度变迁中，从各方面进行一系列结构化的设计，创新投融资模式，提高文化企业的融资成功率，降低融资成本。

第三节　构筑文化产业人才集聚高地

文化产业的发展日益加快，新产品、新业态不断涌现，对从业人员素质的要求越来越高。个人的创造力是文化产业的核心资本，人才队伍是文化产业价值链的源头。为夯实文化产业的发展基础、构筑人才集聚高地，广东要加快对创新型、技能型、复合型、外向型人才的培养，创新人才激励机制，健全人才选拔机制，完善人才流动机制，形成有利于各类文化人才脱颖而出的体制环境，造就大批领导人才、经营人才、管理人才、专业技术人才。

---

① 中国保险监督管理委员，文化部．关于保险业支持文化产业发展有关工作的通知．2010－12－29.

与传统产业相比，文化产业融合度高，对人才复合性要求高。文化部 2010 年 8 月颁布的《全国文化系统人才发展规划（2010—2020 年）》将文化人才细分为：文化党政人才、文化经营管理人才、文化艺术专业技术人才、公共文化服务人才、高技能文化人才、文化科技人才、文化外交人才。各类人才的特点及成长规律不同，在不同的领域发挥着不同的作用，他们整体形成的合力推动着文化产业发展。

文化产业实质上是人才经济、注意力经济以及创造力经济。人才经济的特征，表现为“以人的才能为中心”。许多新企业不是追逐资本，而是竞相求得具有多种才能的创造型人才。他们的成果往往由服务和软件来测定，而非物质性商品。这些企业不仅出现在以新技术、通信、电脑和网络为平台的活动中，也出现在金融、娱乐等服务领域。① 苹果公司之所以能实现革命性的创新，引领业界的潮流，一个非常重要的秘诀就是注重人才。苹果公司前任首席执行官乔布斯十分重视吸纳创意人才，他把大约 1/4 的工作时间用于招募人才。他曾说：“我过去常常认为一位出色的人才能顶两名平庸的员工，现在我认为能顶 50 名。”② 释放人才的创造力，提供更富有创意的产品和服务，吸引人们的注意力变得十分重要。

发达国家的文化产品讲究艺术性、商业性，制作手法新，懂得用新颖的创意和理念来展示自己的文化，从而赢得世界市场。美国纽约的文化创意产业人员占总人口的 12%，东京达 15%，而我国总体文化产业从业人员只占总人口的 1% 左右。我国出口的文化产品还很难将以电脑、通信和网络技术为代表的现代信息技术应用到产品中。出口的文化产品大多深加工层次低、科技含量较低、附加值不高，能够影响世界的文化产品稀缺，高端尤其是大师级文化创意人才较匮乏，这些都制约着中国文化产业原创能力的提升。因此，大多数产品只能开拓海外华人小部分市场，不可能带来大的市场利润和文化影响。③ 近年来，国内许多地方纷纷出台吸引及培养文化人才的规划或政策，在战略层面上加大对文化人才的培养、引进。比如，上海发布了《“十二五”文化人才发展规划》，广西印发了《关于培育 20 万创意创业人员的实施方案》，杭州出台了《关于加快文化创意人才

---

① 杉浦勉．文化创造新经济．企业文化，2007（8）．

② 任文玲．如何破解文化产业人才难题．中国文化报，2012－02－17．

③ 孙海鹄．我国文化产品出口状况研究．经济纵横，2011（8）．

队伍建设的实施意见》，湖北提出了实施文化人才建设工程，包括“五个一批”人才培养工程、“湖北省引进海外高层次人才百人计划”、评选表彰“湖北终生成就艺术家”和“湖北青年十大文化杰出人才”等。面对国内外日趋激烈的文化产业人才争夺战，广东必须审时度势积极应对，将文化人才的培养、引进放在优先位置，不断完善和推进区域文化产业人才队伍建设的配套政策及体制机制。

广东的流行音乐、影视文化曾在20世纪八九十年代创造过辉煌，文化人才以“南漂”为荣。由于“三不要”（不要档案关系、不要人事关系、不要工资关系）和“百万重奖”所带来的聚集效应，吸引了全国各地的人才。到了20世纪90年代末，文化圈中越来越多的人才开始“北漂”，广东的文化人才逐渐流失，这种现象在流行音乐、演艺娱乐、影视界等非常明显。如何吸引人才“孔雀东南飞”，扎根岭南，集聚文化产业的各类专才，为文化强省建设提供人才支撑，是当前亟需解决的紧迫问题。文化产业人才缺乏，如今仍困扰着广东文化企业发展，这主要表现在：懂文化的人多，但懂产业经营、懂资本运作、懂高科技与文化产业结合的人少；熟悉国际惯例和规则、擅长媒介市场运作、具有战略思维的外向型经营人才短缺；文化经营管理人才的开拓能力、创新能力尚不够强。

在文化产业迅猛发展的今天，原有的文化产业人才储备较少，再加上高等学校培养速度跟不上，导致文化产业人才供需矛盾极为突出。为此，要深入一贯彻实施《广东省中长期人才发展规划纲要（2010—2020年）》，加大文化产业人力资本投资力度，打造吸引各类高层次人才的有效载体，切实解决入户、工作、生活等方面的实际问题，为人才创造宜居宜业、安全舒适的环境。加强人才市场建设，消除人才流动中的区域、部门、行业、身份、所有制等限制，促进人才柔性流动。① 广东要构筑文化人才集聚高地，必须确立人才优先发展战略，营造浓厚的文化氛围，以培养文化产业各类领军人物为目标，推进文化领域人才培养工程，着力建设高素质的文化党政人才、高层次文化艺术专业技术人才、高水平文化经营管理人才三支队伍。

在文化经济中，人才的发散效应尤为显著，一个人、一群人、一个创

---

① 广东省服务业发展“十二五”规划.2012-04-28.

意，带动整个产业、整个门类的现象时有发生。广东在建设文化产业人才队伍的过程中，应大力培育领军人物。当前，广东在全国有影响的名家大师不多，领军人物更加缺乏。文化产业的领军人物，通常更具有领导魅力、开拓精神、强者风范、忧患意识和抗风险能力，具备审时度势、把握时代精神和文化潮流的前瞻性眼光，能够找到发展的新机遇，进而在不同领域树立起一个个“风向标”。领军人物的培育，是一个长期努力和准备的过程。高素质的领军人才可谓“一将难求”，不是靠“闭门造车”就能培养出来的，需要学科知识，更需要社会经验和市场判断。有专家提出，一方面可以吸引国外和业外人才如财经、金融、科技等领域的优秀人才投身文化产业；另一方面，要对文化单位等相关部门的领导进行培训和提升，比如借鉴 MBA 的案例教学，把学习和项目结合到一起，使企业领导成为合格的领军人才。① 同时，要为人才成长和脱颖而出创造自由宽松的环境，不拘一格使用人才，并将资源向人才集中，巧借项目吸引人才。推行“领军人物 + 团队”模式，文化大家、领军人物的精品力作本身就是品牌、名牌，能够发挥辐射和带动作用。

针对文化产业人才队伍现状，建立包括职业准入、职业评价、职业回报等在内的文化产业资格制度，建立健全文化产业在职人员业务培训和继续教育制度，是文化产业人才得到提升和发展的有效途径。在实施继续教育和培训的过程中，对在职人员进行跨界教育、跨界培训以及跨界融合，以开辟新的教育思路。探索引进案例教学、情景模拟、拓展训练等方法，注重提高受训人员的实际操作能力，将培训从知识灌输型转变成为能力提升型。要鼓励文化单位与高等院校合作举办研修班、培训班，鼓励在有条件的大型文化企业中设立博士后流动站、科研工作站，鼓励政府部门、企业与高校相互合作。满足文化产业在职人员在新形势下对知识更新的需要，提高在职人员的业务素质，培养一批掌握文化产业专业知识及政策分析能力、有较宽知识面的复合型、研究型及应用型专业人才。同时，人才的培养需要把内部培养与外部引进结合起来，既要充分利用现有教育与培训资源，加大对内部骨干人才的培养，也要借助外力，注重海外文化创意、研发、管理等高端人才的引进，比照科技人才引进政策和科技留学归

---

① 张玉玲．文化体制改革呼唤产业经营人才．光明日报，2010－03－04.

国人才政策，加大引进文化产业人才的力度，促进高端文化产业人才就业和创业。如深圳于2011年8月正式启动“孔雀计划”，重点引进并支持50个以上海外高层次人才团队和1 000名以上海外高层次人才到深圳创业，吸引带动10 000名以上各类海外人才到深圳工作。这对深圳吸引高层次文化产业人才、继续保持前沿优势，无疑有着积极的推动作用。

文化需要积累和沉淀，也需要人才激励机制来推动发展。在宏观层面，坚持“以人为本”，通过政府给予文化产业的扶持政策来吸引人才，间接激励创意设计人才的工作积极性；在微观层面，将新型管理理念引入文化产业人才管理中，通过设计清晰的职业生涯、科学的培训体系、多轨道晋升制度、充分授权、建立良好的沟通环境、培育和谐的团队文化、建立项目奖金和股票期权激励制度等措施，留住人才。要将文化产业从业人员作为一种稀缺性的资源加以开发利用，综合运用事业激励、薪酬激励、荣誉激励、情感激励等多种取向，采取人性化的激励措施，贯彻“以人为本”的理念，充分挖掘人的潜力。

高等院校是国家和地区文化创新的源头、人才培养的重要基地，要加强高校文化产业人才培养和相关学科建设，从源头保障人才培养的质量。按照理查德·弗罗里达（Richard Florida）的说法，大学是创意经济中的关键机构，它不仅在尖端科研方面发挥作用，还是吸引人才的磁石，并且能够创造进步的、开放的、包容的人文环境，吸引和保留创意阶层成员。[①] 大学为文化艺术行业的繁荣提供知识支撑和人才保障，为文化市场源源不断地输送生力军，并通过人文氛围的营构熏陶、培育潜在受众。

除了综合性大学外，普通高等职业院校也是重要的人才培养基地，要努力将广东文化产业职业学院打造成为国内一流、立足广东、面向世界的，以培养文化产业人才为主要特色的普通高等职业学院。在发达国家，高校与文化产业界之间有着良好的对接，大学与现实文化世界之间的联系也非常紧密。如美国文化体系的一个重要特征，就是大学与周围的先锋派艺术之间有着越来越多的联系。在这种文化里，人们很难区分专业与业余、当局者与旁观者、同一性与多样性、艺术与商业。美国的大学不仅是各类文化交替出现的地方，还是内容产业研究与开发的组成部分。在学校

---

① ［美］理查德·弗罗里达．创意阶层的崛起．司徒爱勤译．中信出版社，2010. 339.

里，影视制作专业的学生们敢于冒险、推陈出新，并试拍许多影片，而这些试拍的影片随后会被电影公司和电视台采用并加以开发。在研究与开发的有效工作中，学生们承担了研究工作和大部分的开发工作。从大学向产业的过渡不是突然的，而是循序渐进的。[①] 正是这种多元的文化氛围和开放式的教学方式，使得美国高校培养的学生有着很强的适应性。

相比起当下火热的文化产业实践，广东乃至中国高校的文化产业研究、学科建设和人才培养则显得相对落后。目前，高校文化产业学科建设尚处于边缘地位，学科构架不健全，缺乏明确的学科归属和定位，知识体系、课程体系的完整性较为欠缺，人才培养一定程度上与现实需要脱节，难以成为高端创意人才、文化管理人才、文化营销人才、文化投融资人才的摇篮。针对这些问题，高校必须明确文化产业人才培养目标，对文化产业学科和专业进行准确定位，增强师资力量，完善课程体系，加强经济类、管理类、技术类、人文类学科的交叉融合，将理论教学与专业实践相结合，培养文化与经济的复合型人才。同时，推动建立广东与港澳台在文化教育领域的合作机制，深化双边、多边和区域文化教育合作。必须看到，文化产业人才有其特殊性，复合型人才的要求绝不是低水平、平庸的复合，而应该是在专精技术基础上的全面高层次复合。

文化产业人才通常具有跨学科、跨专业、跨领域的特点，多学科交叉是文化研发、专业教育的重要方向，政府、企业、高校等需要携手合作，完善人才培养机制和系统，不断增强文化产业体系内的造血功能。只有紧紧把握社会发展和文化产业实践的趋势，建立起与市场发展相适应的、面向未来的、开放式的培养方式，最大限度地发挥个人的潜质，才能真正解决文化产业复合型人才短缺的问题。

---

① ［法］弗雷德里克·马特尔．主流：谁将打赢全球文化战争．刘成富等译．商务印书馆，2012. 166 ~ 167.

结语　走向文化自强

伴随着经济全球化浪潮的强劲涌动，文化对于政治、经济和社会的重要作用日益显现出来。在民族国家及区域经济社会发展过程中，文化发挥着内源动力的功能。未来学家阿尔温·托夫勒（Alvin Toffler）曾预言："一个高技术的社会必然也是一个高文化的社会，以此来保持整体的平衡。"面对科技、文化和经济出现加快融合乃至一体化的趋势，世界范围内文化产业的竞争日趋激烈，诸多国家正在不遗余力地发展文化产业。在国际舞台上，文化已经成为国与国之间软实力较量的利器。

综观人类社会发展的历史，文化是一种超越性的力量。文化以其对社会历史的巨大作用力，贯穿、渗透到社会实践的每一个具体而细微的环节中。文化的力量不仅在政治、经济、科技、教育等重大社会实践之中，而且还在更为宏观的历史层面上，以其无微不至的渗透力和雄强宏阔的整合力构成人类物质与精神创造的巨大张力。[①] 文化的功能与作用，既表现在对意识形态的整合和价值体系的构建上，又表现在对公民思想、行为的引导和规范上，还表现在对经济发展的促进、提升和对社会的凝聚作用上。

从学术上看，费孝通先生是较早提出文化自觉问题的，他说："文化自觉是指生活在一定文化中的人对其文化有'自知之明'，并对其发展历程和未来有充分的认识。""自知之明"是为了加强对文化转型的自主能力，取得决定适应新环境、新时代文化选择的自主地位。费孝通先生继而指出："文化自觉是一个艰巨的过程，首先要认识自己的文化，理解所接触到的多种文化，才有条件在这个已经在形成中的多元文化的世界里确立自己的位置，经过自主的适应，和其他文化一起，取长补短，共同建立一个由共同认可的基本秩序和一套各种文化能和平共处，各舒所长，联手发

---

① 仲言．文化的力量：社会和谐的思想道德基础．大地，2006（21）．

展的共同守则。”[①] 费孝通先生的观点，在学术界产生了很大影响。随着时代的发展，党的十七大提出，我们在文化建设上要更加自觉、更加主动。之后，“文化自觉”逐渐成为我国思想文化界关注和讨论的热点，怎样做到“文化自觉”成为人们热议的话题。正如李君如所指出的：“‘文化自觉’不是一个抽象的概念或要求，在今天的中国，文化自觉在根本上就是要探索中国文化发展的规律。”[②] 这也就是说，文化自觉是在探索新的文化规律的前提下，实现理论和实践的结合、思想与行动的统一。

文化自觉与文化自信、文化自强是紧密相连的，文化上的觉醒和责任感使得人们能够理性地审视民族、国家及区域的历史文化传统及现状，坚定对自身文化生命力的信心，产生强烈的文化自豪感，进而全力探索文化崛起之路。党的十八大报告提出，我们一定要坚持社会主义先进文化的前进方向，树立高度的文化自觉和文化自信，向着建设社会主义文化强国宏伟目标阔步前进。面对新的历史召唤，广东作为岭南文化的集大成之地，理应以高度的文化自觉，增强文化自信，实现文化自强，实现广东特色文化事业和文化产业的跨越式发展，成为建设社会主义文化强国的排头兵。

从历史和现实、国家与区域等维度来看，实现中华民族伟大复兴，是中华民族近代以来最伟大的梦想。“中国梦”的实现，离不开文化力量的推动。温家宝同志曾语重心长地说：“长期以来，我们对创造、培育文化形态的无形资产重视不够。一个国家，当文化表现出比物质和货币资本更强大力量的时候，当经济、产业和产品体现出文化品格的时候，这个国家的经济才能进入更高的发展阶段，才能具有可持续发展和持续创造财富的能力。”[③] 正是从这个意义上说，文化的核心价值是发展的内驱力，复兴之路也是文化繁荣之路、人民幸福之路。

就区域发展而言，广东需要通过文化强省建设，使文化事业和文化产业获得巨大飞跃。从战略思维层面考察，创新是全域创新，创新无处不在，创新无处不可；创新是全民创新，人人有创新机会，人人皆可创新。我们需要彻底变革创新理念。过去，人们以为创新只是科技人员和研究机构的事，这与把创新狭义化，局限在产品、技术创新密切相关。为此，需

---

① 费孝通．反思·对话·文化自觉．北京大学学报，1997（3）．

② 李君如．文化自觉与城乡文化统筹．北京日报，2012-03-12.

③ 温家宝．关于发展社会事业和改善民生的几个问题．求是，2010（7）．

要高度重视在广东培育创新文化，营造人人想创新、个个能创新的文化氛围和制度环境。只有确立全面创新战略新思维，形成全民、全域创新局面，广东才能真正拥有持续发展的蓬勃生命力。① 走向文化自强，就是要以文化创新能力的提升为核心，推进政策创新、强化服务创新、推动制度创新、加快管理创新、实现业态创新，形成新的文化优势，从而达到与广东经济社会发展相适应的文化发展水平，实现“三强一好”的目标，即“文化事业强”、“文化产业强”、“文化辐射力和影响力强”及“广东文化形象好”。

文化自强本质上是追求文化的大发展大繁荣，把文化与经济、政治、社会建设统筹谋划，不断树立文化发展的大战略、大观念、大使命，促使文化生产、文化传播、文化事业建设、文化产业发展、文化体制改革、文化人才队伍培养等各方面协同推进，不断满足人民群众的精神文化需求。文化自强不仅体现为产业实力，还包括文化体制运行的力量和全民创造性能量的释放，通过各类文化产品的生产、传播和消费，形成知识优势和精神高地，提升生活品质和民众的整体文化水平，形塑主流价值观，建构民族的文化心理结构。柳斌杰曾精辟地指出，目前，我们的文化发展动力不足，我们的文化产品还不够丰富，关键的问题，说到底，就是人民群众的文化创造力没有发挥出来，全社会参与文化建设的积极性没有调动起来。文化的根本在精神，精神内容是文化的魂，魂要附在“体”上，而“体”就是各种载体或渠道，光“体”强了不行，还要把精神内容创造出来。要建立自主创新机制体制，鼓励全社会参与文化精神、文化内容的创造。文化的精神是一个长期培养的过程，应该说文化是一种环境，是一种生活方式。② 广东在走向文化自强、建设文化强省的过程中，要深入培养当代岭南的文化精神，在战略观念上确立文化是核心竞争力的文化价值观，让主流文化渗透到人民群众日常生活的方方面面，使民众获得道德坚持、精神守望的从容，鼓起奋发进取的勇气，焕发创新创造的活力，推动岭南文化、中华文化走向世界。

世界处于加速变革的过程中，生活方式更趋多元，人们的感知和思维

---

① 梁桂全．自立自主　走向创新——四论解放思想．南方日报，2008－02－21.

② 从文化自觉、文化自信到文化自强——柳斌杰谈学习宣传贯彻落实十七届六中全会精神．http://www.gapp.gov.cn/cms/html/21/367/201110/726027.html.

模式也在慢慢变化，文化的创新力量日益显现。没有哪一种商业模式能永远抓住市场，因此必须激发文化永不停息的创造性。恩格斯说过："文化上的每一个进步，都是迈向自由的一步。"经济、政治和文化的力量是交织在一起的，文化承载着社会文明和公共生活进步的使命。广东在加快转型升级、建设文化强省的过程中，文化是幸福指数的一个重要指标，以文化惠民为宗旨大力发展文化事业和文化产业，必将推动区域文化强势崛起和新岭南文化精神重塑。

广东文化产业大事记*

1978 年

5 月，广东科技出版社成立。

9 月，中国唱片社广州分社复办。

1979 年

1 月 1 日，广州电视台（广东电视台前身）呼号正式改为“广东电视台”。

1 月，太平洋影音公司成立，它是国内第一家拥有整套国际先进水平的全新录音录像设备和音像制品出版生产公司。该公司录制的第一首歌是朱逢博演唱的《蔷薇处处开》，专辑名为《朱逢博独唱歌曲选》，这是新中国第一盒立体声录音带。

4 月 15 日，广东电视台设立中国电视史上第一个广告节目。

4 月，深圳接待建市后第一个外来文艺表演团体——香港工人业余粤剧团来深演出，拉开了深圳演出市场雏形的帷幕。

5 月，大型文艺刊物《花城》杂志创刊。

6 月，《随笔》杂志创刊。

8 月，深圳成立了第一家名为“深圳印刷制品厂”的来料加工企业。

10 月，广东省广告公司和广州市广告公司成立。

太平洋影音公司生产的第一批录像带《中国录影集》首次在秋季中国出口商品交易会上展销。这是国内第一次出版节目录像带。

是年，中国图书进出口广州公司成立。

---

* 根据《广东年鉴》、《广州年鉴》、《深圳年鉴》及《南方日报》等资料整理.

1980 年

1 月，《广州日报》与广州足球协会合办的专业性体育报纸——《足球》报创刊。

2 月 15 日，《羊城晚报》复刊。

2 月，广州市旅游公司成立。

10 月，广东省地图出版社成立。

12 月 29 日，广东电台调频立体声台正式播音。

是年，广州东方宾馆开办了全国第一个音乐茶座。

深圳第一家帐篷歌舞厅在西丽湖出现，次年西丽湖歌舞厅诞生。这可能是改革开放后中国内地最早出现的营业性歌舞厅。

1981 年

1 月 4 日，《羊城晚报·港澳海外版》创刊。

6 月 14 日，由广州市新华书店举办的首届羊城书市在广州文化公园第一馆开幕。这次书市是新中国成立以来全国出版发行系统的一次创举。

10 月，深圳电视转播台建成，以 10 千瓦功率转播中央和广东省电视台的节目，改变了以往深圳人只收看香港电视的局面。时隔 3 年，深圳电视台正式开播，深圳至此有了自己的电视节目。

是年，广东推出“粤语流行金曲”，但主要以翻唱港台的歌曲为主。不久徐东蔚、郑南两人创作的《请到天涯海角来》风行全国，这是中国流行音乐的启蒙之作。

岭南美术出版社、广东旅游出版社和花城出版社成立。

随着音乐茶座的兴起，广州的一些宾馆和文娱场所办起了舞厅。

广东省出版进出口公司成立。

《广东青年》杂志更名为《黄金时代》。

1982 年

4 月 1 日，《广东妇女》创刊，次年改版为《家庭》。

5 月 24 日，《深圳特区报》正式创刊，这是特区第一份报纸。

是年，广州被评为首批“国家历史文化名城”。

1983 年

8 月 1 日，韶关人民广播电台正式播音。

8 月，中山大学出版社成立，广东高等教育出版社成立。

10 月 1 日，汕头电视台正式开播。

10 月，广州古籍书店与香港集古斋联合开办广州集雅斋，专营文房四宝、古今书画、古籍、碑帖、章石，兼营港版图书、进口文化用品、科教仪器。

是年，湛江电视台成立。

1984 年

1 月 1 日，《韶关日报》创刊。

《茂名日报》创刊。

茂名人民广播电台正式播音。

深圳电视台正式开播。

2 月 11 日，由《南方日报》编辑部编辑出版的星期六增刊《南方周末》创刊。

7 月，茂名电视台成立并正式播出节目。

7 月，广东音像教材出版社成立。

9 月，海天出版社批准成立，次年 7 月正式挂牌开业。

国庆节期间，著名粤剧表演艺术家红线女在广州举办专场“红线女粤曲独唱会”，这是中国戏曲艺人的首次独唱会。

10 月 1 日，东莞电视台成立并正式播出节目。

10 月，新时代影音公司成立。

11 月，深圳音像公司成立。

是年，广州电影公司成立。

由广东人民、广东科技、花城和岭南美术 4 家出版社发起，联合国内多家出版社集资，成立了中国南方图书公司。

1985 年

1 月 1 日，《信息时报》创刊，《湛江晚报》创刊。

东莞人民广播电台正式播音。

1 月 25 日，深圳影业公司成立，1998 年更名为深圳电影制片厂。

1 月 30 日，经广播电视部批复，同意建立揭阳电视台。

1 月 28 日，白天鹅音响艺术有限公司成立，该公司是我国第一家中外合资录制、生产、加工文艺节目原音带的专业公司。

1 月，华南工学院出版社成立，1988 年改名为华南理工大学出版社。

3 月 18 日，中山电视台正式启播。

4 月，《南风窗》杂志创刊。

7 月 1 日，东方宾馆与香港建图有限公司合作兴建的大型现代化游乐场——东方乐园正式开业。

珠海人民广播电台开始试播。

10 月，阳江电视台获批建立。

11 月 23 日，中山人民广播电台正式播音。

11 月，《珠海特区报》创刊。

12 月，东方乐园被国际游乐场协会第 67 届年会吸收为国际游乐场协会的会员，成为中国第一个跨进世界游乐组织的游乐团。

是年，广州举办全国第一个原创流行歌曲大赛“红棉杯”新人新歌新风大赛。

新世纪出版社和广东教育出版社成立。

中国唱片深圳公司成立。

揭阳人民广播电台正式播音。

1986 年

1 月 1 日，深圳人民广播电台正式播音。

2 月 8 日，珠海电视台开始试播。

2 月，由珠江电影制片公司、上海美术电影制片厂、香港时代艺术有限公司三方合资经营的时代动画公司开业，该公司是我国第一家中外合资的动画公司。

广东电视塔经过整修，建成了广东电视塔文化游乐中心，正式对游客开放。

6 月 1 日，《东莞日报》创刊。

6 月，广东省出版事业管理局发出《关于出版社领导体制的通知》。《通知》明确提出，出版社属于事业单位，实行企业管理的体制。

7 月 1 日，惠州电视台建立并开始播出节目。

8 月 5 日，《江门日报》创刊。

10 月，广州文化出版社成立。

12 月 15 日，全国第一家省级经济广播电台——珠江经济广播电台正式开播。

是年，潮州被评为第二批“国家历史文化名城”。

1987 年

1 月 28 日，江门电视台正式开播。

1 月，广州音像出版社成立。

8 月 2 日，潮州电视台正式开播。

12 月 24 日，广东省首届群众艺术欢乐节在广州东方乐园开幕。

是年，广东出版中国内地第一张 CD《蒋大为电视主题歌》，并创立全国第一个原创流行歌曲排行榜——健牌广播新歌榜。

1988 年

1 月 10 日，广州电视台正式试播。

1 月，东方宾馆与日商合办了广州市第一家日式酒吧“卡拉 OK”。

2 月 5 日，广州市新华书店音像发行总汇开业。

2 月 14 日，广东电视一台（二频道）改名为广东电视岭南台，二台（十四频道）改名为广东电视珠江台。

2 月，清远人民广播电台正式播音。

3 月 2 日，清远电视台成立。

3 月，广州话剧团排演了台湾著名作家白先勇根据自己的同名小说改编的话剧《游园惊梦》，这是海峡两岸一次成功的艺术合作和交流。

4 月 12 日，佛山电视新闻社正式挂牌成立。

4 月，韶关有线电视台成立。

7 月 1 日，肇庆电视台正式开播。

7 月，’88 羊城国际舞蹈节举行，这是广东有史以来第一次舞蹈盛会。

9月28日，佛山人民广播电台正式播音。

10月1日，阳江人民广播电台正式播音。

11月21日，江门有线电视站成立。

12月18日，由珠江电影制片公司文学部编辑王静珠自筹资金开办的王氏影视业剧本有限公司，在广州影星宾馆挂牌营业，这是我国首家经营电影电视剧本的私人企业。

是年，新时代影音公司出资30万元独家冠名赞助当时由文化部、广播电影电视部联合主办的“京津汉穗群众文化系列大赛”。借着系列活动的展开，该公司不但提升了知名度，而且还获得广播电影电视部的批准成为音像出版社。

深圳市激光节目出版发行公司成立。

1989年

1月1日，《汕尾日报》创刊。

云浮人民广播电台正式播音。

1月8日，《深圳商报》创刊。

1月18日，肇庆人民广播电台正式播音。

2月28日，《清远日报》创刊。

4月，暨南大学出版社成立。

全国流行歌曲优秀歌手选拔赛在广州举行。

5月1日，潮州人民广播电台正式播音。

5月，深圳大剧院投入使用。

7月18日，广东省广播电视技术中心正式成立。

10月1日，云浮电视台正式成立。

11月15日，广东人民广播电台新闻台开播。

1990年

1月1日，《广州日报》改邮局发行为自办发行。

2月5日，梅州电视台正式开播。

4月29日~5月6日，’90羊城图书博览会在广州图书馆、农讲所广场举行。

7月15日，惠州人民广播电台正式播音。

7月，江门人民广播电台正式播音。

9月27日，梅州人民广播电台正式播音。

10月8日，湛江有线电视海滨台和湛江有线电视寸金台正式成立。

10月12日，茂名有线广播电视台成立。

11月26日，梅州市有线电视台开始试播。

是年，广东流行音乐创作学会成立。

1991年

1月23日，广东音乐台正式开播。这是广东电台继珠江经济台、广东新闻台、广东教育台之后，向系列台发展的又一个广播电台。

2月10日，《广州市社会文化市场管理暂行条例》正式公布施行。

2月，广东电视中心竣工并交付使用。

8月31日~9月11日，第四届全国书市在广州中国出口商品交易会举行。这是继北京、上海之后首次在广州举办的全国书市。

9月28日，广东人民广播电台文艺台正式开播。

10月1日，汕头市有线电视台正式开播。

10月18日，江门市有线电视台成立。

10月，深圳先科激光公司建立了中国第一条CD生产线。

11月，广州市书报刊发行业协会成立。

12月1日，广州人民广播电台开播。

12月15日，广州市政府发出《关于实施广州市社会文化市场稽查制度的通知》。

是年，新时代影音公司麾下的杨钰莹、毛宁成为我国第一对签约歌手，一个全新的概念——“包装歌星”开始影响全国。

1992年

2月28日，广东电台英语台正式开播，这是国内第一家省级英语电台。

4月1日，《揭阳日报》创刊。

5月28日，汕尾电视台正式成立开播，汕尾人民广播电台正式播音。

8月28日,《中山日报》创刊。

9月1日,《潮州日报》创刊。

10月,广州有线电视中心成立,并与电信部门联合成立了有线电视网络工程有限公司,负责全市的网络建设。

广州市政府颁布了《广州市社会文化市场管理条例》的第一个实施细则《广州市营业性桌球室、电子游戏室、有奖游戏室管理规定》。

11月18日,全国首家图书发行企业集团——广州新华书店企业集团正式成立。

12月28日,广州出版社正式成立。

是年,广州成立了国内首家电视直销公司——至诚直销公司。

"深圳大剧院艺术节"创办,开创全国以剧院命名艺术节的先河。

1993年

2月28日,河源人民广播电台正式播音。

2月,广东省版权事务所成立。

6月,广州市有线电视网络工程有限公司正式成立。

7月30日,广东人民广播电台系列台之一的羊城交通电台正式开播。

8月25~30日,首届华语电视周在广州举行。

8月,广东省新闻出版局正式出台《广东省新闻出版局直属出版社体制改革方案》。

汕头大学出版社成立。

10月,珠海出版社成立。

11月18日,以五星级旅游涉外酒店广州东方宾馆为主组成的股份有限公司的股票,在深圳证券交易所正式挂牌上市交易。

11月21日,广州首届名家书画拍卖会举行。

12月19~26日,'93南国书香节在广州中国出口商品交易会举行。

是年,全国首家非公有制或集体制广告公司——白马广告公司在广州成立,从此私营广告公司作为一种新生的广告势力开始在中国崛起。

1994年

1月1日,《深圳晚报》创刊,《河源日报》创刊,《茂名晚报》创刊。

1月29日，深圳有线电视台成立。

2月，《广东省营业性歌舞娱乐场所管理条例》颁布。

5月20日，广州电台二台开播。

6月18日，由香港中旅集团和华侨城集团共同投资建设的大型文化旅游景区——世界之窗开园。

8月28日，广东有线电视台试播，先开办的是影视台和文体台。

9月，第一家外商独资的书刊印刷企业——东莞金杯印刷有限公司开业。

10月8日，广东电台儿童台正式播音。

10月，广东省新闻出版局根据国务院新颁布的《音像制品管理条例》，专门制定了《广东省音像出版、复制管理规定》。

11月23日，集图书展览、零售、批发、订货于一体的广州购书中心建成开业。

11月23~27日，'94广东国际广播音乐博览会在广州举行。

11月，全国首部出版物市场管理地方法规——《广东省书报刊市场管理条例》颁布。

广东省人事厅批准广东科技出版社实行工资总额与经济效益、社会效益挂钩，这是全国出版系统第一家试行单位。

12月22日，广东经济电视台正式开台试播。

是年，肇庆、佛山、梅州、雷州被评为第三批“国家历史文化名城”。《羊城晚报》实行社长领导下的总编辑、总经理负责制。之后，《南方日报》、《广州日报》也先后实行了类似的管理体制。

1995年

2月21日，《珠江晚报》创刊。

5月，广东省委办公厅、省政府办公厅印发《加强和改进我省音像制品管理会议纪要》。

6月8~11日，'95广州国际旅游展销会在广州中国出口商品交易会展馆隆重举行。

7月1日，《云浮日报》创刊。

9月20日至10月8日，'95广东国际艺术节在广州、深圳举行。

10 月 12 日，珠海有线电视台成立开播。

10 月 18 日，广州世界大观建成开业。

12 月 6 日，湛江有线电视海滨台、寸金台合并，成立湛江有线电视台。

12 月，广东经济出版社经新闻出版署批准成立。

是年，广州有线电视台增开了新闻、少儿、黄金生活、音乐、公安、环球金融、城区 7 个专业频道。

1996 年

1 月 1 日，《阳江日报》创刊。

1 月，经中宣部同意，新闻出版署正式批准广州日报社作为全国报业集团试点单位，组建中国首家报业集团。

2 月 8 日，广东音乐团举行成立仪式。

2 月，广州有线电视交通旅游频道试播。

4 月 18 日，广东电台城市之声开播。

4 月 28 日，广东电台健康之声开播。

7 月 5 ~ 11 日，广州旅游“珠三角”巡展举行。参加巡展的单位有广州世界大观、飞龙世界、东方乐园、飞图梦幻影城等旅游景点，肇庆星湖风景名胜区作为特邀单位也派出花车参加巡展。

7 月 8 日，广东电视卫星台、广东卫星广播电台正式开播暨广东省广播电视卫星地球站落成典礼在番禺卫星地球站举行。

9 月 26 日 ~ 10 月 13 日，’96 中国旅游艺术节暨广东欢乐节在广州东方乐园举行。

9 月，广东省新闻出版局制定《广东省新闻出版行业实施跨世纪人才培训工程》。

11 月 8 日，第七届全国书市在深圳开幕，这也是全国书市第一次在非省会城市举办。

11 月 21 ~ 24 日，’96 广东国际广播音乐博览会在广州举行。

12 月 15 日，珠江电台成功进入互联网，成为中国内地第一家上网电台。

12 月 2 ~ 9 日，’96 广州国际艺术博览会举行。

12 月，第一个国家级音像制品批发市场——广东音像城投入运营。

是年，湛江碧海银沙网站创办。

1997 年

1 月 1 日，《南方都市报》正式创刊。

2 月 28 日至 3 月 2 日，'97 广州国际旅游展销会在广州中国出口商品交易会展览馆举行。

4 月 2 日，广电部下文批复同意深圳有线广播电视台正式建台开播。

6 月，网易公司成立，推出全中文搜索引擎服务。

7 月 1 日，《广州日报》以一天出 97 版的版数刷新中国报纸记录。

9 月 26 日 ~10 月 12 日，'97 中国旅游艺术节暨广东欢乐节在东方乐园举行。

11 月 8 日，由广州天河区东圃镇农民自筹资金 2.5 亿元建设的“航天奇观”正式对外开放。这是国内第一个以航天技术为主题的科普旅游景区。

1998 年

3 月 30 日，《新快报》创刊。

5 月，南方日报报业集团、羊城晚报报业集团在广州成立。

6 月 8 日，广州市政府正式批准重组广州新华书店企业集团，并授予其国有资产经营权，成为全市二级企业中较早实行国资授权经营的单位。

9 月 30 日，番禺市绿之旅旅行社有限公司正式成立，系广州地区首家私营旅行社。

11 月，深圳腾讯公司成立。

12 月，南方日报出版社成立，羊城晚报出版社成立。

1999 年

1 月 25 日，东莞有线广播电视台成立。

2 月，腾讯公司正式推出第一个即时通信系统软件——“腾讯 QQ”。

3 月 15 日，《汕头都市报》创刊。

7 月，广东省版权保护联合会成立。

9 月，在广东省新华书店的基础上，广东组建了国有控股的广东新华发行集团。

中山电视台与中山有线电视台合并，成立新的中山电视台。

11 月，深圳特区报业集团成立。

12 月，广东省出版集团有限公司成立。

大洋网（www. dayoo. com）成立，作为广州日报社全资综合性新闻网站，其前身是 1995 年创办的《广州日报》电子版。

2000 年

1 月 10 日，广州市新华书店集团有限公司正式挂牌。

12 月 28 日，广东有线广播电视网络股份有限公司正式挂牌成立。

是年，羊城晚报报业集团全资设立的新闻网站金羊网（www. ycwb. com）开通。

2001 年

1 月 1 日，《21 世纪经济报道》创刊。

1 月 18 日，广东省电影公司国产影片促销中心在北京成立，这是全国首家国产影片促销机构。

5 月 8 日，潮州电视台与潮州有线电视台合并。

7 月 1 日，广州市电视台和广州市有线广播电视台合并为一个播出实体，台名为广州市电视台，播出时称广州电视台。

惠州电视台与原惠州有线电视台合并。

汕尾电视台和汕尾有线台自办节目合并为一个播出实体。

东莞电视台与东莞有线广播电视台合并为一个播出实体，呼号为“东莞电视台”。

8 月 1 日，《晶报》创刊。

8 月，梅州电视台与梅州有线广播电视台合并，组建成梅州市电视台。

10 月 18 日，中共中央宣传部副部长、国家广电总局局长徐光春会见香港凤凰卫视董事局主席、行政总裁刘长乐时表示，批准凤凰卫视中文台进入广东珠江三角洲地区有线网，凤凰卫视电影台也允许在广东有线电视网许可的范围内传送。

12 月 1 日，广州电台第三套节目——经济环保广播开播。

12 月 13 日，南方新闻网（www. southcn. com）正式开通。该网站由广东省委宣传部主管，南方报业传媒集团主办，联合羊城晚报、广东省广播电影电视局、广东省新闻出版局等出资单位共同建设。

12 月 20 日，由原广东有线广播电视台和广东经济电视台整合而成的省级电视台——南方电视台举行启动仪式。

12 月 28 日，广东省有线数字电视平台正式启播。

12 月，网易推出首款自主研发的大型网络角色扮演游戏《大话西游Online》。

2002 年

1 月 1 日，《广州市文化产业“十五”发展计划》颁布。

1 月，由家庭杂志社组建的全国首家期刊集团——家庭期刊集团正式成立。

2 月 28 日，清远市有线广播电视台正式并入清远电视台。

3 月 15 日，《深圳都市报》创刊。

3 月 19 日，深圳电视台和深圳有线电视台合并组建新的深圳电视台。

4 月 28 日，经过搬迁改造的广州市书刊二级批发市场——广州图书批发市场正式开业。

6 月，广东珠江电影院线有限公司通过国家广播电影电视总局电影局的审批，成为华南地区第一家跨省院线。

7 月 1 日，广东电视台公共频道正式开播。

7 月 31 日，国家广电总局批复同意香港“亚视”本港台、国际台两个频道在珠江三角洲地区有线电视网播出。

9 月 9 日，《广东省音像制品制作管理暂行办法》颁布。

9 月 30 日，深圳报业集团成立，由深圳特区报业集团与深圳商报社合并组建而成。

10 月 1 ~5 日，2002 年羊城书展在广州图书馆广场举行。

11 月 18 日，广东省文化厅、香港特别行政区民政事务局和澳门特别行政区文化局在香港举行了第一次粤港澳文化合作会议，之后除 2003 年召开了两次会议外，每年在粤港澳三地轮流举行一年一次的粤港澳文化合作会议。

11 月底，全国第一个区域性广播影视节目交易中心——广东广播影视节目交易中心成立。

12 月，广东省委九届二次全会提出了建设文化大省的战略构想。

2003 年

年初，深圳市委三届六次全会报告提出实施“文化立市”战略，强调树立“文化经济”理念。

3 月 1 日，广州有线数字电视正式试播。

3 月，广东省文化体制改革和文化大省建设领导小组成立。

5 月，广州有线电视网被国家广电总局指定为广州市有线数字电视示范网。

6 月 6 日，深圳市委召开常委会，通过《关于实施“文化立市”战略的决定》。

6 月，文化体制改革试点在全国启动，广东被中央确定为全国文化体制改革综合试点省。

7 月 11 日，广州市政府与中国文学艺术界联合会、中国音乐家协会签订协议，中国音乐金钟奖永久落户广州。

8 月 12 日，《广州日报》与《星岛日报》合作，正式在澳大利亚公开发行《星岛日报·广州日报澳洲专版》，每天发行一个整版，为澳洲读者提供最新最快的广东新闻。

8 月，粤港澳文化合作会议第三次例会召开，三方就演艺人才交流、剧节目合作及售票网络的合建等合作达成共识，签署了《粤港澳艺文合作协议书》。

9 月，广东省文化大省建设工作会议召开。随后，《中共广东省委、广东省人民政府关于加快建设文化大省的决定》、《广东省建设文化大省规划纲要（2003—2010 年）》等正式下发。

11 月 11 日，由光明日报报业集团与南方日报报业集团合办的《新京报》在北京创刊。

11 月 28 日，《佛山市建设文化名城规划纲要（2003—2010）》出台。

12 月 17 日，广东省政府办公厅印发《关于深化文化体制改革建设文化大省的若干配套经济政策》。

广东粤剧院和广东粤剧学校合并成广东粤剧艺术大剧院。

12月28日，佛山日报传媒集团成立。

12月29日，《珠海市建设文化盛市规划纲要（2003—2010）》出台。

是年，《番禺日报》、《增城日报》划转广州日报报业集团，《东方文化》杂志转交广州日报报业集团主管主办。

2004年

1月8日，《民营经济报》创刊。

1月18日，国内第一个全省性广电集团——南方广播影视传媒集团成立。该集团对广东省内19个地市电视台、广播电台、广播电视传输网络公司的影视传播资源和力量进行全面整合，实现全省“地下一张网”。

2月，广东省出版集团实现重组，重组后的广东省出版集团拥有27个成员单位。

3月10日，《江门市关于深化文化体制改革建设文化名市的若干配套经济政策》发布实施。

5月8日，珠海市政府印发《关于建设文化盛市若干配套经济》。

5月12日，《珠江时报》创刊。

5月20日，首届深圳国际文化产业博览会香港宣传推介会在香港大会堂举行。

5月28日，深圳卫视举行试播仪式，这也是我国第一家获批上星的副省级城市电视台。深圳卫视的首批落地城市暂为香港和深圳两地。

5月，《汕头市建设文化大市规划纲要》、《汕头市深化文化体制改革建设文化大市的若干配套经济政策》出台。

清远市委、市政府下发《关于加快大文化建设的若干政策规定》。

6月5日，《南方人物周刊》创刊。

6月16日，腾讯公司在香港联交所主板公开上市。

6月28日，深圳广播电影电视集团正式挂牌成立。

6月，深圳发行集团在深圳书城正式挂牌成立，成为深圳市三大文化产业集团之一。

深圳报业集团出版社成立，这是全国第一家由国家新闻出版总署按企业批准新建的出版机构。

7月8日，《关于深化文化体制改革建设“文化梅州”的若干配套经济政策》印发。

7月28日，南方卫视通过卫星成功向港澳、北美、澳大利亚播出。

7月29日，《珠江商报》创刊。

7月，深圳影视动画行业协会成立，这是全国首家城市影视动画行业协会。

8月4~5日，广东省召开“全省新华书店改革与发展经验交流会”，明确提出要调整新华书店的经营结构，积极发展多种载体的出版物经营，如一般图书、电子、音像产品、多媒体产品等，打造品种繁多的“文化超市”。

8月6日，《深圳经济特区文化市场管理条例》实施细则颁布。

8月20日，广东人民广播电台第9套节目“南粤之声”在深圳正式开播。

8月22日，《湛江市建设文化大市规划纲要（2003—2010年）》颁布。

8月26日，首届中国国际音像博览会在广州开幕。

9月1日，《21世纪商业评论》创刊。

9月，中国轻工业联合会、中国文房四宝协会授予肇庆市“中国砚都”称号。

广东省政府同意广东省出版集团转制，将在2005年年底前初步完成。

10月1~7日，“金狮奖”第六届全国杂技比赛在广州举行。

11月1日，广东电视移动频道正式开播。

11月18~22日，首届深圳国际文化产业博览会在“高交会”展览中心举行，这是国内举办的第一个综合性、国际性的文化产业博览会。

11月，广东省委办公厅、省政府办公厅下发文件，全省开始实施在市县组建文化广电新闻出版局和文化市场综合执法机构的改革工作。

12月3日，广东星海演艺集团宣告成立，该集团由广州交响乐团、广东星海音乐厅、广东现代舞团、广东星海演艺发展有限公司联合组成。

12月7~12日，2004广州国际纪录片大会举行。

12月29日，《广州市文化建设规划纲要（2004—2010年）》印发。

年底，《广东省引导社会资本投资文化产业指导目录》首发。

是年，茂名市委、市政府制定了《茂名市文化发展纲要》，提出了建设“文化名城”的目标。

由上海文广新闻传媒集团、广州日报报业集团、北京青年报社三家投资的《第一财经日报》在上海正式签约。

奥飞动漫在广州注册成立。

2005 年

1 月 8 日，全国首个粤语电视少儿频道——广州少儿频道正式开播。

1 月 11 日，《深圳市文化发展规划纲要（2005—2010 年）》颁布实施。

1 月 19 日，《广东省文化设施条例》颁布。

1 月 29 日，惠州市广播电视台成立。

1 月，深圳市委三届十一次全体会议再次作出重大决定，把文化产业作为第四大“支柱产业”来发展，与高新技术、物流、金融三大支柱产业共同打造“和谐深圳、效益深圳”。

2 月 1 日，南方广播影视传媒集团旗下所属广东电台与广西梧州电台达成了联合办频道的框架协议，成为国内首例谈判成功的跨省间电台合作项目。

2 月 4 日，全国第一家外资图书发行公司——广东联合图书有限公司在北京宣告成立。

2 月，肇庆市广播电视台正式组建。

3 月 17 日，《潮州市“十一五”文化建设发展规划》颁布。

3 月，广东省委办公厅、省政府办公厅下发《广东省文化体制改革和文化大省建设领导小组关于进一步扩大文化体制改革试点范围的意见》。

4 月 1 日，《汕头市文化市场管理条例》施行。

4 月 8 日，华视传媒集团有限公司在深圳成立。

4 月 11 日，茂名人民广播电台、茂名电视台、茂名有线广播电视台正式组建为茂名市广播电视台。

4 月 16 日，《广州日报》与香港《明报》合作开设的《广州日报·北美专版》正式创刊，该专版主要以美国、加拿大华人为读者对象。

4 月，广东省版权局将南粤第一个“版权兴业示范基地”的称号授予了深圳大芬油画村。

5 月 16 日，广东电视台珠江频道正式在香港、澳门有线电视网播出。

5 月 31 日，国家新闻出版总署批复广州与北京、上海、成都成为全国 4 大国家网络游戏动漫产业发展基地。广州市政府决定，将广州国家网络游戏动漫产业发展基地放在天河软件园高塘新区，黄埔区为下游产品园区。

5 月，深圳市第四次党代会要求加快推进“创意设计之都”和“动漫基地”的建设，为实现第四大支柱产业目标奠定坚实的基础。

7 月 6 ~9 日，第 40 届国际旅游品和工艺品交易会在广州锦汉展览中心举行。

7 月 13 日，《东莞市公益文化活动招商暂行管理办法》出台。

7 月 18 日，南方日报报业集团更名为南方报业传媒集团。

8 月 18 日，国家网游动漫产业发展广州基地正式挂牌。

9 月 5 日，《惠州市文化体制改革综合性试点工作方案》出台。

9 月 19 日，中国第一部手机动漫连续剧《大闹西游》在深圳诞生。

10 月 27 日，羊城晚报报业集团和南方广播影视传媒集团签订全面合作框架协议，建立战略合作伙伴关系，开启广东平面媒体与电子传媒跨媒体深度合作的先河，延伸了平面媒体的发展空间。

11 月 1 日，《珠海市“十一五”文化产业发展规划》发布。

广州日报报业集团与广州市地铁总公司举行联合创办地铁媒体的签约仪式。

11 月 10 日，深圳市文化产业工作会议召开。这次会议讨论了一系列促进文化产业发展的文件，具体包括：《中共深圳市委、深圳市人民政府关于大力促进文化产业发展的决定（征求意见稿）》、《深圳市文化产业发展专项资金管理暂行办法（征求意见稿）》、《深圳市人民政府关于扶持动漫游戏产业发展的若干意见（征求意见稿）》、《深圳市人民政府关于建设文化产业基地的实施意见（征求意见稿）》、《深圳市人民政府关于加快文化产业发展若干经济政策（征求意见稿）》、《深圳市文化产业发展“十一五”规划（征求意见稿）》、《深圳经济特区文化产业促进条例草案（征求意见稿）》。

11 月 11 日，广州珠江移动电视运营公司举行合作签约仪式，广州珠江移动多媒体信息有限公司正式成立，并推出以“珠江移动”为品牌的移动数字电视业务。

11月25日~12月11日，2005年广东国际旅游文化节在广州主会场以及深圳、江门、汕头等分会场举行。

11月，广州市新闻出版和广播电视局与市科技局印发《关于加快发展广州网络游戏动漫产业的指导意见》。

12月8日，广东首个省级电视新闻专业频道正式开播。

12月22日，广东省财政厅发出《关于授权省属文化体制改革企业办理国有资产产权登记工作的通知》。

2006年

1月1日，《深圳市知识产权战略纲要（2005—2010年）》正式实施。

2月10日，《江门市文化事业和文化产业“十一五”发展规划》颁布。

2月21日，《肇庆市“十一五”文化产业发展规划纲要（2006—2010）》颁布。

2月23日，中国第二批“文化（美术）产业示范基地”授牌仪式在深圳龙岗区布吉街道大芬村举行。大芬村第二次获“国家级示范基地”的殊荣。

2月，广州日报报业集团主办的《大东方》杂志创刊。

3月29日，广东省政府办公厅发出《关于进一步明确我省文化体制改革试点中经营性文化事业单位转制为企业有关问题的通知》。

胜景旅游广东有限公司正式成立。该公司为瑞士旅业集团旗下的全资公司，是瑞士旅业集团在中国的第一家真正意义上的旅行社，也是广东省首家全外资旅行社。

4月11日，广东电台创办的两套数字付费电视——开心购物频道、邮轮旅游频道举行启播仪式。

4月29日，珠江电影制片公司更名为珠江电影制片有限公司。

5月18日，第二届“文博会”在深圳会展中心隆重开幕。

5月，深圳雅昌集团在全国文化系统文化产业工作会议上被授予“国家文化产业示范基地”称号。

南方卫视在加拿大中文电视台以及越南胡志明市有线网播出。

6月14日，国家工商总局颁布2006年“中国驰名商标”，“广之旅”获认定。广之旅旅行社成为首个获得“中国驰名商标”的地方旅行社企业，“广之旅”成为继国旅总社、中旅总社之后，中国旅游业的第三个驰名商标。

6月30日，《西江日报》加盟南方报业传媒集团，《南方日报》与《西江日报》在采编、广告和发行等领域进行全方位合作，在广东首开省、市党报合作先例。

7月17日，《江门市关于鼓励和扶持动漫游戏产业发展若干意见》印发。

8月18日，广州动漫星城广场正式开业，这是一个集产品展示、发布、宣传、体验、互动、娱乐、销售、购物于一体的动漫产业平台。

8月28日，南方卫视通过CCTV长城欧洲平台在法国正式开播。

9月8日，《广州日报》推出全国首创的《导读与索引》版。

10月1日，由广州日报社与广州市地下铁道总公司合办的《羊城地铁报》正式创刊。

10月9日，《广州日报》的《导读与索引》版与A叠实现联体，开创国内报纸的先河。

10月13日，广州市出台《关于加快软件和动漫产业发展的意见》。

10月20日，在中国首届旅游竞争力年会暨高峰论坛会上，广州市被授予“中国旅游竞争力百强城市”称号，仅次于北京、上海两个直辖市，在副省级城市、省会城市中位居首位。

11月6日，南方卫视在香港TVB收费电视公司入网播出。

11月，《广东省文化产业发展“十一五”规划》出台。

12月1日，“2006中国创意产业年度大奖”在京揭晓，深圳创意界捧回7项国家大奖。

12月13日，大洋网推出《广州日报移动数字报纸》，使广州日报报业集团成为国内首家提供移动数字报纸的报业集团。

12月15日，广东电台珠江台与华工网络技术研究合作，开发的中国首个跨媒体网络实时互动平台试运行。全国26家电台加盟成为该平台的成员单位。

12月，《江门市文化事业和文化产业“十一五”发展规划》发布实施。

年底，《广东文化产业投资指南》面世，为建立健全文化市场准入政策、吸收社会资本投入文化建设提供指导意见。

深圳市政府颁布了《关于加快文化产业发展若干经济政策》、《关于建设文化产业基地的实施意见》、《深圳市文化产业发展转型资金管理暂行办法》，推动文化产业成为第四大支柱产业。

随着《南方》月刊、南方新闻网的正式加盟，《南都周刊》、《风尚周报》的成功创办以及奥一网的正式上线，南方报业传媒集团的总体实力进一步提升。

2007 年

1 月 18 日，东莞广电网络传媒发展股份公司成立。

3 月，广东省新闻出版局出台《广东省新闻出版行业领军人才遴选与培养实施办法》。

“羊城创意产业园”建设正式启动。

4 月 10 日，《广东省文化产业发展“十一五”规划》印发实施。

4 月 24 日，《广州日报移动数字报纸》开始试验通过无线微波传输发行。

4 月 27 日，广东电台创办的广东首家青少年网络电台——YOUNGD 网开播。

5 月 14 日，深圳报业集团、深圳广电集团和深圳发行集团国资委托管理正式签约。

5 月 17 日，第三届中国（深圳）国际文化博览交易会开幕式在深圳会展中心举行。第二届印刷业国际论坛在深圳开幕。

6 月 8 ~ 19 日，广州市旅游局和广州市外宣办赴瑞典歌德堡市举办“广州旅游文化周”活动。

6 月 28 日，开平碉楼与村落正式列入《世界遗产名录》，成为我国第 35 处、广东省首处世界文化遗产，也是目前世界文化遗产中唯一的华侨文化遗产。

6 月，佛山市南海区与广东原创动力文化传播有限公司签下协议，共同建设中国国家动漫产业基地。

7月23日，《理财周报》创刊。

7月24日，《广东省文化产业示范基地认定暂行管理办法》下发。

7月28日，深圳东部华侨城一期试业庆典暨2007华侨城旅游狂欢节盛典举行。

7月，《羊城晚报》与香港亚洲电视台合作，首创内地平面媒体与港澳电视媒体合作报道的新模式。

8月11日，华侨城获首批“国家级文化产业示范园区”称号。

9月6日，南方报业传媒集团旗下21世纪报系与中央人民广播电台经济之声频率签署合作协议，进行跨媒体合作。

9月19日，南方报业传媒集团成功控股改造《云南信息报》，创新新闻运作模式与经营机制。

10月8日，《汕头市文化事业和文化产业发展“十一五”规划》发布。

11月16日，由广州日报报业集团控股的广东九州阳光传媒股份有限公司（股票简称“粤传媒”）在深圳证券交易所正式挂牌上市，成为第一家经过国家新闻出版总署批准的在境内主板上市的传媒公司。

11月20日，海天出版社与深圳发行集团公司合并，正式组建深圳出版发行集团公司。

11月23~29日，2007广东国际旅游文化节在广州主会场以及深圳、珠海、佛山、韶关、河源、惠州、中山、江门、湛江、肇庆、清远、揭阳等分会场举行。

11月，《广东省版权兴业发展纲要（2007—2015）》颁布实施。

12月3日，《深圳市文化产业发展“十一五”规划》出炉。

12月3~7日，中国（广州）国际纪录片大会广州举行。

12月8日，中国国际室内设计文化节在深圳开幕。

12月8~10日，首届中国国际封面文化博览会由国家新闻出版总署、深圳市政府联合主办，由深圳发行集团具体承办。

12月13日，《云浮市文化事业和文化产业发展“十一五”规划》发布。

12月22日，继广州、柳州之后，全国第三个“中国动漫游戏研发基地”落户中山港口镇。

12月，深圳华视传媒成功在纳斯达克上市。

是年，广州黄花岗科技园获得“国家网游动漫产业示范基地”和“广东版权兴业示范基地”称号。

惠州专门成立文化建设领导机构，把“实施文化兴市战略、建设文化大市”写进了党代会报告。

2008年

1月11日，《深圳市文化产业园区和基地认定管理办法（试行）》颁布施行。

2月，《中共中山市委、中山市人民政府关于加快推进文化名城建设的意见》发布。

3月11日，《深圳市文化产业发展规划纲要（2007—2020）》获批实施。

4月28日，广州市委、市政府《关于继续解放思想、深化文化体制改革、推动文化事业和文化产业加快发展的决定》出台。

5月1日，《深圳市文化产业发展专项资金管理操作规程》实行。

5月16日，第四届中国（深圳）国际文化产业博览交易会在深圳会展中心开幕。

5月26日，深圳广电集团控股的天威公司在深圳证交所成功上市。

6月12日，A8电媒音乐在香港联交所主板上市。

6月28日，珠江电影集团挂牌成立。

7月14日，深圳市《关于加快文化产业发展若干规定》、《深圳市文化产业发展专项资金管理暂行办法》、《关于扶持深圳市动漫游戏产业发展的若干意见》印发实施。

7月31日，东莞印发《关于促进创意产业园区发展的实施意见》。

8月4日，中国移动多媒体广播电视（CMMB）暨地面数字高清电视、地面数字标清电视广州开播新闻发布会在广州电视台举行。

8月22日，《关于加快推进广东数字出版的若干意见》印发。

9月12日，深圳市首次发布《深圳市互联网络发展状况统计报告》，网民普及率达51%。

9月28日~10月5日，首届中国国际漫画节在穗举行。

11 月 18 日，家庭期刊集团有限公司正式挂牌成立，成为广东首家实现整体转制的期刊单位，在全国期刊界先行一步。

12 月 1 ~ 5 日，2008 中国（广州）国际纪录片大会在广州举行。

12 月 7 日，联合国教科文组织正式授予深圳“设计之都”称号。深圳成为全球创意城市网络的第 16 个成员，也是中国第一个加入该网络的城市。

12 月 23 日，广州新华出版发行集团股份有限公司成立。

12 月 26 日，广州互联网协会成立。

12 月 30 日，珠江电影频道正式启播。

2009 年

1 月 1 日，《深圳市文化产业促进条例》施行。

珠江电影频道正式开播。

1 月 8 日，《珠江三角洲地区改革发展规划纲要（2008—2020 年）》在北京正式发布。

2 月 16 日，广东省出版集团数字出版有限公司正式成立。

2 月 20 日，广东省文化厅、香港特区政府民政事务局及澳门特区政府文化局共同签署《粤港澳文化交流合作发展规划（2009—2013）》。

2 月 26 日，国家文化产业示范园区第一次联席会议在深圳华侨城召开。

3 月 9 日，中国进出口银行与深圳华强集团有限公司在北京签订贷款额度为 100 亿元的《支持文化科技产业“走出去”战略合作协议》。

3 月 25 日，国家数字家庭应用示范产业基地揭牌暨开工仪式在广州大学城举行。

4 月 30 日，中国首个“国家生态旅游示范区”——东部华侨城全面建成试业。

5 月 15 日，第五届中国（深圳）国际文化产业博览交易会在深圳会展中心开幕。

5 月 18 日，《佛山市文化产业发展规划（2008—2020 年）》发布。

5 月 26 日，国家发改委、广东省发改委、深圳市联合在深圳召开新闻发布会，正式对外发布《深圳市综合配套改革总体方案》。

5 月，广州传媒控股有限公司、深圳华侨城控股股份有限公司和深圳华强文化科技集团股份有限公司等入选全国“文化企业 30 强”。

6 月 18 日，广州电视台首个融入民营股份的广州影视传媒有限公司成立。

6 月，广东省文化厅和广东省旅游局印发《广东国民文化旅游休闲实施方案》。

7 月，广东省委、省政府出台《关于加快提升文化软实力的实施意见》，明确提出了建设文化强省的战略目标。

8 月 1 日，2009 年华侨城狂欢节开幕暨东部华侨城全面开业庆典晚会举行。

8 月 18 日，《深圳晚报》正式改为早上出版。

8 月，广州市、深圳市等荣获“全国文化体制改革先进地区”称号。

9 月 20 日，第七届中国音乐金钟奖流行音乐大赛在深圳落下帷幕。

9 月，《广州城市总体发展战略规划（2010—2020 年）》出台，广州市政府首次提出要打造“世界文化名城”。

奥飞动漫文化股份有限公司在深圳证券交易所成功上市，被称为“中国动漫第一股”。

9 月 29 日至 10 月 5 日，第二届中国国际漫画节在广州举行。

10 月 1 日，南方电视台卫星频道（南方卫视）在香港开路数字电视频道播出。

10 月 2 日，粤港澳三地政府通过中央政府共同申报的粤剧正式被联合国教科文组织批准列入《人类非物质文化遗产代表作名录》。

11 月 16 日，深圳文化产权交易所挂牌成立。

11 月 28 日，以“全球金融危机背景下文化产业的机遇”为主题的广州国际文化产业论坛在广州开幕。

11 月，惠州市政府《关于加快我市文化产业发展的若干意见》发布。

12 月 7 ~ 11 日，2009 中国（广州）国际纪录片大会在广州举行。

12 月 30 日，首届中国国际影视动漫版权保护和贸易博览会在东莞开幕。

12 月，广东省委办公厅、省政府办公厅印发《关于组建广东省广播电视网络股份有限公司的通知》和《关于加快推进全省新华书店改革重组工作的通知》。

是年，广东省国有经营性文化资产监督管理办公室成立。

广州市认定漫友文化、奥飞、艺洲人、原创动力、希力、铃基、凯昌等7户企业为重点动漫企业。

2010 年

1月，深圳市互联网产业园开园。

2月3日，广东数字出版产业联合会成立。

3月，肇庆市“两会”把建设“文化强市”的目标写进了《政府工作报告》。

5月6日，广州大剧院作为华南地区唯一的国家级剧院正式投入运营，大型歌剧《图兰朵》成为大剧院的揭幕演出剧目。

5月13日，《中国（深圳）国际文化产业博览交易会发展规划（2010—2020）》发布。

5月10～25日，第九届中国艺术节在主会场广州和分会场深圳市、佛山市、东莞市、中山市举行。

5月14日，第六届中国（深圳）国际文化产业博览交易会在深圳会展中心开幕。

5月26日，南方出版传媒股份有限公司挂牌成立。

5月，“中国广告第一股”——广东省广告股份有限公司成功上市。

6月2日，东莞报业传媒集团正式成立。

6月30日，“珠影文化创意产业园”项目正式启动。

6月，粤港澳文化合作第11次会议召开，《粤港澳文化交流合作示范点工作协议书》签署。

《中共中山市委、中山市人民政府关于进一步加快文化产业发展的意见》发布。

7月8日，南方报业传媒集团与南方广播影视传媒集团在广州举行战略合作协议签署仪式。

7月，广东省委十届七次全会专题讨论文化建设，《广东省建设文化强省规划纲要（2011—2020年）》在会上通过，建设“文化大省”的提法正式刷新为打造“文化强省”。

7 月，国家广电总局正式批准广东电视台开办国际频道。

8 月 5 日，广东省广播电视网络股份有限公司开业运营，该公司是以广播电视节目传输为主业的大型现代化有线广电网络运营商。

8 月 18 日，原广州电视台、广州人民广播电台合并组建为广州市广播电视台。

8 月 26 日，首届中国（深圳）移动互联网应用展览会在深圳会展中心举行。

8 月，《中共珠海市委、珠海市人民政府关于建设文化强市的实施意见》出台。

《中共汕头市委、汕头市人民政府关于建设文化强市的意见》出台。

《汕尾市建设文化强市规划纲要（2010—2020 年）》出台。

《河源市建设文化河源规划纲要（2011—2020 年）》出台。

惠州市委、市政府印发《关于贯彻落实〈广东省建设文化强省规划纲要（2011—2020 年）〉的实施意见》。

江门市委、市政府印发《关于贯彻落实〈广东省建设文化强省规划纲要（2011—2020 年）〉的实施意见》

佛山市南海区出台《“狮舞岭南 · 龙腾南海”文化发展行动计划（2010—2015 年）》。

9 月 8 日，南方广播影视传媒集团新媒体发展公司正式挂牌成立。

9 月 20 日，由深圳移动及深圳大学城合作创建的移动互联网实验室揭牌。

9 月 30 日，第三届中国国际漫画节在广州开幕。

9 月，广东省政府办公厅转发广东省新闻出版局《关于做大做强我省出版产业的意见》。

10 月 11 日，《韶关市贯彻〈广东省建设文化强省规划纲要（2011—2020 年）〉实施意见》出台。

10 月 14 日，《“智慧佛山　文化先行”实施意见（2010—2015 年）》公布。《意见》中的附件《文化产业加快发展行动计划》，提出佛山重点发展十大文化产业领域和打造十大文化产业集聚区，从而打造“文化强市”。同时出台的还有《佛山市人民政府关于加快文化产业发展的若干政策》。

10 月 20 日，广东首家数字媒体公司——广东羊城晚报数字媒体有限公司正式成立。

10 月 22 日，《东莞市建设文化名城的若干政策（试行）》印发。

10 月，佛山市玉文化传播有限公司成立。

11 月 12 日，随着广州亚运会战幕拉开，位于广州亚运城的亚运书报亭正式投入运营。

11 月，广东省南方文化产权交易所挂牌成立。

12 月 6 ~ 10 日，2010 中国（广州）国际纪录片大会在广州举行。

12 月 7 ~ 9 日，联合国教科文组织创意城市网络 2010 年深圳国际大会举行。

12 月 30 日，广东歌舞剧院有限公司、广东省话剧院有限公司、南方歌舞团有限公司在星海音乐厅举行成立暨揭牌仪式，3 家院团成功转制。

是年，南方报业传媒集团提出要用 5 ~ 8 年时间打造资产超百亿元、销售超百亿元的国内一流、国际知名的大型传媒集团的战略目标。

2011 年

1 月 1 日，《东莞市建设文化名城规划纲要（2011—2020 年）》正式实施。

1 月 8 日，华夏城视网络电视股份有限公司在深圳正式成立，由第一批股东单位，包括 14 家城市电视台及 5 家平面媒体共同发起。

1 月 17 日，南方报业新媒体有限公司正式成立。

2 月 14 日，深圳市诞生第一份免费报纸——《地铁早 8 点》。

2 月，《广州建设文化强市培育世界文化名城规划纲要（2011—2020 年）》发布。

《东莞市建设全国现代文化产业名城实施意见（2011—2020 年）》正式下发。

3 月 12 日，国务院批复同意将中山市列为“国家历史文化名城”。

3 月 29 日，《湛江市文化事业和文化产业发展“十二五”规划》发布。

4 月 2 日，广东省粤港澳合作促进会文化专业委员会在广州成立。

4 月 19 日，《罗定市历史文化名城发展规划纲要（2011—2020 年）》发布。

5 月 5 日，广东省政府办公厅发布《关于促进我省电影产业繁荣发展的若干意见》。

5 月，第七届中国（深圳）国际文化产业博览交易会成功举办。

深圳、珠海、佛山、惠州、中山、清远等被评为“全国文化体制改革先进地区”。广州传媒控股有限公司、深圳华侨城控股股份有限公司和深圳华强文化科技集团股份有限公司等入选全国“文化企业 30 强”。

6 月，粤港澳文化合作第 12 次会议召开，珠海市横琴粤港澳文化创意产业园被确立为三地开展文化产业合作的重点试验园区。

广东省文化厅《关于加快珠江三角洲地区文化创意产业发展的指导意见》发布。

7 月，佛山南海正式成为首个“广东省文化改革发展综合试验区”。同时，《南海区建设“广东省文化改革发展综合试验区”实施方案（2011—2015 年）》公布。

8 月 8 日，广东禅文化创意产业园区在云浮市新兴县揭牌，园区内规划建设生态旅游、禅文化研发与交流等五大产业。

8 月 23 日，广东文化产业投资管理有限公司成立。

8 月 25 日，佛山新媒体产业园成立。

8 月 30 日，《广东省新闻出版和版权业“十二五”发展规划》出台。

8 月，城市联合网络电视台（www. cutv. com）正式开播。

9 月 10 日，第八届中国音乐“金钟奖”流行音乐大赛在深圳落幕。

9 月 29 日，广东珠江影业传媒股份有限公司正式挂牌成立。该公司由中影南方电影新干线的主营公司——华影南方发行公司，与珠江电影集团旗下的珠江电影制片厂共同组建。

10 月 8 日，广州市文化投资经营集团宣告筹备成立，这标志着广东省第一家国有文化投资集团正式亮相。

10 月，《深圳市文化创意产业振兴发展规划（2011—2015 年）》及配套的《深圳市文化创意产业振兴发展政策》正式出台。

11 月，《梅州市建设文化强市规划纲要（2011—2020 年）》印发。

《清远市文化强市规划纲要（2011—2020 年）》颁布。

12 月 1 日，广东文化产业投资基金在广州正式挂牌成立。

12 月 27 日，《江门市鼓励和扶持动漫产业发展的实施意见》印发。

12 月，中宣部、商务部、文化部、国家广播电影电视总局、新闻出版总署印发《关于贯彻落实国务院决定加强文化产权交易和艺术品交易管理的意见》，明确指出“国家重点支持上海和深圳两个资本市场成熟、产权交易基础好的城市设立文化产权交易所作为试点，经批准可以进行文化产权交易方式探索，积累经验，发挥示范引导作用”。

2012 年

1 月 11 日，广东省政府办公厅发布《关于促进广告业发展的若干意见》。

《中山市“十二五”文化产业发展规划》发布。

1 月，《深圳市文化发展“十二五”规划》发布实施。

2 月 29 日，《中国（深圳）国际文化产业博览交易会分会场管理办法》印发实施。

3 月 2 日，《云浮市文化事业和文化产业发展“十二五”规划》发布。

3 月 12 日，国家广电总局、广东省政府在北京举行《推动广东广播影视先行先试转型升级合作协议》签署仪式。

3 月 28 日，广东首个本土演艺院线联盟——星海演出院线在广州成立，院线首批成员涵盖了广东知名演出场所、演出团体及演出经纪机构，并将和港澳演出市场进行深度对接。

3 月，2012 广州国际网络及数字互动游戏博览会在广交会琶洲展馆举行。

4 月 12 日，《惠州市文化产业发展第十二个五年规划》发布。

4 月，深圳市委、市政府出台《关于深入实施文化立市战略建设文化强市的决定》。

5 月 19 日，中国工商银行在第八届中国（深圳）国际文化产业博览会期间与深圳市政府正式签署了《文化产业战略合作协议》。

广东国家音乐产业基地飞晟园区揭牌奠基仪式暨高峰论坛在广州萝岗区科学城举行。

5 月 23 日，《肇庆市关于把文化产业培植成为支柱性产业的实施意见》印发。

5 月，第八届中国（深圳）国际文化产业博览交易会成功举办。

6月19日，粤传媒向广州日报定向增发的3.42亿股股票正式在深交所上市交易，这意味着广州日报成为继浙江日报上市之后第二家整体上市的报业集团。

7月6日，《广东省旅游发展规划纲要（2011—2020年）》、《广东省滨海旅游发展规划（2011—2020年）》印发。

7月30日，《广东省文化产业振兴规划（2011—2015年）》出台。

7月31日，粤传媒在报纸上刊登了关于完成公司相关事项工商变更登记的公告，粤传媒全称由“广东九州阳光传媒股份有限公司”正式更名为“广东广州日报传媒股份有限公司”。

8月16日，《茂名市文化发展“十二五”规划》印发。

8月28日，第八届泛珠三角区域合作与发展论坛文化合作专题磋商会在海口举行，与会代表就如何在广播电视、新闻出版、文博体育等领域展开合作进行磋商，并签署了《泛珠三角区域广播电视媒体战略合作框架协议》等6项合作框架协议。

9月3日，广东与澳门两地的官方广播电视机构——南方广播影视传媒集团与澳门广播电视股份有限公司，在澳门签署《粤澳影视文化合作框架协议》。

10月12日，旨在整合广州艺术品行业资源、促进本行业健康发展、提升广州同业在全国艺术品行业影响力的“广州市艺术品行业商会”正式成立。

10月28日，来自北京、天津、广东、浙江、江苏、山东等18个省、市、自治区的25家文化产权交易平台机构齐聚三亚，共同发起成立第一个全国性文化产权交易行业自律组织“全国文化产权交易共同市场”。

10月，东莞出台《关于加快文化产业发展的若干意见》和《东莞市文化产业发展专项资金管理暂行办法》等文件。

11月16日，有着“东莞大芬村”之称的塘厦石鼓水龙油画村正式开业。

11月20日，由广东省经济和信息化委员会与中国人民银行广州分行共同主办的“金融支持电子商务发展助推广东经济转型升级——广货网上行战略合作金融机构签约仪式”在广州举行。中国人民银行广州分行发布了《关于加大金融支持力度，促进电子商务产业加快发展的指导意见》。

11 月，由中共中央台湾工作办公室、国务院侨务办公室、广东省政府共同主办的首届客家文化艺术节在梅州市举行。

广东正式出台《培育幸福导向型产业体系行动计划》。

12 月，由国家广播电影电视总局、广东省政府主办的 2012 中国（广州）国际纪录片节在穗举行。自 2003 年诞生以来，经过 10 年的磨砺与发展，中国（广州）国际纪录片节已探索出具有中国特色的纪录片办会模式，实现了由“地方性”到“国家级”、由“专业性”到“综合性”的跨越，成为亚洲规模最大的纪录片交流活动。

参考文献

A

［英］阿兰·斯威伍德．文化理论与现代性问题．黄世权，桂琳译．中国人民大学出版社，2013.

［美］艾伦·J. 斯科特．城市文化经济学．董树宝，张宁译．中国人民大学出版社，2010.

B

白玲主编．广播的跨越：广东广播图史．暨南大学出版社，2012.

［美］保罗·莱文森．新新媒介．何道宽译．复旦大学出版社，2011.

［英］贝拉·迪克斯．被展示的文化：当代“可参观性”的生产．冯悦译．北京大学出版社，2012.

C

［荷］C. A. 冯·皮尔森．文化战略．刘利圭等译．中国社会科学出版社，1992.

蔡铭泽主编．新时期广东报业发展研究．福建人民出版社，2006.

曹世潮．文化竞争战略．中国人民大学出版社，2006.

［英］查尔斯·兰德利．创意城市．杨幼兰译．清华大学出版社，2009.

陈少峰，朱嘉．中国文化产业十年（1999—2009）．金城出版社，2010.

崔保国主编．2012 年：中国传媒产业发展报告．社会科学文献出版社，2012.

D

［英］大卫·赫斯蒙德夫．文化产业．张菲娜译．中国人民大学出版社，2007.

［澳大利亚］戴维·思罗斯比．经济学与文化．王志标，张峥嵘译．中国人民大学出版社，2011.

丁未主编．粤港澳台文化创意产业发展报告（2011）．社会科学文献出版社，2012.

F

方健宏主编．广东文化产业调研报告集．南方日报出版社，2006.

方健宏主编．广东文化产业投资指南．广东人民出版社，2006.

［法］弗雷德里克·马特尔．主流：谁将打赢全球文化战争．刘成富译．商务印书馆，2012.

［法］弗雷德里克·马特尔．论美国的文化．周莽译．商务印书馆，2013.

G

甘巧林，陈汉欣主编．广东文化创意产业发展与布局．中国大百科全书出版社，2012.

甘新主编．广州文化创意产业发展报告（2012）．社会科学文献出版社，2012.

［美］格兰特·麦克拉肯．不懂流行文化就不要谈创新．贾晓涛译．南海出版公司，2012.

［德］贡德·弗兰克．白银资本．刘北成译．中央编译出版社，2008.

广东省档案馆编．广东改革开放先行者口述实录．广东人民出版社，2008.

广东省政协文化和文史资料委员会，广东省电视艺术家协会编．广东电视50年．广东人民出版社，2009.

顾作义，杨兴锋主编．文化强省：南粤文化软实力报告．南方日报出版社，2010.

H

郝振省主编. 2010—2011 中国出版业发展报告．中国书籍出版社，2011.

［美］亨利·詹金斯．融合文化：新媒体和旧媒体的冲突地带．杜永明译．商务印书馆，2012.

胡惠林．文化产业学——现代文化产业理论与政策．上海文艺出版社，2006.

胡惠林，王婧．中国文化产业发展指数报告（CCIDI）．上海人民出版社，2012.

黄树森．手记·叩问．花城出版社，2001.

黄永健主编．深圳文化产业行业报告．北京大学出版社，2012.

［美］赫伯特·马尔库塞．单向度的人：发达工业社会意识形态研究．刘继译．上海译文出版社，2006.

［德］霍克海默，阿多诺．启蒙辩证法．洪佩郁，蔺月峰译．重庆出版社，1990.

J

［英］吉姆·麦圭根．重新思考文化政策．何道宽译．中国人民大学出版社，2010.

江蓝生，谢绳武主编．2001—2002 年：中国文化产业发展报告．社会科学文献出版社，2002.

江蓝生，谢绳武主编．2003 年：中国文化产业发展报告．社会科学文献出版社，2003.

蒋述卓主编．广东文化产业发展与对策研究．广东人民出版社，2005.

K

［美］克莱·舍基．认知盈余．胡泳，哈丽丝译．中国人民大学出版社，2012.

［丹麦］克劳斯·布鲁恩·延森．媒介融合：网络传播、大众传播和人际传播的三重维度．刘君译．复旦大学出版社，2012.

L

[美] 劳伦斯·莱斯格. 免费文化：创意产业的未来. 王师译. 中信出版社，2009.

[英] 雷蒙·威廉斯. 文化与社会：1780—1950. 高晓玲译. 吉林出版集团有限责任公司，2011.

[美] 理查德·佛罗里达. 创意阶层的崛起. 司徒爱勤译. 中信出版社，2010.

李江涛等. 当代文化发展新趋势研究. 中央编译出版社，2009.

李江涛，孙云主编. 广州关键词（1949—2009）. 商务印书馆，2009.

李康化编选. 文化产业研究读本（中国卷）. 上海人民出版社，2011.

梁庆寅，陈广汉主编. 粤港澳区域合作与发展报告（2010—2011）. 社会科学文献出版社，2011.

林拓等主编. 世界文化产业发展前沿报告（2003—2004）. 社会科学文献出版社，2004.

林雄主编. 广东省建设文化强省规划纲要辅导读本. 南方日报出版社，2010.

林雄主编. 盛世书香——广东出版改革发展之路. 南方日报出版社，2009.

[加拿大] 罗伯特·洛根. 理解新媒介——延伸麦克卢汉. 何道宽译. 复旦大学出版社，2012.

M

[美] 迈克尔·波特. 国家竞争优势. 李明轩，邱如美译. 华夏出版社，2002.

[美] 迈克尔·波特. 竞争论. 高登第，李明轩译. 中信出版社，2003.

[美] 米切尔·J. 沃尔夫. 娱乐经济——传媒力量优化生活. 黄光伟，邓盛华译. 光明日报出版社，2001.

莫健伟，崔德炜主编. 文化创意空间：艺术与商业的集聚与融合. 社会科学文献出版社，2012.

N

南方日报社编．坚持科学发展　促进社会和谐——广东省第十次党代会精神学习读本．南方日报出版社，2007.

南方报业传媒集团编．科学发展争头筹．南方日报出版社，2008.

O

欧阳友权主编．中国文化品牌发展报告（2012）．社会科学文献出版社，2012.

欧阳哲生．二十世纪中国文化．北京大学出版社，2010.

P

彭道伦，王干江，汪永忠主编．文化改革与发展新视野．中央编译出版社，2012.

彭翊．中国城市文化产业发展评价体系研究．中国人民大学出版社，2011.

Q

祈述裕主编．中国文化产业发展战略研究．社会科学文献出版社，2008.

祈述裕主编．中国文化产业发展前沿——“十二五”展望．社会科学文献出版社，2011.

S

［美］Sharon Zukin. 城市文化．张廷佺，杨东霞，谈瀛洲译．上海教育出版社，2006.

［英］斯科特·拉什，西莉亚·卢瑞．全球文化工业：物的媒介化．要新乐译．社会科学文献出版社，2010.

苏拾平．文化创意产业的思考技术．上海人民出版社，2008.

T

陶东风主编．粉丝文化读本．北京大学出版社，2009.

陶东风，胡疆锋主编．亚文化读本．北京大学出版社，2011.

W

王林生主编．广州之最（1949—2009 年）．广东经济出版社，2009.

王为理．从边缘走向中心——深圳文化产业发展研究．人民出版社，2007.

王晓玲主编．中国广州文化发展报告（2008—2009）．社会科学文献出版社，2009.

王晓玲主编．中国广州文化发展报告（2010）．社会科学文献出版社，2010.

王晓玲主编．中国广州文化创意产业发展报告（2011）．社会科学文献出版社，2011.

文化部文化产业司编．国家文化产业课题研究报告（2010 年度）．云南大学出版社，2011.

X

向勇主编．全球视野下的产业融合与文化振兴．金城出版社，2011.

熊澄宇．世界文化产业研究．清华大学出版社，2012.

Y

杨东平．城市季风．新星出版社，2006.

杨宏海．文化深圳．海天出版社，1997.

叶朗主编．中国文化产业年度发展报告（2011）．北京大学出版社，2011.

易中天．读城记．上海文艺出版社，2000.

尹韵公主编. 中国新媒体发展报告（2012）．社会科学文献出版社，2012。

喻国明主编. 中国传媒发展指数报告（2012）．人民日报出版社，2012.

余秋雨．文化苦旅．东方出版中心，1992.

［美］约翰·费斯克．理解大众文化．王晓钰等译．中央编译出版社，2001.

［英］约翰·汤姆林森．全球化与文化．郭英剑译．南京大学出版社，2002.

［美］约瑟夫·S. 奈．硬权力与软权力．门洪华译．北京大学出版社，2005.

Z

张京媛主编．后殖民理论与文化批评．北京大学出版社，1999.

张开城，张国玲等．广东海洋文化产业．海洋出版社，2009.

张晓明，王家新，章建刚主编．中国文化产业发展报告（2012—2013）．社会科学文献出版社，2013.

钟晓毅，雷铎，韩强等．三十年突破：和谐广东的文化品牌建设．暨南大学出版社，2008.

周安华，丁亚平主编．影视文化（4）．中国电影出版社，2011.

周宪．审美现代性批判．商务印书馆，2005.

周志民主编．深圳文化产业品牌报告．北京大学出版社，2012.

后　记

本书系广东省教育厅人文社会科学研究重大攻关项目“广东省文化产业发展战略研究”成果。经过3年的爬梳和积累，这里交上的仍是一份不甚完美的答卷。

近年我之所以转入文化产业领域的研究，完全得益于导师蒋述卓教授的引领。2010年，我曾协助蒋老师完成广东省委宣传部委托的重大项目“广东省文化强省建设系列研究报告”。课题组一起学习、交流，自感从中收获颇丰。

孔子说，四十而不惑。的确，在生命的不同时段，人的思维、心理都会发生显著变化。步入不惑之年，任凭光阴荏苒、世事流转，我觉得自己在生活上已经没有什么焦虑和迷惘了，但学术上的困惑却越来越多。本书对文化产业的研究，涉及面广、内容众多，需要跨学科的知识体系支撑，而以我的专业基础和理论水平，在庞大的格局面前总难免顾此失彼、力不从心。著作原本就属于“遗憾的艺术”，希望自己在今后的研究中能更从容地沉潜，不至于有更多的失落和自责。

是为记。

陈伟军

2013年6月于暨南园